Basler Stadtbuch 2015

www.baslerstadtbuch.ch
www.baslerchronik.ch

136. Jahr / Ausgabe 2016
Christoph Merian Stiftung (Hg.)
Christoph Merian Verlag

ler
buch
5

Editorial

Geld –
der Lebensnerv der Dinge

Das Geld ist der Lebensnerv der Dinge, so hat es einst Marcus Tullius Cicero (106–43 v. Chr.) formuliert. Geld bestimmt über weite Strecken unser Dasein, unseren Alltag. Es kann deshalb nicht erstaunen, dass sich ganze Wissenschaftszweige und viele kluge Köpfe unter den verschiedensten Aspekten mit dem Thema beschäftigen. Aus diesem Nachdenken ist, um ein jüngeres Beispiel zu nennen, die Anfang Dezember 2015 eingereichte Vollgeld-Initiative – die uns wohl in nächster Zeit noch beschäftigen wird – entstanden. Keine Utopie, wie es wohl die Eidgenössische Volksinitiative ‹Für ein bedingungsloses Grundeinkommen› ist, sondern der Versuch, ein Geldsystem zu etablieren, das Finanzblasen verhindern soll und vor allem die verheerenden Folgen, wenn diese platzen. Dieses System würde elektronisches Buchgeld verunmöglichen – zur Illustration: Neunzig Prozent allen Geldes, das in der Schweiz im Umlauf ist, ist elektronisches Buchgeld, das sich praktisch über Nacht in nichts auflösen kann, nur zehn Prozent sind von der Schweizerischen Nationalbank emittiertes Geld, also Vollgeld. Eine erschreckende Vorstellung und Grund genug, sich über die eigenen privaten Kontostände und das eigene Portemonnaie hinaus mit dem Thema Geld zu befassen. Wir tun dies in mehreren Stadtbuchbeiträgen, die sich des Themas aus unterschiedlichsten Blickwinkeln annehmen. Apropos Vollgeld: Die Banken selbst haben offenbar so viel Vertrauen in ihr Buchgeld, dass sie untereinander lieber nur gesichertes Vollgeld ausleihen …
Als wir im ersten Quartal 2015 darüber diskutierten, das Thema Geld zum Schwerpunktthema des diesjährigen Stadtbuchs zu machen, geschah dies primär aus der Frage heraus, ob sich beim Kanton Basel-Stadt nach Jahren der schwarzen Zahlen eine Trendwende abzeichne. Im Laufe der letzten Monate hat sich jedoch zunehmend herauskristallisiert, dass die Kantonsfinanzen – auch im Vergleich zu anderen Kantonen – nach wie vor gesund sind und kein Grund zur Panik besteht. Unter der Leitung von Regierungsrätin Eva Herzog wird im Finanzdepartement offenbar nach wie vor gute Arbeit geleistet. So kann die erstmalige Verleihung des Alumni-Preises der Universität Basel an Frau Herzog durchaus auch als Wertschätzung ihrer Arbeit gelesen werden, die dieses Jahr noch durch den ‹80-Millionen-Deal› mit dem Kanton Basel-Landschaft gekrönt wurde. (Dass der Landrat diesem Geschäft noch vor Ende Jahr ebenfalls zugestimmt hat, konnte mit grosser Erleichterung zur Kenntnis genommen werden.) Aufatmen können so sowohl verschiedene Kulturinstitutionen als auch die Universität Basel, wenngleich dort für die jeweiligen Leitungen noch einiges an Zusatzaufwand bei der Beschaffung von Drittmitteln ansteht. Der neuen

Rektorin der Universität Basel, Frau Andrea Schenker-Wicki, die wir mit einem Beitrag im Kapitel ‹Bildung und Umwelt› herzlich begrüssen, ist viel Glück zu wünschen, auch für diesen Teil ihrer Arbeit. Der Deal schafft erst einmal die nötige Zeit – vier Jahre, um genau zu sein –, in der die beiden Halbkantone gemeinsam gerechte Lösungen für die Abgeltung von Zentrumsleistungen finden sollten. Man darf gespannt sein: Geld und Kultur, ein ‹running gag› sozusagen (wenn hier noch von einem Gag gesprochen werden darf). Im Schwerpunktbeitrag ‹Kulturelle Werte› scheint diese Kernfrage schon im Lead auf: «Theater und Film, Ballett und Lesungen, Ausstellungen und Konzerte – oder experimentelle Mischungen dieser Kulturformen – kosten Geld. Viel Geld. Wer zahlt das eigentlich?»

Wenn in Basel von Geld gesprochen wird, kommt man in den letzten Monaten nicht umhin, auch die Entwicklungen bei der Basler Kantonalbank zu beleuchten: Wird sie Erfolg haben mit ihrer Weissgeldstrategie, sind alle Altlasten aufgeräumt, wird die Bank nach Annahme der Totalrevision des BKB-Gesetzes in ruhigeren Gewässern segeln? Dauerthema, wenn es um die Finanzen geht, ist auch die Sozialhilfe, die sich immer wieder gegen unqualifizierte Vorwürfe wehren muss. Es ist uns deshalb wichtig, die Dinge wieder einmal zurechtzurücken und aufzuzeigen, was denn die Wege in die Armut sind (siehe dazu den Beitrag «Unehrlich sind nur etwa drei Prozent»).

Alle Jahre wieder, und das schon seit einem Vierteljahrhundert, erscheint im Wirtschaftsmagazin ‹Bilanz› das Ranking der dreihundert Reichsten in der Schweiz. Es versteht sich, dass dabei auch Zahlen und Namen aus der Region Basel genannt werden, es versteht sich aber auch, dass hier nicht das Wer und das Wieviel nochmals aufgewärmt werden muss. Interessant ist jedoch, bevor man in die Neidfalle tappt, dass und wie diese Vermögen einerseits mithelfen, dass Basel finanziell auf gesunden Beinen steht, und dass andererseits grosse Summen aus diesen Vermögen Projekte ermöglichen, die sonst nie verwirklicht worden wären – man denke bloss an den Erweiterungsbau des Kunstmuseums, das auch bei den Renovationsarbeiten im Altbau weltweit auf sich aufmerksam macht (siehe dazu auch den Beitrag ‹Ein Museum verwandelt sich› im Kapitel ‹Kultur und Geschichte›).

Wie immer hat es in sämtlichen Stadtbuchkapiteln zahlreiche weitere Beiträge, die es zu entdecken gilt. Wachen Leserinnen und Lesern wird auffallen, dass das Thema Geld in allen Kapiteln in irgendeiner Form aufscheint – der ‹Lebensnerv der Dinge› bildet also den roten Faden durch das Buch. Auf dieser Entdeckungsreise wünschen wir Ihnen viele vergnügliche und spannende Lesemomente, Momente auch, die Sie zum Nachdenken anregen und die Sie die Stadt Basel samt ihrem Umfeld immer wieder mit anderen Augen wahrnehmen lassen.

Zu danken gilt es wie jedes Jahr allen Autorinnen und Autoren, die diesen Stadtbuchjahrgang mit ihren Beiträgen erst ermöglicht haben, sowie den Stadtbuchberaterinnen und -beratern. Aus dem Beratergremium verabschiedet hat sich Daniel Hagmann, der zuständig für den Bereich Geschichte war. Seine Funktion hat nun Isabel Koellreuter übernommen. Neu dazu gestossen ist auch Frank Linhart, der den ebenfalls aus dem Gremium ausgeschiedenen Dominik Marbet (Wirtschaft, Arbeitgeber) ersetzt. Nicht mehr unter den Beratenden ist auch Martina Hilker (ehemals Handelskammer beider Basel), die eine neue Herausforderung angenommen hat. Den Ehemaligen und den neu Hinzugekommenen wünschen wir alles Gute! Herzlich danke ich der Lektorin Rosmarie Anzenberger sowie der Fotografin Kathrin Schulthess: Ihr Einsatz für das Stadtbuch kann nicht hoch genug eingeschätzt werden; das Buchprojekt lebt zu einem nicht unwesentlichen Teil von ihrer professionellen (und nicht bloss materiell gesteuerten) Einstellung. Mein Dank geht auch an das Gestaltungsteam von Groenlandbasel, Dorothea Weishaupt, Sheena Czorniczek und Alena Stählin, an den Lithografen Andreas Muster sowie an die Druckerei Schwabe AG.

In der Stadtausgabe der ‹Basellandschaftlichen Zeitung (bz)› erschien am 7. Dezember 2015 ein Beitrag von Samuel Hufschmid zum Erhalt beziehungsweise zum Verlust von digitalen Daten mit dem Titel: «Millionenprojekt der Universität Basel ruht auf Schrott-PC». Untertitel: «Eine weltweit genutzte Datenbank läuft auf einem Windows-NT-Server, für den das Passwort verloren ging». Ein nachdenklich stimmender Artikel. Sie halten ein Buch in Ihren Händen, ein analoges – eines, an dem man riechen, die Druckfarbe, das Papier wahrnehmen kann, eines, das beim Blättern ein eigenes Geräusch macht. Diese sinnlichen Erfahrungen ermöglichen uns der Christoph Merian Verlag und die Stiftung sowie die jeweiligen Mitarbeiterinnen und Mitarbeiter: Auch ihnen gilt mein Dank dafür, dass sie das Stadtbuch nun schon seit Jahrzehnten, wenn auch immer wieder einmal in anderer Gestaltung, mit anderen Schreibenden und unter anderer Verantwortung, ermöglichen.

Lukas Hartmann
Redaktor

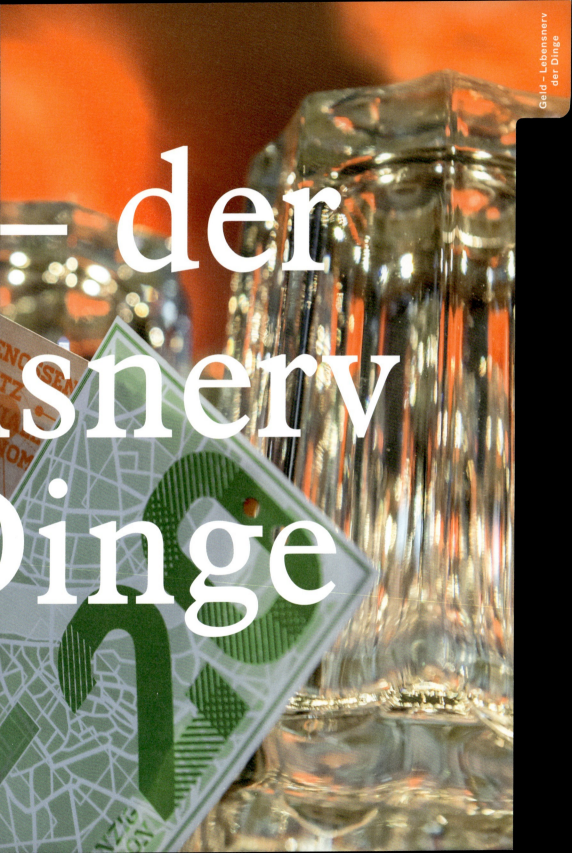

– der
snerv
Dinge

Geld – Lebensnerv der Dinge

Inhalt

Kaspar Sutter — 12

BASEL-STADT STEHT FINANZIELL AUF SEHR GESUNDEN BEINEN

Im Frühsommer 2015 konnte Basel-Stadt seinen zehnten positiven Abschluss in Folge bekannt geben, dies trotz gewichtiger Investitionen und Belastungen. Worauf beruhen diese Erfolge und welche finanziellen Herausforderungen stellen sich in der Zukunft?

Pieter Poldervaart — 18

«UNEHRLICH SIND NUR ETWA DREI PROZENT»

Vom Staat Alimentierte werden oft von der Öffentlichkeit argwöhnisch beäugt. Doch ohne Not bittet kaum jemand um einen Termin bei der Sozialhilfe. Trotz Beratung und vielfältigen Programmen bleibt es schwierig, aus der Spirale von Armut und Isolation auszubrechen.

Leonhard Burckhardt — 22

DIE BÜRGERGEMEINDE UND IHRE STIFTUNGEN

Die Bürgergemeinde Basel verwaltet etwa zwanzig Stiftungen und Fonds, deren Organisation, Finanzkraft und Zweckbestimmungen stark variieren.

Tilo Richter — 25

KULTURELLE WERTE

Theater und Film, Ballett und Lesungen, Ausstellungen und Konzerte – oder experimentelle Mischungen dieser Kulturformen – kosten Geld. Viel Geld. Wer zahlt das eigentlich?

Christine Müller — 31

MAGISCHE MOMENTE IN DER BASLER INNENSTADT: DAS WHITE DINNER

In New York und Paris gibt es das Essen in Weiss schon länger, nun hat Basel im September 2015 als erste Schweizer Stadt ein White Dinner zwischen Marktplatz und Greifengasse veranstaltet.

35 Markus Bär
‹FAIR BANKING› STATT BANKING-AFFÄREN

Die Basler Kantonalbank scheint nach ihren Fehltritten wieder Fuss zu fassen. Sie besinnt sich auf ihr Kerngeschäft und agiert vorsichtiger. Das Parlament rügt vergangenes und regelt künftiges Verhalten.

38 Pieter Poldervaart
BASEL ZAHLT ANDERS

Die sozialen und ökologischen Umbrüche auf globaler Ebene rufen auch nach einer wirtschaftlichen Antwort. In Basel tut dies seit nunmehr zehn Jahren zumindest symbolisch der NetzBon. Die Alternativwährung zeigt, wie ein lokaler, solidarischer und umweltbewusster Konsum aussehen könnte.

Thilo Mangold 41
EXPATS IM AUSGANG

Die Expats bilden einen gewichtigen Faktor in Wirtschaft und Gesellschaft der Region, auch im Nachtleben. Gastronomen kalkulieren mit ihnen, einheimische Nachtschwärmer umgehen sie teils bewusst. Argumentationsfallen und unscharfe Definitionen erschweren die Diskussion. Eine Erörterung in Behauptungen

Geld – Lebensnerv der Dinge

Kaspar Sutter

BASEL-STADT STEHT FINANZIELL AUF SEHR GESUNDEN BEINEN

Im Frühsommer 2015 konnte Basel-Stadt seinen zehnten positiven Abschluss in Folge bekannt geben, dies trotz gewichtiger Investitionen und Belastungen. Worauf beruhen diese Erfolge und welche finanziellen Herausforderungen stellen sich in der Zukunft?

Seit zehn Jahren schreibt der Kanton Basel-Stadt schwarze Zahlen. Die finanzielle Situation sah in der Vergangenheit auch schon ganz anders aus. So wies der Kanton in den Neunzigerjahren Defizite in dreistelliger Millionenhöhe aus. Angesichts der deutlich positiven Abschlüsse seit der Rechnung 2005 (vgl. Grafik S. 14) stellt sich die Frage, was die Gründe für diesen Wandel sind und wo die finanziellen Herausforderungen der Zukunft liegen.

Gründe für die finanzielle Trendwende

Erklärungsansätze für die Trendwende gibt es viele. Als wichtigster ist die positive Wirtschaftsentwicklung zu nennen. Die Wirtschaft des Kantons Basel-Stadt hat sich in den vergangenen Jahren sehr positiv entwickelt. Diese Tatsache widerspiegelt sich unter anderem in der Beschäftigung, die in Basel-Stadt zwischen 2005 und 2013 um elf Prozent zugenommen hat. Insbesondere die Leitbranche der Life Sciences weist eine überaus positive Entwicklung auf. Sie blieb von den Krisen in diesem Zeitraum beinahe unberührt, der globale Markt ist konstant gewachsen und die Basler Firmen haben sich in diesem Wachstumsumfeld sehr erfolgreich positioniert. Der Kanton hat mit günstigen Rahmenbedingungen diese Entwicklung unterstützt. Augenfällig wird dieser Erfolg in den Investitionen der beiden grössten Firmen am Standort Basel, die sich für alle sichtbar in deren Bauprojekten manifestieren. Die Novartis hat in den vergangenen Jahren ihren Campus vorangetrieben, die Roche hat ihren markanten Turm, den Bau 1 mit seiner Höhe von 178 Metern, erstellt und plant bereits den weiteren Ausbau mit einem zweiten, noch höheren Turm. Die Politik hat diese Entwicklungsschritte mit den Bebauungsplänen und dem Landverkauf im St. Johann ermöglicht. Entscheidend für die positive wirtschaftliche Entwicklung war auch die Personenfreizügigkeit, welche seit 2002 in Kraft ist.

Sie gab den Firmen die Sicherheit, dass die für sie so wichtigen Fachleute auch eine Arbeits- und Aufenthaltsbewilligung erhalten. Der Erfolg zeigt sich auch in den Beschäftigungszahlen: Sie haben zwischen 2005 und 2013 in der pharmazeutischen Industrie um 38 Prozent zugelegt.

Die positive Wirtschaftsentwicklung führte zu höheren Steuereinnahmen. So sind die Steuereinnahmen der juristischen Personen von 360 Millionen Franken im Jahr 1991 auf 700 Millionen Franken im Jahr 2014 angestiegen. Wie die Grafik auf der gegenüberliegenden Seite illustriert, hat sich der Anteil der Unternehmenssteuererträge an den gesamten Steuereinnahmen in diesem Zeitraum von 22 auf 27 Prozent erhöht.

Gleichzeitig mit dem Wirtschaftswachstum ist auch bei der Bevölkerungsentwicklung eine Trendwende eingetreten. Seit den Siebzigerjahren nahm die Kantonsbevölkerung ab, seit dem Jahr 2007 wächst sie wieder konstant an. Da nicht gleichzeitig genügend neue Wohnungen entstehen, führt die erhöhte Nachfrage nach Wohnraum zu einer sehr tiefen Leerstandsquote von 0,3 Prozent und zu einem entsprechenden Anstieg der Miet- und Liegenschaftspreise. Früher sind viele Menschen mit höheren Einkommen aus der Stadt weggezogen, heute wollen sie wieder vermehrt in der Stadt wohnen. Auf das Steuersubstrat bezogen führt dies dazu, dass seit 2009 deutlich mehr Steuersubstrat in den Kanton zu- als abwandert. Nichtsdestotrotz finden auch Haushalte mit tieferen Einkommen weiterhin eine Wohnung in der Stadt; so verfügt über die Hälfte der zugewanderten Haushalte über ein Reineinkommen von unter 50 000 Franken. Insgesamt sind in Basel-Stadt die Steuereinnahmen der natürlichen Personen in den vergangenen Jahren deutlich angestiegen.

Das Bevölkerungswachstum findet vor allem bei der ausländischen Wohnbevölkerung statt. Die Struktur der Migration hat sich in den vergangenen Jahren aber stark verändert. Wanderten früher noch viele unqualifizierte Arbeitskräfte ein, so sind es heute zu einem grossen Teil hochqualifizierte Fach-

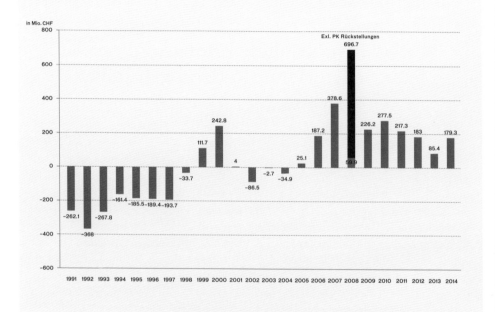

Entwicklung Gesamtergebnis des Kantons Basel-Stadt

kräfte. Von diesen Zuzügern profitiert neben der Wirtschaft auch finanziell ganz direkt der Kanton. Die Quellensteuern für Bund und Kanton haben sich in Basel-Stadt seit 2001 quasi verdreifacht, sie stiegen auf jährlich 380 Millionen Franken.

Quellensteuern bezahlen vor allem die hier wohnenden Ausländerinnen und Ausländer, welche noch keine Niederlassungsbewilligung haben. Auch der Blick in die Steuerstatistik zeigt, dass in der Altersspanne von 33 bis 49 Jahren die ausländischen Haushalte durchschnittlich mehr Einkommenssteuern bezahlen als die inländischen. Bei den Altersklassen über 50 ist dies umgekehrt. Die Zahlen belegen, dass die heutigen Migrantinnen und Migranten über höhere Einkommen verfügen als ihre Vorgängergenerationen.

Um die Überschüsse in der Basler Staatsrechnung zu erklären, ist neben der Einnahmenentwicklung auch ein Blick auf die Ausgaben notwendig. Hier wurde in den vergangenen Jahren eine sehr verantwortungsvolle Politik verfolgt. Mit dem Massnahmenpaket A&L wurde die Erfolgsrechnung in den Jahren 2004 bis 2007 um jährlich rund zweihundert Millionen Franken entlastet. Auch in den folgenden, finanziell erfolgreichen Jahren hat der Regierungsrat eine restriktive Ausgabenpolitik verfolgt, indem er einen Ausgabenwachstumspfad von jährlich 1,5 Prozent eingehalten hat und die Ausgaben somit langsamer gewachsen sind als die Wirtschaft. Vorausschauend hat die Regierung zu Anfang des Jahres 2015 Entlastungsmassnahmen von jährlich siebzig Millionen Franken beschlossen, um auch in Zukunft ein strukturelles Defizit vermeiden zu können.

Da viele Ausgaben einer Stadt in Form von Fixkosten anfallen, verteilt die steigende Anzahl von Einwohnerinnen und Einwohnern diese Kosten auf mehr Köpfe. Im Vergleich zu anderen Kantonen hilft auch die demografische Entwicklung. In Basel-Stadt bleibt der Anteil der über 75-jährigen Einwohnerinnen und Einwohner an der Gesamtbevölkerung seit 2000 konstant, was vor allem auf die vermehrte Zuwanderung

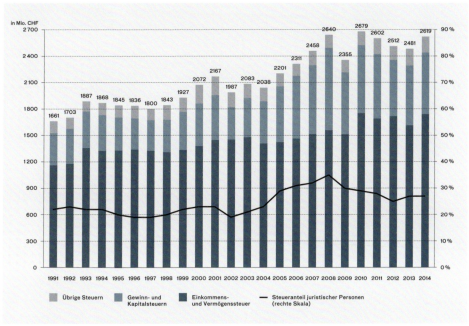

Entwicklung der Steuereinnahmen des Kantons Basel-Stadt

jüngerer Menschen zurückzuführen ist. In anderen Kantonen liegt der Anteil älterer Menschen zwar tiefer, wächst aber naturgemäss stetig an – dies mit den entsprechenden Mehrausgaben für die Gesundheit, die Pflege und die Ergänzungsleistungen.

Schuldenabbau und Steuersenkungen

Die Ausgabendisziplin und der Anstieg der Steuereinnahmen haben dazu geführt, dass Basel-Stadt seit 2005 Gewinne in der Erfolgsrechnung schreiben kann. Diese wurden genutzt, um die Verschuldung des Kantons zu senken. Lagen die Nettoschulden zur Jahrtausendwende noch bei 3,63 Milliarden Franken, so betragen sie heute 1,95 Milliarden Franken. Auch die Pensionskasse, welche 2004 im Bereich Staat und Universität eine Deckungslücke von 2,4 Milliarden Franken auswies, wurde saniert. Nachdem der notwendige Handlungsspielraum erarbeitet wurde, hat der Kanton seit 2008 die Einkommenssteuern um jährlich hundertfünfzig Millionen Franken und die Gewinnsteuern um hundert Millionen Franken gesenkt. Das oben beschriebene Wachstum der Wirtschaft war bereits vor diesen Steuersenkungen zu beobachten. Die Steuersenkungen haben aber unsere Standortattraktivität weiter verstärkt.

Der Kanton Basel-Stadt steht zurzeit finanziell auf sehr gesunden Beinen. Der Finanzplan für die Jahre 2016 bis 2019 sieht gut aus. Strukturell weist der Kanton jährliche Überschüsse zwischen sechzig und hundert Millionen Franken aus. Im Jahr 2016 steht die Pensionskassenreform mit einem Wechsel vom Leistungs- zum Beitragsprimat und einer Reduktion des technischen Zinssatzes an. Die Arbeitnehmer leisten ihren Beitrag mit einer Erhöhung des Rentenalters von 63 auf 65 Jahre. Der Kanton als Arbeitgeber übernimmt die Finanzierung, was zu einer einmaligen Ergebnisverschlechterung von einer Milliarde Franken und einer Erhöhung der Nettoschulden um 480 Millionen Franken führt. Auch die Investitionen bleiben auf einem sehr ho-

‹Arbeitsrappenbrunnen› von Emil Knöll (1943) auf der Luftmatt:
Sozialfonds für prägende Basler Bauten

hen Niveau von jährlich rund vierhundert Millionen Franken. Dies führt zwar zu einem Anstieg der Neuverschuldung, aber ab 2018 wird sich die Nettoschuldenquote stabilisieren. Aufgrund des Schuldenabbaus der vergangenen Jahre und der prognostizierten Überschüsse der nächsten Jahre ist diese Neuverschuldung zu verkraften, und die Verschuldung behält jederzeit einen genügend grossen Abstand zur Schuldenbremse.

Günstige Ausgangslage für künftige Herausforderungen

In den kommenden Jahren werden grosse Herausforderungen auf unseren Kanton zukommen. Wie oben ausgeführt, ist die Personenfreizügigkeit ein wesentlicher Bestandteil des wirtschaftlichen Erfolgs. Die grösste Herausforderung liegt somit in der Umsetzung der Masseneinwanderungsinitiative auf Bundesebene. Die Initiative muss so umgesetzt werden, dass Basel weiterhin im Standortwettbewerb mit den anderen globalen Forschungszentren mithalten kann. Wir sind darauf angewiesen, dass die benötigten Arbeitskräfte auch künftig eine Arbeits- und Aufenthaltsbewilligung in unserem Kanton erhalten.

Die zweite grosse Herausforderung ist die Unternehmenssteuerreform III. Der Bund und die Kantone müssen ihre Steuersysteme so umbauen, dass sie international akzeptiert sind. Ziel von Basel-Stadt bei der Bundesreform und der kantonalen Umsetzung ist, im internationalen und interkantonalen Wettbewerb steuerlich konkurrenzfähig zu bleiben und gleichzeitig die notwendigen Steuereinnahmen zu generieren. Das Paket des Bundesrates gibt dem Kanton die nötigen Instrumente an die Hand. Mit der Patentbox, der tieferen Gewichtung der Unternehmensgewinne im interkantonalen Finanzausgleich NFA und der Erhöhung des kantonalen Anteils an der direkten Bundessteuer sind die Voraussetzungen dafür geschaffen, dass die Kantone erfolgreich ihre Steuersysteme umgestalten können. Im Jahr 2016 sollte die Reform auf Bundesebene verabschiedet werden, sodass danach der kantonale Umbau des Steuersystems umgesetzt werden kann.

In den Fokus gerückt ist in den letzten Monaten auch die Zusammenarbeit zwischen den Nachbarkantonen Basel-Stadt und Basel-Landschaft. Beide haben ein lebhaftes Interesse an einer hohen Standortqualität, was eine exzellente Universität und ein attraktives kulturelles Angebot einschliesst. Wenn der Bund und der Kanton diese Herausforderungen erfolgreich meistern, dann stehen die Chancen gut, dass Basel-Stadt auch in zehn Jahren finanziell weiterhin gut dasteht.

Pieter Poldervaart

«UNEHRLICH SIND NUR ETWA DREI PROZENT»

Vom Staat Alimentierte werden oft von der Öffentlichkeit argwöhnisch beäugt. Doch ohne Not bittet kaum jemand um einen Termin bei der Sozialhilfe. Trotz Beratung und vielfältigen Programmen bleibt es schwierig, aus der Spirale von Armut und Isolation auszubrechen.

«Wer bedürftig ist, hat Anspruch auf unentgeltliche Beratung sowie auf wirtschaftliche Hilfe», heisst es kurz und knapp in Artikel 4 des Basler Sozialhilfegesetzes. Nach der Arbeitslosigkeit ist es häufig die Isolation, die Menschen in diese missliche Lage bringt: 2014 entfielen fast siebzig Prozent der sogenannten Zahlfälle der Sozialhilfe auf Singles. Die Erklärung für diesen hohen Anteil an Einpersonenhaushalten: Wer alleinstehend ist, dem fehlt ein Bezugsnetz, das zumindest teilweise das Abrutschen in die Armut verhindern könnte. Städte sind vom Phänomen der Vereinzelung besonders betroffen, weil hier der Anteil von Einpersonenhaushalten generell höher liegt als im Schweizer Durchschnitt.

Auch Gesundheitsbranche wird anspruchsvoller

Weitere achtzehn Prozent der Zahlfälle in der Stadt Basel entfallen auf Einelternfamilien. Neben dem Familienstand sind auch Herkunft und Bildungsrucksack wichtige Faktoren, die mitentscheiden, ob jemand zum Sozialfall wird, etwa unzureichende Deutschkenntnisse oder fehlende berufliche Qualifikationen. Kommen all diese Hypotheken zusammen, wird es eine grosse Herausforderung, einen Arbeitsplatz und damit den Ausweg aus der Sozialhilfe zu finden. «Und die Schwierigkeit für diese Menschen nimmt stetig zu», stellt Nicole Wagner fest.

Die Leiterin der Sozialhilfe Basel-Stadt weist darauf hin, dass einerseits die Automation unzählige einfache Jobs wegrationalisiert habe. Andererseits lagerten immer mehr Konzerne aus Kostengründen ihre Produktionsstandorte aus, während in Basel vor allem die hochqualifizierten Posten verblieben. Der Gesundheitsbereich wachse zwar, könne aber nur eine begrenzte Anzahl geringqualifizierter Arbeitnehmer zu einer weiterführenden Qualifizierung aufnehmen. «Auch in unterstützenden Pflegeberufen braucht es ein Minimum an Deutschkenntnissen. Und in Heimen und Spitälern steigt das geforderte Ausbildungsniveau ebenfalls», registriert Wagner. Zu Recht genüge es heute nicht mehr, bloss privat etwas Erfahrung mit der Betreuung von Kindern oder alten Menschen zu haben.

Sozialhilfe als letztes Auffangnetz

Zwar steigt die ausbezahlte Summe des Amts seit 2009 an und erreichte 2014 mit 129,6 Millionen Franken wieder das Niveau von 2005. Doch trotz dieses imposanten Betrags sind die Möglichkeiten, die Ausgaben zu senken, sehr beschränkt. Steigende Krankenkassenprämien schlagen beispielsweise direkt auf die Sozialhilfe durch. Und die Leerstandsquote von Wohnungen von aktuell bloss 0,3 Prozent erhöht die Konkurrenz um günstigen Wohnraum. Ein weiterer Faktor ist die Senkung der Neuberentungen der Invalidenversicherung, die bei der Sozialhilfe zu einer Zunahme von Langzeitarbeitslosen führt.

Die Sozialhilfe als letztes Auffangnetz ist übrigens nur der bekannteste Teil der Sozialleistungen: Hinzu kommen Alimentenbevorschussung, Arbeitslosenhilfe, Ausbildungsbeiträge, Beihilfen zu AHV und IV, Familienmietzinsbeiträge, Verbilligung von Krankenkassenprämien, Kinder- und Jugendhilfe sowie Tagesbetreuung. Kumuliert beliefen sich die Sozialleistungen des Kantons Basel-Stadt im Jahr 2014 auf 621,4 Millionen Franken. 27 194 Personen profitierten von Prämienverbilligungen, 11 617 waren Sozialhilfeempfänger.

Der Gang zur Sozialhilfe bedeutet für die allermeisten nicht den Zugang zu leichtem Geld, sondern ist mit hohen Hemmschwellen verbunden

Immerhin: Eine unvorhersehbare Kostenexplosion, wie sie gewisse Gemeinden des Landkantons verzeichnen, ist in Basel ausgeschlossen. Denn wenn in einer kleinen Gemeinde eine kinderreiche Familie zum Sozialfall wird und ein Kind womöglich zusätzlich eine spezielle Betreuung oder Therapie benötigt, kann dies die kommunalen Finanzen schnell einmal in Bedrängnis bringen. In Basel-Stadt dagegen wirken sich solche Einzelfälle weniger gravierend aus. In den Augen von Nicole Wagner kommt die aktuelle Diskussion in Basel-Landschaft vor allem daher, dass die Sozialhilfe nach wie vor eine Gemeindeaufgabe ist: «Alle anderen staatlichen Versicherungen sind kantonal oder auf Bundesebene mit einem Rahmengesetz oder einer klaren Steuerung geregelt und werden dementsprechend überregional finanziert.»

Breite Palette von Fördermassnahmen

In der Sozialhilfe hat ein kaufmännischer Mitarbeiter rund hundertzwanzig Dossiers,

Nicole Wagner, Leiterin der Sozialhilfe

eine Sozialarbeiterin deren achtzig zu betreuen. Werden die Sozialhilfeempfänger somit schlicht verwaltet, statt ein persönliches Coaching zu erhalten? In Basel ist das Problem erkannt, im Jahr 2014 lancierte die Sozialhilfe das Qualitätsprogramm ‹Q3›, das Konzeption, Zusammenarbeit und Interdisziplinarität stärken und so die Steuerung der Sozialhilfefälle verbessern will. Nach Abschluss des Pilotversuchs soll das Vorgehen nun 2016 generell umgesetzt werden. Im Zentrum steht die Fokussierung der knappen Betreuungsressourcen auf jene Fälle, bei denen Aussicht auf einen Wiedereinstieg in den Arbeitsmarkt oder sozialarbeiterischer Handlungsbedarf besteht. Nicht nur das Beratungsresultat verbessere sich dadurch, sondern auch die Arbeitszufriedenheit der Mitarbeitenden, bilanziert Wagner.

‹Q3› zeigt, dass sich die Sozialhilfe nicht als reine Zahlstelle versteht, sondern als Plattform, wo die beruflichen Möglichkeiten der Betroffenen abgeklärt werden, um sie wieder in den Arbeitsmarkt zu integrieren. Dabei kooperiert die Sozialhilfe eng mit dem Arbeitsintegrationszentrum, das mit unterschiedlichen Methoden arbeitet, um Klienten in den Arbeitsmarkt zu vermitteln. Ein weiterer Bereich sind Deutschkurse. Speziell um junge Menschen, die den Einstieg in den Arbeitsmarkt noch nicht gefunden haben, kümmert sich die Strategiegruppe zur Vermeidung von Jugendarbeitslosigkeit. Nicole Wagner betont, dass es sowohl menschlich wie auch finanziell ausserordentlich wichtig sei, die jungen Menschen möglichst schnell zu integrieren. Andernfalls drohe ein Abrutschen in eine lebenslange ‹Sozialhilfekarriere›. Seit Kurzem versucht darüber hinaus das Programm ‹Enter›, 25- bis 40-Jährige zu einem Berufsabschluss zu befähigen. Das Programm ‹AMIE› wiederum will junge, alleinstehende Mütter darin unterstützen, den Bedürfnissen des Arbeitsmarkts zu entsprechen.

Mit einem Siebtel sind Minderjährige eine der wichtigsten Gruppen der Sozialhilfeempfänger. Bei ihnen steht die sogenannte Vererbbarkeit der Armut im Fokus, die auch in internationalen Studien bestätigt wurde: Wer in einer Sozialhilfefamilie aufwächst, erlebt oft eine umfassende Perspektivlosigkeit, verbunden mit mangelnder Unterstützung der Schul- und Berufsausbildung durch das Elternhaus. In der Folge wird den betroffenen Kindern die Sinnhaftigkeit von Erwerbsarbeit wenig vermittelt.

«Die Aufgabe, den Weg aus dieser Spirale von erzieherischer Demotivierung und beruflichem Misserfolg zu finden, kann aber nicht einfach an die Behörden delegiert werden, sondern geht die ganze Gesellschaft an», meint Nicole Wagner. Kinder aus sozial schwachen Familien müssten schon früh unterstützt werden, um ihnen bessere Chancen für ihren weiteren Werdegang zu eröffnen. Zu diesem Zweck bieten die Schulen unter anderem Brückenangebote an, damit die Jugendlichen nach der obligatorischen Schulzeit in eine Ausbildung kommen. Wagner betont: «Häufig braucht es den persönlichen Kontakt zu einem Lehrbetrieb oder Arbeitgeber, der bereit ist, das Risiko einzugehen, eine weniger gut vorbereitete Person anzustellen.»

Unterbringung als Knackpunkt

Eine wichtiger werdende Klientel der Sozialhilfe sind Asylsuchende. Hier zeigen sich fehlende Sprachkenntnisse und mangelhafte Qualifikationen besonders deutlich. Selbst Akademiker scheitern an der Verständigung, zudem ist die Anerkennung von Ausbildungszertifikaten aus Nicht-EU-Ländern schwierig oder gar unmöglich. In Basel erhalten deshalb die Asylsuchenden vom ersten Tag an Deutschunterricht. «Neben der Sprache lernen die Flüchtlinge auch kulturelle Aspekte und üben, wie man sich im öffentlichen Raum bewegt», erklärt Nicole Wagner. Die wachsende Zahl der Asylsuchenden fordert zwar die Betreuung heraus, doch immerhin hat die Sozialhilfe bei steigenden Fallzahlen Anrecht auf zusätzliches Personal. Kein solcher Automatismus besteht jedoch bei der Unterbringung: Im kleinen Stadtkanton sind leerstehende Wohnungen im unteren Preissegment rar. Diesbezüglich hofft Wagner auf das geplante Containerdorf bei den ehemaligen BVB-Werkstätten an der Münchensteinerstrasse, das hundertvierzig Asylsuchenden Unterkunft bieten soll.

Und wie hoch schätzt die Leiterin der Sozialhilfe Basel-Stadt den Missbrauch der Dienstleistungen ihres Amts ein? «Sozialhilfe ist stark stigmatisiert, die Scham unserer Klienten ist gross. Es braucht enorm viel, bis man zu uns kommt und dieses letzte soziale Netz in Anspruch nimmt.» Dennoch gebe es – wie bei jeder staatlichen Leistung und jedem Gesetz – auch Missbrauch. Nicole Wagner veranschlagt die Quote auf etwa drei Prozent. Mit sogenannten Leistungsabklärern, die andernorts Sozialdetektive heissen, versucht das Amt, schwarzen Schafen auf die Schliche zu kommen. «Doch die gelegentlich aufgedeckten Missbrauchsfälle dürfen nicht dazu führen, all jene, die auf Sozialhilfe angewiesen sind, unter Generalverdacht zu stellen – und die Schweiz kann und soll sich Menschlichkeit leisten.»

Leonhard Burckhardt

DIE BÜRGERGEMEINDE UND IHRE STIFTUNGEN

Die Bürgergemeinde Basel verwaltet etwa zwanzig Stiftungen und Fonds, deren Organisation, Finanzkraft und Zweckbestimmungen stark variieren.

Der Titel dieses Artikels wirft Fragen auf: Wem gehören Stiftungen eigentlich? Den Stiftern oder Stifterinnen, die ihr Vermögen oder einen Teil davon einem bestimmten Zweck widmen wollen? Den Destinatären, denen dieses zugutekommen soll? Der Öffentlichkeit, die von den Ausschüttungen zumindest indirekt profitiert? Oder dem Stiftungsorgan, in dessen Verantwortung die Erfüllung des Stiftungszwecks liegt? Oder sämtlichen Genannten, indem sie alle am Gedeihen der Stiftungen interessiert sind?

Als Treuhänderin fühlt sich die Bürgergemeinde Basel, der die Verwaltung von circa zwanzig Stiftungen oder Fonds mit einer Gesamtbilanzsumme von über dreissig Millionen Franken zukommt. Sie ist dafür besorgt, diese zu betreuen und zweckentsprechend zu verteilen. Finanzkraft und Zweck der der Bürgergemeinde anvertrauten Stiftungen variieren stark: Während etwa die 1922 gegründete Leonhard Haag-Stiftung ein Anfangskapital von 25 000 Franken ausweist, verfügt die 2014 gegründete Max Fäh-Stiftung über eine Million Franken, und die vergleichsweise ‹reiche› Bähler-Stiftung kann Ende 2014 eine Bilanzsumme von 2,75 Millionen Franken vorweisen, wozu überdies noch zwei Liegenschaften mit Mietwohnungen kommen. Während der Emilie Steinbrunner Fonds aus den Erlösen seines Vermögens von etwa 200 000 Franken ausschliesslich die Benutzerinnen und Benutzer des Tagesheims Weiherhof begünstigen soll, können die Mittel der Georges Lichtenberg-Stiftung – immerhin rund 3,6 Millionen Franken – breit zugunsten von Basler Institutionen, welche «Kinder, Arme und Kranke unterstützen», verwendet werden. Andere Stiftungen sehen beispielsweise vor, Ferien für Familien, die von der Sozialhilfe abhängig sind, zu ermöglichen, Kindern und Betagten zu helfen, Stipendien an Jugendliche, die bestimmte Ausbildungen absolvieren, zu sprechen oder in Not geratene Familien zu unterstützen. Viele Stiftungen und Fonds binden die Gutsprachen explizit an das Basler Bürgerrecht der zu Begünstigenden (auch ein überzeugender Grund, Basler Bürgerin oder Bürger zu werden!). Die meisten Stiftungen oder Fonds verlangen überdies, dass das Kapital teilweise oder ganz erhalten bleiben solle, die Vergabungen also vorwiegend aus den Vermögenserträgen gesprochen werden müssen. Sowohl Vermögenslage als auch die Zwecke decken folglich ein breites Spektrum ab. Das Feld der Stiftungen, Fonds und Legate lassers definiert, organisiert, die selbständige Leonhard Paravicini-Stiftung hat ebenfalls einen eigenen Stiftungsrat, dem neben der genannten Stiftung noch vier weitere anvertraut sind. Machte der Stifter keine anderslautenden Vorgaben, fungiert gemäss kommunalem Recht der Leitungsausschuss der Zentralen Dienste der Bürgergemeinde als das Gremium, das darüber entscheidet, wie dem jeweiligen Stiftungszweck konkret nachgelebt werden soll.

Dreissig Millionen Franken mag nach einer stolzen Summe klingen, die viele Möglich-

Die Bürgergemeinde Basel wirkt neben ihren sonstigen Aufgaben als Treuhänderin von Stiftungen

der Bürgergemeinde ist komplex, und es wird nicht übersichtlicher, wenn berücksichtigt wird, dass die Stifter oft auch die Form, wie ihr Erbe organisiert sein solle, vorgegeben haben: Die Eugen A. Meier-Stiftung etwa, die bedürftigen Basler Bürgerinnen und Bürgern zu Weihnachten ein Geschenk – meist in Form eines Geldbetrags – überreicht, ist als unselbständige Stiftung mit eigenem Stiftungsrat, dessen Zusammensetzung das Testament des Erb- keiten bietet, doch ist die Handlungsfreiheit der Bürgergemeinde und der ihr angegliederten Stiftungsräte durch die Stiftungszwecke und die Vermögenslage der einzelnen Stiftungen eingeschränkt. Zwar wird das Vermögen aller Stiftungen gepoolt und einheitlich nach gemeinsamen, konservativ formulierten Richtlinien angelegt, doch gestattet dies nicht, Gelder einer Stiftung, deren Vermögen vergleichsweise hoch ist, dieses aber wegen einer veralteten

Zweckbestimmung nicht mehr häufig in Anspruch genommen wird, einfach zu einer anderen zu verschieben, wo der Bedarf gross, die Mittel aber knapp sind. Die Stiftungen werden korrekterweise anteilig zum Betrag, den sie in das gemeinsame Vermögen eingeschossen haben, mit den entsprechenden Erträgen bedient.

Offensichtlich ist die Bürgergemeinde Basel nach wie vor eine attraktive Partnerin für Menschen, die Legate vererben oder Stiftungen einrichten wollen. Die Motive, deretwegen Stifter und Erblasser ihr Vermögen wohltätig verwendet wissen wollen, sind vielfältig und erschliessen sich den Betrachtern nie vollständig: Kinderlosigkeit ist ein profaner Grund, eine soziale Ader der Stifter ein anderer, die Beförderung eines konkreten Anliegens, dem die Stiftenden besonders verbunden waren oder sind, ein weiterer. Die Bürgergemeinde ist als Partner für viele von ihnen attraktiv, weil sie die ihr anvertrauten Gelder professionell, zuverlässig und offen verwaltet, sie stabil ist und vermutlich auch, weil sie übersichtlich bleibt, was sie für manche positiv vom Staat abhebt. Wichtig ist zudem sicherlich, dass sie dem jeweiligen Stiftungszweck verantwortungsvoll und getreu nachzuleben bemüht ist: Die Stiftenden wissen, dass man ihren Willen ernst nimmt.

Das bedeutet gewiss auch, dass, wer nach Zweckbestimmung begünstigt werden soll, auch tatsächlich in den Genuss von Zuwendungen kommt. Auf den Geldern zu sitzen wie Vögel auf ihren Eiern, ist nicht Absicht und Politik der Bürgergemeinde. Allerdings sind einzelne Stiftungen in die Jahre gekommen und mit ihnen die Formulierung ihrer Zweckbestimmung, sodass diese nicht mehr oder nur noch unter sehr biegsamer Auslegung erfüllt werden können. Das kann vereinzelt dazu führen, dass längere Zeit keine Auszahlungen mehr getätigt werden und damit dem Zweck nicht Genüge getan ist. Um diesem unbefriedigenden Zustand Abhilfe zu tun, bieten sich mehrere Massnahmen an. Die Bürgergemeinde hat sich in jüngster Zeit stärker als früher bemüht, ihre Stiftungen bekannt zu machen, um damit potenzielle Destinatäre zu erreichen, doch ist auch ins Auge zu fassen, dass Zweckartikel, die sich nicht mehr umsetzen lassen, moderner formuliert werden; selbstverständlich geschieht dies erst, nachdem die jeweilige Stiftungsaufsicht ihre Einwilligung dazu gegeben hat.

Im Ganzen sind die Stiftungen für die Bürgergemeinde eine schöne, ja unerlässliche Gelegenheit, Gutes zu tun und ihr Wirken Basels Einwohnern und besonders ihren Bürgerinnen und Bürgern in Erinnerung zu rufen. Sie handelt dabei freilich im Bewusstsein, dass die Stiftungsgelder nicht ihr allein gehören, sondern auch – um die Eingangsfrage zu beantworten – ja, wem jetzt?

Tilo Richter

KULTURELLE WERTE

Theater und Film, Ballett und Lesungen, Ausstellungen und Konzerte – oder experimentelle Mischungen dieser Kulturformen – kosten Geld. Viel Geld. Wer zahlt das eigentlich?

Ein Theaterabend ist eine feine Sache, auch wenn eine durchschnittliche Familie aus verschiedenen Gründen meist nur in grösseren zeitlichen Abständen in den Genuss eines solchen kommt. Doch allein mit dem durchaus stattlichen Obolus, den wir für unsere Theaterkarten entrichten, würde die Bühne beinahe leer bleiben oder nur ein Kammerensemble im Orchestergraben musizieren. Zu jedem Franken, den jeder Theaterbesucher zahlt, braucht es mehrere zusätzliche, die als Subventionen fliessen, damit ein Theater überhaupt arbeits- und lebensfähig ist. Das gilt weltweit und nicht anders auch in Basel. Gleiches muss für die 29 staatlichen und privaten Museen auf baselstädtischem Boden konstatiert werden: Die Eintrittsgelder der mehr als 1,25 Millionen Besucherinnen und Besucher pro Jahr können den Finanzbedarf der Institutionen nur zu einem kleinen Teil decken. Selbst Flaggschiffe wie das hochsubventionierte Kunstmuseum oder die vielbesuchte Fondation Beyeler würden ohne Sponsoren und private Geldgeber keine schwarze Null schreiben – ganz zu schweigen von kleineren Kulturorten wie den ungezählten Off-Spaces für bildende Kunst.

Das Basler Kulturleben bewegt sich inhaltlich, aber auch finanziell auf höchstem Niveau – und dies im nationalen wie selbst im internationalen Vergleich. Dabei verdeckt der Slogan ‹Culture Unlimited›, mit dem Basel für sich wirbt, mitunter die Tatsache, dass auch am Rheinknie die Mittel für Kultur nicht unbegrenzt sind.

Der Kanton und seine Partner

Die im Präsidialdepartement angesiedelte Abteilung Kultur des Kantons Basel-Stadt unterstützt kulturelle Institutionen, unabhängige Projekte und freischaffende Kunst- und Kulturschaffende. Die Grundlagen der kantonalen Förderpolitik sind das 2009 beschlossene Kulturfördergesetz und das vom Regierungsrat verabschiedete Kulturleitbild des Kantons für die Jahre 2012 bis 2017. Philippe Bischof, Leiter der Abteilung Kultur, fasst einen wesentlichen Grundzug der kantonalen Förderpolitik wie folgt zusammen: «Mit zahlreichen Staatsbeiträgen an kulturelle Institutionen steht der Kanton für Nachhaltigkeit, Kontinuität und Planbarkeit in der Kulturförderung ein. Das inhaltliche Know-how für die Entscheidungen in der mehrheitlich bikantonalen Projektförderung kommt aus den Jurys der Fachausschüsse von Basel-Stadt und Baselland. Sie machen Vorschläge über die Vergabe von Geldern in den Bereichen Film und Medienkunst, Literatur, Musik, Tanz und Theater.» Etwa vierzig Prozent des 120-Millionen-Budgets der Abteilung Kultur fliessen an die Museen, weitere dreissig Prozent in die Theaterlandschaft. Die Ausgaben im Bereich Musik machen mit rund dreizehn Prozent den dritten Grossposten aus. Die verbleibenden knapp zwanzig Prozent verteilen sich auf Ausgaben für Literatur, bildende Kunst, Film und Medienkunst sowie für den Bereich des kulturellen Erbes.

Nicht zuletzt tragen Stiftungen und Geldgeber aus der Wirtschaft sowie Private ganz wesentlich zur Finanzierung des Basler Kulturlebens bei. Besonders augenfällig wird das Engagement Einzelner in den sogenannten Public Private Partnerships, wie es das Beispiel des Kunstmuseums Basel zeigt. Auf diese Weise wird etwa der Erweiterungsbau realisiert, den die von Maja Oeri gegründete Laurenz-Stiftung durch die Schenkung des Baugrundstücks und die Übernahme von fünfzig der hundert Millionen Franken Baukosten ermöglicht hat und

Saisonaler Kulturort auf dem Bruderholz: ‹filter4›

dessen laufende Betriebskosten der Kanton zusammen mit der Stiftung für das Kunstmuseum Basel tragen wird. Es ist ein Spiel mit bewusst verteilten Rollen: Hier leistet die eine ergänzend, was der andere allein nicht vermag. Damit schliesst das staatliche Museum an die identitätsstiftende Geste seiner Gründung an, den Ankauf des privaten Amerbach-Kabinetts durch die Stadt Basel im Jahr 1661.

Der gesamte Geldfluss aus privatwirtschaftlicher und privater Finanzierung kann nur grob geschätzt werden. Man darf aber davon ausgehen, dass zusätzlich zum kantonalen Batzen von jährlich 120 Millionen Franken in etwa die gleiche Summe von Dritten aufgebracht wird, sei es über Stiftungsgelder, Sponsoring-Verträge oder über Zahlungen von Gönnerinnen und Mäzenen. Die insgesamt 850 gemeinnützigen Basler Stiftungen ermöglichen – mitunter im Verborgenen – zahlreiche kulturelle Aktivitäten, für die es zu wenig oder gar keine öffentliche Förderung gibt. Wesentliche Beiträge kommen beispielsweise von der Gesellschaft für das Gute und Gemeinnützige Basel (GGG), der Christoph Merian Stiftung, den Stiftungen Edith Maryon und Habitat sowie der Sophie und Karl Binding Stiftung, überregional zum Beispiel vom Migros-Kulturprozent.

Für Philippe Bischof ist der regelmässige Dialog zwischen Kanton und Stiftungen wesentliche Bedingung für eine erfolgreiche Kulturförderung, auch zur Abstimmung der Aufgaben: «Wir sind im Vergleich langsamer, strukturelle Veränderungen in der staatlichen Kulturförderung brauchen aufgrund politischer Prozesse Zeit. Die Privaten können oft schneller entscheiden. Idealerweise spannen wir für bestimmte Ideen zusammen und optimieren die Förderlandschaft gemeinsam.» Zugleich, so Bischof weiter, sei es für jede Kulturregion wichtig, dass verschiedene Förderinstanzen auch unterschiedliche Akzente setzen, sonst bestehe in der Kulturförderung die Gefahr einer Homogenisierung. Je stärker die verschiedenen Partner seien, umso profilierter könne sich die Kulturpolitik entwickeln.

Nicht vergessen darf man die geopolitisch interessante Lage von Basel im Dreiländereck, das etwa mit dem Vitra Design Museum auf der deutschen Seite oder dem Schaulager in Münchenstein noch weitere dicke Fische im ‹Kulturkescher› hat. Und neben der kantonalen und regionalen Förderung müssen auch die Beträge des Bundes berücksichtigt werden, die nach Basel fliessen, was in Anbetracht der komplex angelegten Förderkanäle kaum mit Zahlen zu unterlegen ist. Mit dem Schweizerischen Architekturmuseum, dem Schweizer Sportmuseum und dem HeK (Haus der elektronischen Künste Basel) werden immerhin drei Einrichtungen als Schweizer Kompetenzzentren vom Bund subventioniert.

Neue Geldquellen

Eine relativ junge Form der Finanzierung von Kulturprojekten ist das sogenannte Crowdfunding, das in Basel über den eigenen Channel der Online-Plattform wemakeit.ch vergleichsweise kleine Beträge von Privatpersonen sammelt. Gemessen am Volumen der staatlichen Fördertöpfe und den Beiträgen von Stiftungen mag die daraus generierte Summe von etwas über einer halben Million Franken für 54 Projekte (2014) auf den ersten Blick gering erscheinen, doch zeigt sich anhand der Dynamik dieser digital generierten Förderung das Potenzial der Schwarmfinanzierung. Immerhin lag der durchschnittlich auf wemakeit.ch/basel gesprochene Betrag im Jahr 2014 bei 173 Franken pro Person, was als europaweiter Höchstwert gilt. Im Lichte der Fokussierung privatwirtschaftlicher Engagements in der Kultur und angesichts der zunehmend restriktiven Verteilung von Fördermitteln durch Stiftungen wird dem Crowdfunding in Zukunft vermutlich besondere Bedeutung zukommen, weil dort auch Experimentelles und Nichtetabliertes Unterstützung finden kann.

Komplizierte Partnerschaft

Wichtigster Partner von Basel-Stadt in der Kulturförderung ist der zweite Basler Kanton. Mit der Ankündigung von Basel-Landschaft vom 8. Juli 2015, im Rahmen der kantonalen Sparmassnahmen unter anderem die Zahlung der Kulturvertragspauschale in Höhe von jährlich zehn Millionen Franken

Die Bands spielen auf einem Floss, das Publikum besetzt die Rheinpromenade:
Festival ‹Im Fluss› bei der Mittleren Brücke

zu halbieren, kam das seit 1997 bewährte Modell der bikantonalen Kulturförderung ins Wanken. Vor allem in jenen sechzehn Institutionen, die auf die bikantonale Finanzierung existenziell angewiesen sind – etwa die Kaserne, das Kammerorchester Basel, die Basel Sinfonietta, die Basler Madrigalisten, das Basler Marionetten Theater, der Rockförderverein oder der Veranstalter Gare du Nord –, kamen massive Zukunftsängste auf. Innerhalb eines Monats unterschrieben knapp dreissigtausend Personen die Petition ‹Für eine nachhaltige Kulturpartnerschaft BS/BL, gegen die Kündigung des Kulturvertrags BS/BL›.

Vorerst scheint die Kulturpartnerschaft zwar gerettet, denn am 11. November 2015 entschied der Grosse Rat mit einem deutlichen Mehr über eine 80-Millionen-Finanzhilfe, die der Stadt- dem Landkanton für die Jahre 2016 bis 2019 bereitstellt. Im Gegenzug bleiben unter anderem die bilateralen Verträge zur Universität Basel und zur Kulturvertragspauschale bis 2019 ungekündigt. Damit mag akute Gefahr für die Kultur abgewendet sein, allerdings nur für die nächsten vier Jahre. Diese Zeit muss dafür verwendet werden, die Finanzierung der gemeinsam genutzten Angebote gerecht und nachhaltig abzusichern, um für die Betroffenen – etwa das Theater Basel, dem im Falle einer Kündigung der Kulturvertragspauschale allein 4,5 Millionen Franken fehlen würden – die nötige Planungssicherheit wiederherzustellen. Ob dies in Form eines neuen Kulturvertrags geschehen soll oder in einem neuen Modell, wird die politische Diskussion zeigen.

Rechnung mit einer Unbekannten

Ein reichhaltiges kulturelles Leben ist auch in Basel an einen Faktor gebunden, der in jeder Kostenrechnung fehlt: Ohne das mitunter an Selbstausbeutung grenzende Engagement ungezählter Idealistinnen und Idealisten – vor allem in der sogenannten Off-Szene – könnten viele Theaterabende und Ausstellungen, musikalische Inszenierungen und Literaturabende nicht stattfinden. Jeden Tag investieren Kulturengagierte gering oder gar nicht bezahlte Stunden ihrer Lebenszeit in kulturelles Engagement. Sie bauen Ausstellungen auf, schreiben Pressetexte, schneiden Filme, machen Führungen, singen im Chor, nähen Kostüme oder diskutieren über die Zukunft von Kulturinstitutionen. Natürlich geht es hier jeweils auch um Selbstverwirklichung und die Befriedigung verschiedener Eitelkeiten, um Überzeugungen und um die Leidenschaft für die Kultur. Allerdings immer mit einem Effekt für die Gesellschaft, mit Impulsen für das Weiterdenken unserer ideellen Werte, für eine nicht vom Geld dominierte Sicht auf die Welt … eben: eine Frage der Kultur.

Christine Müller

MAGISCHE MOMENTE IN DER BASLER INNENSTADT: DAS WHITE DINNER

In New York und Paris gibt es das Essen in Weiss schon länger, nun hat Basel im September 2015 als erste Schweizer Stadt ein White Dinner zwischen Marktplatz und Greifengasse veranstaltet.

Auf der Mittleren Brücke strahlt das Weiss, blendet beinahe. Menschen mit weissen Hüten, in weissen Hemden, Hosen, Jacken und Kleidern, ja sogar weissen Schuhen breiten auf weissen Tischdecken Speisen aus. Picknickkörbe stapeln sich übereinander. Weisse Blumen zieren Tische und die Frisuren von Frauen. Orange leuchtend neigt sich die Abendsonne über die Dächer. Passanten laufen über die Brücke, teilen bunt die weisse Schar, die sich rechts und links um die gedeckten Tische versammelt hat. Salate werden angerichtet, Sektgläser gefüllt, Selfies geknipst: «Lueget emool», tönt es von allen Seiten. Ein Schiff trötet bei der Durchfahrt unter der Mittleren Rheinbrücke einen Gruss. Weisse Stoffservietten werden über den Köpfen geschwungen. Das erste White Dinner Basel ist offiziell eröffnet.

Mitten in der Stadt dinieren

«Weiss, weiss, weiss sind alle meine Kleider, weiss, weiss, weiss ist alles, was ich hab'...», skandiert ein Kinderlied. Das werden wohl nur die wenigsten behaupten können – Zahnarztassistentinnen und Krankenpfleger ausgenommen. Umso mehr erstaunte der Anblick der knapp 5600 von Kopf bis Fuss in Weiss gekleideten Menschen, die sich am 11. September 2015 ab 19 Uhr in der Basler Innenstadt einfanden. Von der Greifengasse über die Mittlere Brücke bis zum Marktplatz gruppierten sich die eleganten Gäste um 650 Tische. Pro Innerstadt Basel hatte dazu aufgerufen, sich gemeinsam zum stilvollen Abendessen einzufinden und dabei noch Gutes zu tun.

Anlass war das 40-Jahr-Jubiläum des Pro-Innerstadt-Geschenkbons. Weiss lackierte Holzklappstühle fungierten als Eintrittsbilletts zum Basler Event. Zum Preis von achtzig Franken sicherte man sich zwei davon und damit die Teilnahme für zwei Personen. Fünf Franken pro Stuhl gingen an das Basler Spendenparlament, das einmal pro Jahr in einer demokratischen Abstimmung Spendengelder an soziale Projekte in der Nordwestschweiz verteilt. «Es war eine organisatorische Herausforderung, ein System zu entwickeln, mit dem die Tischreservation zu bewältigen war», erklärt Mathias F. Boehm, Geschäftsführer von Pro Innerstadt Basel. Einzelplätze waren deshalb nicht erhältlich, auch weil der Anlass gesellig sein sollte. «Es war nie unsere Idee, jemanden auszuschliessen. Wir dachten, sicher findet jeder jemanden, den er mitnehmen kann», erläutert Boehm.

Auch preislich sollten sich alle den Event leisten können, als finanzielle Messlatte diente ein Ticket für einen FCB-Match. «Natürlich war die Idee, dass die Menschen in der Stadt etwas einkaufen, aber nicht aus einer kapitalistischen Perspektive heraus. Prinzipiell musste man nur die 40 Franken für den Stuhl auslegen, beim Rest hatte man freie Wahl.» Tatsächlich fand sich im Vorfeld der Veranstaltung ein Blog auf der Website von White Dinner Basel, der vielfältige Vorschläge zur kreativen Beschaffung der

Ein einmaliger spätsommerlicher Anlass?
Das bleibt abzuwarten

Ausrüstung bot. Dennoch konnte die Teilnahme am Fest einen finanziellen Aufwand bedeuten. Angesprochen auf die weissen Turnschuhe erzählte ein Gast, er hätte diese speziell für den Anlass gekauft, genauso die weisse Kleidung. «Das hat man ja nicht einfach», fügte sein Freund an. «Im Idealfall

zieht man es noch einmal an» – durchaus wünschenswert aus Gründen der Nachhaltigkeit.
Doch nicht nur liess man sich das White Dinner etwas kosten, auch in die Vorbereitung wurde viel Zeit investiert. Eine Gruppe von sechs jungen Frauen teilte mit, sie hätten sich seit Mitte des Sommers auf das White Dinner vorbereitet, per Chat hätten sie Outfits und Menüplan diskutiert und sogar ein gruppenidentitätsstiftendes Accessoire gewählt: eine weisse Ansteckblume.

Eigeninitiative erwünscht

Wer sich nicht mit Menüplan und Warenlogistik beschäftigen wollte, für den boten die Partner des Events bequeme Lösungen: angefangen bei einer ‹Genuss-Tasche›, die lagerbare und gekühlte Lebensmittel enthielt, über einen voll bestückten Picknickkorb bis hin zur Möglichkeit, ein mehrgängiges Menü von professionellem Personal am Tisch serviert zu bekommen. Doch Mathias F. Boehm war begeistert und überrascht, wie viele Menschen nicht das Package wählten, sondern alles selbst mitbrachten. Für ihn ist das ein Beweis dafür, dass sich die Baslerinnen und Basler mit der Idee, ihre geliebte Stadt einmal aus einer anderen Perspektive zu erleben, identifizierten und dafür keinen Aufwand scheuten.
Im Vergleich zum französischen Original, dem Dîner en Blanc, zeigten sich doch entscheidende Unterschiede. Das Pariser Massenpicknick in Weiss, mit mittlerweile gut fünfzehntausend Gästen, findet seit Ende der Achtzigerjahre statt. Anders als in Basel ist die dortige Veranstaltung nicht angemeldet, teilnehmen kann man nur auf persönliche Einladung hin, der Verkehr wird nicht umgeleitet und selbst die Tische sind mitzubringen. Pro Innerstadt Basel hat für sein White Dinner das Pariser Konzept an das heimische Publikum angepasst. Geschäftsführer Boehm meint dazu: «Wir Basler funktionieren anders als die Pariser. Ich kann mir zum Beispiel nicht vorstellen, dass es funktioniert hätte, wenn auf der Mittleren Brücke der Verkehr nicht ausgesetzt gewesen wäre.» In diesem geschützten und geregelten Rahmen war jedoch trotzdem Eigeninitiative gefragt. «Wir können den Leuten nicht sagen: Jetzt müsst ihr tanzen!

Sie müssen selber damit anfangen. Wir können nur die Atmosphäre dafür kreieren», sagt Boehm. Zumindest einige haben an diesem Abend getanzt. Andere schauten lieber zu, wie Akrobaten und Stelzenläuferinnen durch die Strassen zogen, Bands aufspielten und Tambouren und Querflötenspielerinnen marschierten.

Viele Gäste antworteten auf die Frage nach ihrer Motivation für die Teilnahme, dass sie sich von diesem Abend erwarteten, mit anderen Menschen ins Gespräch zu kommen. Doch schien es eher, als ob es die Konversationen häufig nicht über den Tischrand hinaus schafften. Eine Gruppe von Heimfahrenden erklärte, sie hätten keinen Kontakt zu den Tischnachbarn geschlossen. Sie selbst seien zu acht gewesen und hätten nicht das Bedürfnis gehabt, sich anderweitig zu unterhalten. Doch gesellige Stimmung herrschte an diesem Abend allemal, Geplauder an den Tischen, Gelächter in den Strassen, spielende Kinder zwischen den Stühlen. Fast fühlte man sich wie an der Fasnacht, nur im Spätsommer. Um 22 Uhr entflammte ein Meer von Wunderkerzen, ein glitzerndes Band zog sich von der Greifengasse bis zum Marktplatz. Bevor sie am Marktplatz ins Tram stieg, sagte eine junge Frau: «Wir hatten magische Momente.»

Encore, encore

Es scheint, als hätten sich die Erwartungen an den Abend erfüllt. Bereits während des Events gab es Stimmen, die dessen Wiederholung forderten. Vonseiten von Pro Innerstadt Basel hört man jedoch, dass das White Dinner nicht als jährliche Veranstaltung geplant ist. «Der springende Punkt, warum der Event so erfolgreich war, ist, dass wir die Organisation in einem sehr kleinen Team von sechs Personen bewältigt haben. Es war keine Agentur, die das geplant hat. Wir haben das aus Leidenschaft und Freude gemacht», erklärt Mathias F. Boehm. Deshalb sei trotz der positiven Rückmeldungen momentan keine kontinuierliche Weiterführung der Veranstaltung geplant. Vorstellbar wäre, das White Dinner in einem kleineren Rahmen zu veranstalten, um nicht zu grosse zeitliche Ressourcen des Vereins zu blockieren. Denn Planung und Durchführung haben sich über ein ganzes Jahr erstreckt. Momentan ist also noch alles offen. Geschäftsführer Boehm meint: «Die Leute müssten verlangen, dass der Anlass weitergeführt wird.»

«Santé!» en blanc

Markus Bär

‹FAIR BANKING› STATT BANKING-AFFÄREN

Die Basler Kantonalbank scheint nach ihren Fehltritten wieder Fuss zu fassen. Sie besinnt sich auf ihr Kerngeschäft und agiert vorsichtiger. Das Parlament rügt vergangenes und regelt künftiges Verhalten.

In den Jahren 2011 bis 2013 hat sich die Basler Kantonalbank (BKB) mit einigen Affären – manche sprechen von Skandalen – wirtschaftlichen Schaden und einen beträchtlichen Imageverlust eingehandelt.

– Die ASE Investment AG, mit der die BKB eine Partnerschaft eingegangen war, erwies sich als (mutmassliche) Anlagebetrügerin. In der Folge trat Direktionspräsident Hans Rudolf Matter zurück.

– Auch auf BKB-Konten fanden sich unversteuerte Vermögenswerte von US-Bürgern. Im Steuerstreit mit den USA gehört die BKB zur Kategorie 1, also zu jenen sechzehn Banken, gegen die das US-Justizdepartement strafrechtliche Ermittlungsverfahren eingeleitet hat.

– Durch Handel mit eigenen Partizipationsscheinen manipulierte die BKB jahrelang in unzulässiger Weise deren Kurs. Die Eidgenössische Finanzmarktaufsicht (Finma) sprach im November 2013 eine Rüge gegen die Bank aus und zog 2,6 Millionen Franken unrechtmässig erzielten Gewinns ein. In der Folge trat Bankratspräsident Andreas Albrecht zurück.

Über diese drei Affären berichtete das Stadtbuch in seiner Ausgabe 2013. Es folgte Anfang 2014 die peinliche Panne bei der BKB-Tochter Bank Coop, die Zehntausende von Kontoauszügen an falsche Adressen verschickte.

Was die BKB seither unternommen hat

Mitte 2011 propagierte die BKB eine Weissgeldstrategie. Alle Kundinnen und Kunden, ob in- oder ausländisch, müssen mit ihrer Unterschrift bestätigen, dass ihre bei der BKB deponierten Vermögen und deren Erträge versteuert werden. Per Ende 2012 trennte sich die BKB von ihren rund tausend Kunden mit Wohnsitz in den USA. Für Verfahrenskosten und eine allfällige Busse im Steuerstreit mit den USA nahm sie 2013 Rückstellungen von 100 Millionen Franken vor. Der Fall ist noch hängig.

An Kunden, die im ASE-Fall zu Schaden kamen, hat die BKB bisher 50 Millionen Franken ausbezahlt.

Das Geschäft mit ausländischen Privatkunden wurde 2011 auf Deutschland, Frankreich, die Niederlande und Italien beschränkt. Per Ende 2014 schloss die BKB ihre Private-Banking-Vertretungen in Zürich und Bern; die Emission eigener strukturierter Produkte hat sie eingestellt. Die Tochterfirma BKB Finance Ltd. auf der Kanalinsel Guernsey wird voraussichtlich Ende 2015 liquidiert.

(Philipp Loser, ‹Basler Zeitung› und ‹Tages-Anzeiger›) eingeordnet. Die wesentlichen Befunde des GPK-Berichts:

Im Fall ASE hält die GPK fest, dass es den Verantwortlichen «viel früher hätte auffallen müssen, dass etwas nicht stimmt». Trotz «Kreditausständen in dreistelliger Millionenhöhe» habe die BKB-Geschäftsleitung Angaben des Inhabers der ASE «zu wenig oder gar nicht verifiziert». Die operative Führungsebene habe «ihre Aufsichtspflichten in gravierender Art und Weise vernachlässigt». Auch die strategische Führungs-

Im Jahr 2015 wieder in ruhigerem Fahrwasser: die BKB

Den Steuerstreit mit Deutschland konnte die BKB mit einer Zahlung von 38,6 Millionen Euro im Mai 2015 abschliessend regeln.

Was die Politik seither unternommen hat

Die Geschäftsprüfungskommission (GPK) des Grossen Rates veröffentlichte am 17. Juni 2015 ihren Bericht «zu den Vorkommnissen bei der Basler Kantonalbank und bei der Bank Coop». In den Medien wurde dieser als «scharfer Rüffel» (Peter Knechtli, ‹Online-Reports›) oder «Dokument des Versagens»

ebene, also der Bankrat, kommt schlecht weg: Allerspätestens Ende 2010 hätte der damalige Bankratspräsident, der gemäss GPK über die dramatische Entwicklung im Bild war, den Gesamtbankrat einschalten müssen. Stattdessen wurde dieser erst Ende 2011 orientiert. Der Bankrat seinerseits hätte sicherstellen müssen, dass ihm solche Entwicklungen nicht verborgen bleiben.

Natürlich erfuhr in der Folge auch Finanzdirektorin Eva Herzog erst spät von den Problemen. Sie stellt sich auf den Standpunkt, gesetzlich könne und solle der Regierungsrat nicht auf die Geschäftsführung Einfluss nehmen, oberstes Organ der BKB sei der Bankrat. Die Bank stehe zudem unter der Aufsicht der Finma, was eine Kontrolle durch die kantonalen Behörden stark einschränke. Diese Haltung hält die GPK für «problematisch»: Es brauche neben der bankenrechtlichen Aufsicht durch die Finma auch eine Aufsicht, «welche die Einhaltung der kantonalen gesetzlichen Vorgaben kontrolliert und die Interessen des Kantons als Eigentümer wahrnimmt».

Was den Steuerstreit mit den USA betrifft, so teilte die UBS im Mai 2008 mit, dass die US-Behörden eine Untersuchung gegen sie eingeleitet hätten. Obwohl die UBS bereits in Schwierigkeiten geraten war, nahm die BKB noch fast ein Jahr lang neue US-Kunden auf. Weder der Bankrat noch der Regierungsrat, die Finanzdirektorin oder das Finanzdepartement nahmen den Fall UBS zum Anlass, das US-Geschäft der BKB zu hinterfragen. Alarmzeichen wurden «nicht oder zu spät erkannt».

Beim Handel mit eigenen Partizipationsscheinen (PS) habe gemäss Finma die BKB mit «systematisch marktverzerrenden Kaufaufträgen» über Jahre den Börsenkurs der eigenen PS gestützt und damit «aufsichtsrechtliche Bestimmungen zum Marktverhalten verletzt und gegen ihre Gewährs- und Organisationspflicht verstossen». Weder der Regierungsrat noch die Finanzdirektorin hätten diesen Handel je kritisch hinterfragt, obwohl die Finanzdirektorin hätte wissen müssen, dass es auch im Bankrat Vorbehalte gegen den Handel mit eigenen PS gegeben habe. Beim Bankrat stellt die GPK in diesem Fall «ein gröberes Versagen» fest.

Am 21. Oktober 2015 entschied der Basler Grosse Rat in erster Lesung über die Totalrevision des Gesetzes über die Basler Kantonalbank. Das revidierte Gesetz bringt klarere Strukturen, eine strengere Risikobegrenzung sowie einen ‹entpolitisierten› Bankrat. Die BKB bleibt eine selbständige öffentlich-rechtliche Anstalt mit Leistungsauftrag und Staatsgarantie. Ein Antrag, die BKB in eine Aktiengesellschaft umzuwandeln, scheiterte mit 61 zu 29 Stimmen. In den Bankrat sollen nur noch Personen wählbar sein, die über die nötigen Kenntnisse in den Bereichen Finanzen, Revision und Unternehmensführung verfügen. Wahlbehörde wird statt des Parlaments neu der Regierungsrat. Die Finma muss noch über das totalrevidierte BKB-Gesetz befinden, bevor der Grosse Rat in einer zweiten Lesung zur Schlussabstimmung schreiten kann.

Pieter Poldervaart

BASEL ZAHLT ANDERS

Die sozialen und ökologischen Umbrüche auf globaler Ebene rufen auch nach einer wirtschaftlichen Antwort. In Basel tut dies seit nunmehr zehn Jahren zumindest symbolisch der NetzBon. Die Alternativwährung zeigt, wie ein lokaler, solidarischer und umweltbewusster Konsum aussehen könnte.

Ob ‹Chowanschtschina› oder ‹Zauberflöte›, seit der Saison 2015/16 kann man den Eintritt ins Theater Basel nicht nur in Franken- und Euroscheinen oder mit Plastikgeld begleichen: Erstmals akzeptiert das Theater Basel auch den NetzBon als Zahlung. «Das NetzBon-Experiment finden wir zeitgemäss und sinnvoll», sagt die Schauspieldramaturgin Sabrina Hofer. «Zudem beschäftigt sich der Spielplan dieser Saison besonders intensiv mit dem gesellschaftlichen Miteinander.» Diese Themen wolle man nicht nur auf der Bühne verhandeln, sondern auch in die Unternehmenspraxis einfliessen lassen.

Die renommierte Kulturinstitution ist der jüngste von hundertzwanzig Betrieben am Rheinknie, die das 148 mal 106 Millimeter grosse Papiergeld in Zahlung nehmen. Aktuell kursieren NetzBons (bis vor Kurzem hiess die Alternativwährung ‹BonNetzBon›) im Gegenwert von dreissigtausend Franken. Das Theater Basel ist das mit Abstand grösste Unternehmen unter allen Firmen, Organisationen und Genossenschaften, welche die Bons als Zahlungsmittel akzeptieren. Die Liste ist bunt und umfasst Gastronomie (Hirscheneck, Acero oder Capri-Bar), Handwerker und Inneneinrichtung (Schweisszone, Brockenstube Glubos oder die Secondhand-Drehscheibe Offcut), Kulturanbieter (Buchhandlungen, Zeitschrift ‹Zeitpunkt›) und Gesundheitsdienstleister (Coiffeusen sowie Anbieter von Shiatsu-Kursen und Massagen).

Wer als Firma neu mitmachen will, kann sich formlos per Mail anmelden. «NetzBon-Betriebe haben kein Label, wir machen keine Prüfung», erklärt Isidor Wallimann Mitgründer und Präsident der Genossenschaft Netz Soziale Ökonomie, welche die NetzBons in Werten von 1, 5, 10 und 20 Franken emittiert. Man gehe aber davon aus, dass sich vor allem Unternehmen melden, die dem Grundgedanken von NetzBon entsprechen – lokale Unternehmen also, die sozial handeln oder ökologisch ein Zeichen setzen möchten und das Ziel haben, sich dabei gegenseitig zu stärken.

Gegenmodell zur Globalisierung

Nicht nur theoretische Modelle zu zimmern, sondern diese in der Praxis auszutesten: Dies war auch die Motivation für Wallimann und die anderen Gründungsmitglieder der ‹Sozialen Ökonomie Basel›, als sie vor gut zehn Jahren das Projekt einer Alternativwährung für den Grossraum Basel diskutierten: «Wir waren uns bewusst, dass das heutige Wirtschaften nicht nachhaltig ist, weder sozial noch ökologisch.» So sei der Klimawandel mittlerweile auch bei uns als klares Zeichen dafür akzeptiert, dass die Grenzen des Wachstums überschritten sind. Wallimann: «Mittelfristig wird jenes Drittel der Weltbevölkerung, das in Küstengebieten wohnt, aufgrund des steigenden Meeresspiegels neue Lebensräume suchen oder sie anpassen müssen.» Andererseits habe die Globalisierung dazu beigetragen, dass Menschenschinderei bei der Produktion unserer Kleider, Autos und Nahrungsmittel alltäglich geworden sei. «Mit der sozialen Ökonomie und ihrem NetzBon wollen wir zeigen, dass es auch anders möglich ist und es immer mehr Menschen schaffen, unabhängiger vom Globalisierungsstrudel zu wirtschaften.»

Das Biobistro in der St. Johanns-Vorstadt etwa verwendet konsequent biologische Lebensmittel, setzt auf Regionalität und beschäftigt Menschen mit Behinderung – ganz im Gegensatz zum Hamburgerbrater mit dem gelben M. Nicht sämtliche NetzBon-Betriebe decken alle drei Dimensionen der Nachhaltigkeit ab: Gesellschaft, Umwelt, Wirtschaft. Doch Isidor Wallimann, emeritierter Sozialwissenschaftler und Präsident des städtischen Landwirtschaftsnetzwerks ‹Urban Agriculture Basel›, verlangt von den beteiligten Unternehmen nicht das perfekte nachhaltige Handeln: «Ihnen allen ist gemeinsam, dass sie ein neues, demokratisches Wirtschaften ausprobieren.»

Auch hier wird der NetzBon als Zahlungsmittel akzeptiert: Roman Straub in seinem Betrieb ‹Schweisszone› im Gundeldingerfeld

Katalysator für Bern, Genf und Bratislava

Technisch funktioniert der NetzBon wie Geld: Man kann ihn online bestellen oder bei den beiden Mitgliedbetrieben Genossenschaft Hirscheneck und Acero kaufen. Wer als Unternehmen NetzBons einkassiert, kann sie selbst wieder ausgeben, etwa indem er ein Firmenessen bei einem angeschlossenen Betrieb abhält, Fachliteratur in den aufgelisteten Buchhandlungen beschafft oder das Firmenfahrrad von der NetzBon-Handwerkerin reparieren lässt. Besitzt ein Unternehmen zu viele Bons, können diese den Mitarbeitern als Bonus verschenkt oder beim NetzBon-Sekretariat wieder eingelöst werden. Dann allerdings wird eine Wechselpauschale von 20 Franken plus ein Abschlag von fünf Prozent fällig. «Andere regionale Zahlungsmittel funktionieren sogar mit einem Wertverlust, wenn man sie beispielsweise innert drei Monaten nicht weiterreicht – auf einen solchen Mechanismus verzichten wir», erläutert Wallimann.

Die NetzBon-Idee zieht Kreise: Zehn Jahre nach seiner offiziellen Lancierung 2005 mit damals zehntausend NetzBons und fünfundzwanzig angeschlossenen Betrieben wächst das Interesse noch immer langsam, aber stetig. Der Fokus bleibt in der Region, aber man unterstützte beratend Anfang 2015 die Lancierung des Berner Pendants ‹bonobo› und half mit, in der Genferseeregion den ‹Léman› und in der slowakischen Hauptstadt den ‹Bratislavský živec› aus der Taufe zu heben. Während man beim Wirtschaften auf die Region ausgerichtet bleibt, soll die Vernetzung wachsen: Isidor Wallimann reiste im September 2015 an den internationalen Kongress ‹Solidarische Ökonomie› nach Berlin, wo tausend Teilnehmer Fragen eines anderen, nachhaltigen Wirtschaftens diskutierten und Beispiele vorstellten. «1996 waren wir noch Vorreiter, jetzt wird das demokratische, regionale und ökologische Wirtschaften auch in Krisenländern wie Spanien und Griechenland salonfähig», meint Wallimann.

Kapitalismuskritik ganz praktisch

Das Theater Basel jedenfalls hat es nicht dabei belassen, einfach den NetzBon zur Zahlung zu akzeptieren. «Zur Lancierung des NetzBons am Theater Basel sind unterschiedliche Aktionen geplant, die sich mit den Themen Geld und Kapitalismus beschäftigen», so Sabrina Hofer. Beispiele sind die Lecture- und Performance-Reihe ‹Community in Progress›, die mit unterschiedlichen Akteuren der Stadt über lokale und globale Formen der Partizipation nachdenkt, sowie Reto Fingers Romanbearbeitung von ‹Farinet oder das falsche Geld› von Charles-Ferdinand Ramuz.

Nicht nur auf der Bühne, auch ganz praktisch kann der NetzBon beim Theater Basel wirken: Die eingenommenen Zahlungsmittel sollen für den Einkauf der Lebensmittel und für die Produktion von Drucksachen eingesetzt werden und so wieder in die lokale, soziale Ökonomie fliessen.

Thilo Mangold

EXPATS IM AUSGANG

Die Expats bilden einen gewichtigen Faktor in Wirtschaft und Gesellschaft der Region, auch im Nachtleben. Gastronomen kalkulieren mit ihnen, einheimische Nachtschwärmer umgehen sie teils bewusst. Argumentationsfallen und unscharfe Definitionen erschweren die Diskussion. Eine Erörterung in Behauptungen

Englischsprachiges Personal, mehrsprachige Speisekarten, internationale Klientel. Was 1972 mit dem sichtbar britisch geprägten und wenig elitären Mr. Pickwick Pub begann, hat sich auf diverse Restaurants und In-Bars ausgeweitet: Die Ausrichtung von Gastronomiebetrieben auf Expats kann unternehmerisch gewinnbringend sein. Expats, kurz für Expatriates, sind Menschen, die für eine befristete Dauer (meist wenige Jahre und innerhalb eines Konzerns) als hochqualifizierte Fachkräfte berufsbedingt ihren Lebensmittelpunkt in ein anderes Land verlegen. Rund 36 000 Personen in den beiden Basler Halbkantonen kategorisierte eine Studie von 2011, die im Auftrag von Roche, Novartis, des Kantons Basel-Stadt und der Christoph Merian Stiftung erarbeitet wurde, als Expats. Die Verfasser schätzten, dass «in der Region Basel jeder zehnte Konsum- und Steuerfranken (von natürlichen Personen) aus einem Expat-Haushalt stammt». Neuere respektive nachtlebenspezifischere Zahlen sind nicht verfügbar.

Wie begegnet Basel seinen Expats im Ausgang? Wie integriert es einen Teil seiner Bevölkerung, der per Definition nur vorübergehend hier wohnt? Der Autor, Soziologe und fremdenfreundlicher Beizengänger, hat in Gesprächen mit Akteuren und durch Beobachtungen eine Handvoll Behauptungen über das Freizeitverhalten (mutmasslicher) Expats gesammelt. Die Recherchen haben in erster Linie Argumentationsfallen offengelegt – am Stammtisch, in Expertengesprächen, in den Überlegungen des Autors: Allgemeinplätze aus der Migrations- und Integrationsdebatte, als Pauschalisierungen entlarvte Definitionen, dazu verfängliche Problematisierungen. Die Wahrnehmungen sind geprägt von klischierten Typen; das spiegeln teils auch die folgenden Behauptungen aus der ‹Feldforschung› wider, die hier ungewertet und zum Teil provokativ wiedergegeben werden.

Behauptung I: Expats setzen Trends und definieren das Niveau eines Lokals.

Expats haben Geld, sie bedienen und nutzen Ratgeber- und Bewertungsplattformen im Internet. Betriebsökonom und Szenekenner K., der ungenannt bleiben möchte, weil er nicht in die Pauschalisierungsfalle tappen will, meint, dass «Expats, überspitzt formuliert, über Gedeih und Verderb der Basler Gastronomie entscheiden. Willst du Erfolg haben, musst du die Expats als Zielgruppe definieren». K. nennt Lokale, die in ihrem Businessplan und bei der Preisgestaltung aktiv an die Expats denken, «bei Mittagstellern für 35 Franken wird schon auch aufs Portemonnaie gezielt».

Jarin Huber, Geschäftsführer des von der Krafft-Gruppe betriebenen Volta Bräu, relativiert zumindest die elitäre Expat-Definition und meint, er erlebe seine Gäste als nicht so anspruchsvoll. Volta Bräu kategorisiert rund siebzig Prozent seiner Gäste als Expats, betrachtet sie aber «nicht als Hauptzielgruppe». Erst als der Standort des 2014 direkt vor den Toren des Novartis-Campus eröffneten Lokals klar wurde, habe man die Ausrichtung etwas angepasst, so müsse «das Service-Personal zwingend Englischkenntnisse haben», erklärt Huber.

Behauptung II: Expats suchen Freunde und finden Gleichgesinnte.

Expats sind oft in Gruppen direkt nach Feierabend unterwegs und kontrollieren sich so gegenseitig stark. Sie transportieren ihre Hierarchien und Themen in die Freizeit und verlassen ihre berufliche Rolle auch im Ausgang nur bedingt. Diese Beobachtung teilen Gastronomen. Jarin Huber trägt dem Gruppenverhalten etwa im Volta Bräu Rechnung. «Wir versuchen unsere Klientel zu mischen, deswegen haben wir uns für lange Tische entschieden.» Das gelinge allerdings nur teilweise, er beobachte selten Gespräche zwischen Gästen aus dem Quartier und Expats, unter denen kaum Einzelgänger seien. Expats teilen sich oft nicht nur den Arbeitgeber, sondern auch ihre Situation als globale Nomaden.

Von den Expats profitiert die gesamte Basler Gastronomie, nicht nur Volta Bräu und Cargobar

Behauptung III: Expats suchen das Lokale.
Insbesondere was Bier betrifft konsumieren Expats sehr lokalbezogen. Die Kleinbrauereien bedienen so ein spezielles Bedürfnis, wobei Huber betont, dass «vor allem die Amerikaner ‹microbreweries› gewohnt sind und sie vielleicht auch deshalb suchen». Volta Bräu schenke viel dunkles ‹Red Ale› aus, das im Haus gebraut wird, «von der Art her aber ein Bier ist, das vor allem Briten kennen und deshalb gerne und oft bestellen».

Behauptung IV: Expats sind nicht gleich Expats.
Die Originalkultur der Expats beeinflusst ihr Verhalten im Nachtleben. Viele Briten suchen das Pub-Erlebnis. Dem kommt die Krafft-Gruppe im Volta Bräu nach und lässt ihre Gäste an der Theke ordern. Entsprechend fielen die Bestellungen aus, beobachtet der Geschäftsführer. Die Leute bestellten rundenweise Bier in grossen Gläsern. Volta Bräu bewirtet neben Gruppen von Angelsachsen und Spanischsprechenden regelmässig auch Treffen von rumänischen Expats, «die hätte ich ohne Anmeldung nie als solche identifiziert», gibt Jarin Huber zu. Ökonom K. glaubt, dass eine Differenzierung zwischen den Herkunftsregionen möglich und wirtschaftlich sinnvoll sei: «Die Inder, die Asiaten allgemein, triffst du verhältnismässig selten im Ausgang.»

Behauptung V: Expats vertreiben andere Nachtschwärmer.
Für die Alternativkulturellen scheint ein Ort verloren, wenn er zunehmend von Expats, denen in diesem Zusammenhang ein Yuppie-Habitus zugesprochen wird, frequentiert wird – für findige Gastrounternehmer sind die Expats dagegen ein Qualitätsprüfstein. Das meistgenannte Gentrifizierungs-Beispiel ist die Cargobar am St. Johanns-Rheinweg. Sie findet sich auf fast allen gängigen Online-Expat-Portalen in Topposition, gleichzeitig berichten Gastronomen und Szenegängerinnen, dass Einheimische das Lokal zunehmend meiden würden. Auch Jarin Huber teilt diese Beobachtungen teilweise. Er vermutet, dass «das Gruppenauftreten viele Leute verunsichert, vor allem im Winter, wenn der Platz beschränkt ist».

Behauptung VI: Expats bleiben und sind darum keine Expats.
Mehr als die Hälfte der Menschen, die als Expats nach Basel kommen, bleiben länger als vier Jahre, Tendenz steigend. Das stellte die anfangs erwähnte Studie schon 2011 fest. Die Expat-Definition müsste also zumindest im Faktor Zeit angepasst werden. Expats, die nach dem Feierabendbier oder Abendessen nicht mehr in der Gruppe unterwegs sind, sind als Einzelpersonen schwieriger als solche identifizierbar – also etwas gleicher und darum: besser?

Die Expat-Diskussion ist zweischneidig, egal ob es ums Nacht- oder ums Berufsleben geht. Wer bezeichnet sich selber als Expat? Sind Expats keine Basler? Fakt ist, dass sich das Thema etabliert hat – am Stammtisch und in den Medien. Das zeigte im August 2015 eine erschreckend dünnblütige Agenturmeldung, die quasi einer Behauptung VII (Expats fühlen sich ausgegrenzt) gleichkommt. «Expats meiden Schweiz zunehmend», titelte etwa der ‹Tages-Anzeiger›, weil die Schweiz in einer weltweiten Internet-Umfrage vom Spitzenplatz auf Rang 14 zurückgefallen war. Für den Absturz sorgten die Umfragepunkte betreffend Freundlichkeit und Zugänglichkeit der Bevölkerung sowie betreffend Preisniveau. Die klischierte Wahrnehmung funktioniert also in beide Richtungen. Ein gemeinsames Bier könnte sie überwinden (muss aber nicht). Die Gesellschaft bietet jedenfalls kaum passenderen Raum für Begegnungen als Theke und Tanzfläche.

Politik und Gesellschaft

48 — Christoph Rácz

ENTWICKLUNGSZUSAMMENARBEIT AUF DER GRUNDLAGE CHRISTLICHER WERTE

201 Ballons flogen am 14. Juni 2015 am Münsterplatz in den Himmel, jeder mit einem Kärtchen mit guten Wünschen. Zum Abschluss von ‹200 Jahre Basler Mission› signalisierte das evangelische Missionswerk Mission 21, dass die Arbeit weitergehen wird.

54 — Markus Bär

125 JAHRE SP BASEL-STADT

Die Sozialdemokratische Partei Basel-Stadt feierte 2015 ziemlich still ihr 125-Jahr-Jubiläum. Ein sehr unvollständiger Streifzug durch die Geschichte der erfolgreichsten Partei der Stadt

58 — Thilo Mangold

PILLEN UND PULVER PRÜFEN

Für einen bewussten und damit risikoärmeren Umgang mit Partydrogen wurde nach Berner und Zürcher Vorbild ab 2013 auch in Basel direkt an Ausgeh-Orten sensibilisiert. Ein sichtbares Element bildete dabei Drug-Checking mit kostenloser Substanzanalyse in einem mobilen Labor.

64 — Julia Konstantinidis

DA-SEIN: ANKOMMEN, UM WEITERZUGEHEN

Asylsuchende in Basel müssen teilweise jahrelang warten, bis ihr Aufenthaltsstatus abgeklärt ist. Trotz dieser Unsicherheit gestalten sie im Projekt DA-SEIN gemeinsam mit Menschen aus Basel einen Teil ihres Lebens und erlangen so Halt und Energie für die Zukunft.

69 Florian Blumer
BASEL HILFT

Die Bilder von Hunderttausenden von Flüchtlingen in Not mitten in Europa haben auch die Baslerinnen und Basler nicht kaltgelassen: Bei den Hilfswerken meldeten sich im Sommer 2015 so viele Freiwillige, dass diese zeitweise überlastet waren. Zwei neue Plattformen sollen die Massnahmen koordinieren helfen.

Politik und Gesellschaft

72 Christof Wamister
GEGEN DEN NATIONALEN TREND

Keine Langeweile bei den Basler eidgenössischen Wahlen: Die Liberalen und die Freisinnigen tauschten die Plätze und die CVP verlor ihren Nationalratssitz an das Grüne Bündnis. Neu gewählt wurden ein alter Politfuchs und eine mediengestählte Jungpolitikerin mit Migrationshintergrund.

76 Christine Müller
BASEL IM HÄRZE

Ein Essay übers Ankommen und Dableiben

Christoph Rácz

ENTWICKLUNGSZUSAMMENARBEIT AUF DER GRUNDLAGE CHRISTLICHER WERTE

201 Ballons flogen am 14. Juni 2015 am Münsterplatz in den Himmel, jeder mit einem Kärtchen mit guten Wünschen. Zum Abschluss von ‹200 Jahre Basler Mission› signalisierte das evangelische Missionswerk Mission 21, dass die Arbeit weitergehen wird.

‹200 Jahre unverschämt viel Hoffnung›, überschrieb Mission 21 die Feierlichkeiten und Aktionen zum runden Geburtstag ihres grössten Trägervereins, der Basler Mission. Die Luftballons sollten der Hoffnung Ausdruck geben, dass ein selbständigeres Leben in Würde für mehr Menschen Wirklichkeit werden kann. Für Mission 21 war das Jubiläumsjahr einerseits Anlass, die zweihundertjährige Geschichte des Werks genauer anzuschauen, und andererseits eine günstige Gelegenheit, in der Öffentlichkeit Aufmerksamkeit für die Tätigkeit und Wirkung der heutigen weltweiten Arbeit zu gewinnen. Genutzt hat Mission 21 diese Möglichkeit auf verschiedenen Ebenen und mit unterschiedlichen Kooperationspartnern: mit einem eigens publizierten Jubiläumsmagazin, mit einem Musical über die frühe Missionsarbeit in Ghana und mit der Ausstellung ‹Mission possible?›, in der das Museum der Kulturen Basel die ethnografische Sammlung der Basler Mission präsentierte.

Höhepunkt des Jubiläumsjahres war die Festwoche vom 8. bis 14. Juni 2015. Diese verband die jährliche Missionssynode, das heisst die internationale parlamentarische Versammlung von Mission 21, mit Veranstaltungen für ein breiteres Publikum über die Arbeit der Mission in Afrika, Asien und Lateinamerika. Feierlich abgeschlossen wurde die Festwoche mit einem Galaabend im Oekolampad, an dem die Justizministerin Ghanas als Ehrengast teilnahm, sowie mit dem grossen Volksfest mit Gottesdienst auf dem Münsterplatz, das rund zweitausend Besucherinnen und Besucher anlockte.

Ein drängender Wunsch im Gefolge von Krieg und Zerstörung

Am Anfang der Geschichte der Mission stand im Jahr 1815 dieser Wunsch nach einer besseren Zukunft für alle. Nach den Wirren, dem Leid und den Zerstörungen der Revolutionskriege und der napoleonischen Kriege sahen reformfreudige Christen die Zeit gekommen, ihren Glauben in den Alltag einzubringen, um Veränderungen zu erreichen. Getragen wurde dieser Impuls von Pietisten der Erweckungsbewegung aus Süddeutschland und der Schweiz. Sie hatten sich mit Ideen der Aufklärer, etwa mit dem Basler Isaak Iselin, auseinandergesetzt und wollten ähnlich wie diese die Menschen mündiger machen, ihnen ein ‹volleres› Leben ermöglichen. Im Unterschied zu den Philosophen der Aufklärung aber strebten die Pietisten einen Fortschritt an, der im Christentum wurzelte. Sie sahen in der Weltgeschichte die Entfaltung des Reichs Gottes und wollten die Werte des Evangeliums Wirklichkeit werden lassen: Friede, Gerechtigkeit, Freiheit, Bildung und Gesundheit für alle. Diese Ziele beinhalteten im Übrigen auch die Abschaffung jeder Sklaverei in der Welt. Befeuert wurde ihre Idee durch das Aufkommen moderner Verkehrsmittel (Anfänge der Eisenbahn), welche die Regionen der Welt einander näherkommen liessen, auch im übertragenen Sinn.

Am 25. September 1815 gründete also in Basel eine Handvoll Christen rund um den Pfarrer an der Martinskirche, Nikolaus von Brunn, die ‹Basler Missionsgesellschaft›. Bereits 1816 erwarb die Missionsleitung an der Rittergasse ein eigenes Haus ‹Zum Panthier› und begann mit der Ausbildung der ersten sieben Schüler. Die Existenz des neuen Missionsinstituts sprach sich herum, die Zahl der Schüler stieg – und machte den ‹grenzüberschreitenden› Charakter der Mission sichtbar: Zunächst waren die meisten Männer, die als Missionare ausgeschickt wurden, Handwerker- und Bauernsöhne aus Baden, Württemberg und dem Elsass. Später kamen sie zunehmend auch aus den protestantischen Kantonen der Schweiz, aus Basel-Landschaft, dem Aargau, aus Bern, Zürich und Schaffhausen sowie dem Thurgau.

Aber auch in Basel selbst war und ist die Mission bis heute ein wichtiger Teil der reformierten Gesellschaft. Das zeigte sich spätestens beim Bau des neuen Missionshauses im Jahr 1860. Das stattliche Gebäude auf dem grosszügigen Grundstück ausserhalb des Spalentors wurde massgeblich mitfinanziert durch Christoph Merian-Burckhardt, den Gründer der Christoph Merian Stiftung.

Scheitern und Beharrlichkeit

In den Anfangsjahren fungierte die Basler Mission nur als Ausbildungsinstitut, ausgesandt wurden die Missionare von anderen Missionsgesellschaften. Doch bald beschloss das Leitungsgremium der Mission, das sogenannte Komitee, eigene Arbeitsfelder zu eröffnen. Dieser Entscheid zeitigt Auswirkungen bis heute, auch wenn er zunächst unter einem ungünstigen Stern stand.

Denn die ersten Versuche schlugen fehl: 1821 schickte die Basler Mission erstmals selbst Missionare nach Russland, in den Kaukasus. Dieser Einsatz scheiterte aber 1835 am politischen Widerstand des Zaren und an der konfessionellen Konkurrenz der orthodoxen Kirche. Zwei Jahre später (1823) fasste das Komitee Liberia als Missionsgebiet ins Auge, um dort gegen die Sklaverei zu wirken. Aber der Widerstand lokaler Sklavenhändler und Uneinigkeiten zwischen den Missionaren vor Ort und dem Komitee in Basel beendeten auch diesen Versuch frühzeitig. Ab 1828 reisten erste Basler Missionare an die ‹Goldküste›, das heutige Ghana – und starben bis 1840 fast alle an Tropenkrankheiten. Der einzige überlebende Missionar Andreas Riis überzeugte das Komitee jedoch, dieses Missionsgebiet beizubehalten. Und so wurde die Mission in Ghana nach und nach aufgebaut.

In den nächsten Jahren kamen weitere afrikanische und asiatische Länder hinzu: Indien, China, Kamerun, Nordborneo und

Togo. Die Missionare der Basler Mission gründeten dort Gemeinden und engagierten sich darin, im christlichen Glauben eine menschlichere Welt zu gestalten. Dabei suchten etliche Missionare die Kultur der Einheimischen zu verstehen und sich in ihrer Arbeit damit zu beschäftigen. Sie lernten lokale Sprachen, einige entwickelten sich sogar zu Sprachforschern, wie etwa in Ghana Johann Gottlieb Christaller, der die bisher mündlich tradierte Twi-Sprache schriftlich in Wörterbücher und Grammatiken fasste.

tun, da die Bekehrten durch das Aufgeben ihrer bisherigen Religion aus dem Kastenwesen fielen. Dies führte dazu, dass die Mission ab Mitte des 19. Jahrhunderts in Indien wirtschaftlich tätig werden musste.

Auch in Afrika war über christliches Leben hinaus Einkommensverbesserung das Gebot der Stunde. Eine Initiative der Basler Mission hat denn auch Schweizer Wirtschaftsgeschichte geschrieben. Im Rahmen ihrer Bemühungen zur Förderung der Landwirtschaft gelang Basler Missionaren in Westafrika nach jahrzehntelangen Ver-

Essen im Garten des Missionshauses mit Gelegenheiten zum entspannten Gespräch

In ihrem Bemühen, christliche Werte und Ideale durchzusetzen, lösten die Missionare aber auch Konflikte mit indigenen Sozialsystemen aus. In Afrika trafen sie mit ihrem Engagement zur Abschaffung von Sklaverei und Polygamie auf vielfältige Widerstände, weil sie bestehende soziale Sicherungssysteme zerstörten und neue erst geschaffen werden mussten. In Indien war es nötig, für neugewonnene Christen alternative Erwerbsmöglichkeiten aufzu-

suchen die Kultivierung von Kakao.* Von dieser Kakaokultur zieht sich eine direkte Linie über die Basler Missionshandelsgesellschaft MHG, die im Kreis der Mission gegründet wurde, zur Schweizer Schokoladenindustrie. Wahrscheinlich hätte der Wirtschaftszweig in den kriegerischen und in Bezug auf internationale Wirtschaftsbeziehungen schwierigen Jahrzehnten des frühen 20. Jahrhunderts ohne den Rohstoff aus Ghana nicht überlebt.

Erfolg und Zäsur

Die Jahrzehnte vor dem Ersten Weltkrieg waren für die Basler Mission eine Phase starken Wachstums. In siebzig Hauptstationen und achthundert Aussenstationen wirkten vierhundertfünfzig europäische und insgesamt zweitausend einheimische Angestellte. 1914 verzeichnete die Basler Mission über siebzigtausend getaufte Gemeindemitglieder, und an fast neunhundert Schulen wurden 57 000 Schülerinnen und Schüler unterrichtet.

ler Mission und machten sich selbständig, blieben oft aber mit der Mission verbunden. Viele wurden später zu Partnerkirchen der Basler Mission.

Auch in der Leitung gab es eine Zäsur. Im Vorfeld des Zweiten Weltkriegs traten 1939 die deutschen Mitglieder der Missionsleitung zurück. Einige Jahre nach dem Krieg, 1954, gründeten Unterstützer des Werks die ‹Basler Mission Deutscher Zweig›. Neue Partner in Übersee kamen ab 1974 hinzu, als Basler Missionare ihre Arbeit in Lateinamerika aufnahmen, fasziniert und angezo-

Schauen, bummeln, plaudern, vielleicht auch etwas kaufen:
Festmarkt auf dem Münsterplatz

Aber die Folgen des aggressiven Kolonialismus der europäischen Staaten, die beiden Weltkriege und die Dekolonisierung brachten auch für die Basler Mission einschneidende Veränderungen. Da sie mehrheitlich in Kolonialgebieten tätig war, wurde sie in den Strudel der Machtpolitik gerissen: Missionare mussten ausreisen, Missionsfelder gingen verloren, Mitarbeitende wurden interniert, einige gar umgebracht. In der Folge lösten sich lokale Kirchen von der Bas-

gen von der Theologie der Befreiung. In der Schweiz vollzog sich ebenfalls ein Wandel: Die Basler Mission bezog die Partnerkirchen aus Afrika, Asien und Lateinamerika immer stärker in ihre Entscheidungsprozesse mit ein.

Im Jahr 2001 hat Mission 21 die weltweite Projektarbeit von der Basler Mission übernommen und führt sie in der Abteilung Internationale Beziehungen weiter. Die Basler Mission ist seither Trägervereinigung von

Mission 21, heute zusammen mit zwei kleineren Missionen, der Evangelischen Mission im Kwango sowie der Herrnhuter Mission. Die ehemaligen Missionskirchen sind heute selbständige Partnerkirchen und Partnerorganisationen und entscheiden jährlich in der Synode von Mission 21 mit, in welche Richtung sich das Werk weiter entwickeln soll. Siebzig Partner in zwanzig Ländern Afrikas, Asiens und Lateinamerikas führen gemeinsam mit Mission 21 über hundert Programme und Projekte der Entwicklungszusammenarbeit durch, um die auf Armutsbekämpfung, Bildungsarbeit, Gesundheitsförderung und Friedensarbeit, stets mit dem übergeordneten Ziel, im Sinn der Gender-Gerechtigkeit Frauen besonders zu fördern und die Fähigkeiten der Menschen zu stärken, damit diese ein selbstbestimmtes Leben führen können. Das Werk ist Partnerin des Schweizerischen Evangelischen Kirchenbundes und wird unterstützt durch Spenden Privater, der Kirchen und Gemeinden sowie mit Geldern der Direktion für Entwicklung und Zusammenarbeit DEZA.

Dem Himmel anvertraut:
201 gute Wünsche für die Zukunft

Lebensbedingungen der Menschen zu verbessern. Das Basler Werk beauftragt heute keine Missionare mehr, sondern ökumenische Mitarbeitende mit Unterstützungsaufgaben vor Ort. Sie reisen als Ärztinnen, Sozialarbeiter oder Lehrkräfte für einige Jahre auf Wunsch der Partner nach Afrika, Asien und Lateinamerika mit der ‹Mission›, Menschen ein besseres Leben zu ermöglichen. Mission 21 setzt dabei, basierend auf den Werten des Evangeliums,

Kritischer Blick auf die eigene Geschichte

Wie sich die Mission entwickelt und gewandelt hat, darüber kann sie selbst am besten Auskunft geben. Denn von Beginn weg wurden Schreiben, Tagebücher, Landkarten und Fotografien gesammelt und aufbewahrt. Mit Tausenden von Dokumenten und über fünfzigtausend historischen Fotos und Karten bietet das Archiv der Mission einen einzigartigen Schatz für die Forschung, für Historiker, Theologinnen oder Ethnologen. Auch Forscherinnen der Basler Mission selbst haben kritisch die Geschichte des Werks hinterfragt. Davon zeugen unter anderem die am Ende dieses Berichts aufgeführten Publikationen, die im Jubiläumsjahr erschienen sind – und es wurde auch honoriert durch die Politik: Die frühere Präsidentin von Mission 21, Christine Christ-von Wedel, erhielt für ihre Forschungsarbeit, unter anderem zur Basler Mission, den Wissenschaftspreis 2015 der Stadt Basel zugesprochen.

Das Archiv der Basler Mission wird heute von der Abteilung Bildung, Austausch, Forschung BAF von Mission 21 betreut. In dieser Abteilung wird auch in der Schweiz wichtige Bildungsarbeit geleistet, für Kirchgemeinden, Kinder und Jugendliche, aber auch für Fachleute, die in der interreligiösen Zusammenarbeit und Friedensarbeit eine wichtige Lösungsmöglichkeit erkennen gegen die Gewalt in der Welt. Bewusst hat die Abteilung BAF das Jubiläumsjahr im September 2015 mit einem internationalen Symposium zur Zukunft der Mission im 21. Jahrhundert abgeschlossen. Nicht das Feiern sollte den Schlusspunkt setzen, sondern die intensive Auseinandersetzung mit den eigenen Zielen und der eigenen Arbeit: ‹Die Basler Mission 1815 bis 2015: Zwischenbilanz ihrer Geschichte, Schritte in die Zukunft›.

Magazin: ‹Pioniere, Weltenbummler, Brückenbauer›
Zum Jubiläumsjahr 2015 erschien ein umfangreiches Magazin zur Geschichte der Basler Mission. Ein 110 Seiten starkes Heft zum Blättern, Schmökern, Vertiefen und Entdecken. Mit historischen Bildern, Interviews, Erzählungen, Archivmaterial und Beiträgen.
Bestellung unter www.mission-21.org/shop

Ausstellungskatalog: ‹Mission possible? Die Sammlung der Basler Mission – Spiegel kultureller Begegnungen›
Was wollte Mission, wo war sie erfolgreich, wo ist sie gescheitert? Weshalb haben Missionare ethnografische Objekte gesammelt? Diesen Fragen geht der Ausstellungskatalog zur gleichnamigen Ausstellung im Museum der Kulturen Basel nach.
Basel 2015, erhältlich auch auf Englisch: ‹Mission Possible, The Basel Mission Collection – Reflecting Cultural Encounters›.

Buch: ‹Basler Mission. Menschen, Geschichte, Perspektiven, 1815–2015›
Autorinnen und Autoren aus Asien, Afrika, Lateinamerika und Europa beschreiben die fesselnde und wechselvolle Geschichte der Basler Mission.
Basel 2015, erhältlich auch auf Englisch: ‹Basel Mission. People, History, Perspectives›.

* Daniel Hagmann, Eine bittersüsse Erfolgsgeschichte. Mission, Sklavenbefreiung und Kakaohandel. In: Matthias Buschle/ders.: Kleine Basler Weltgeschichte, Basel 2011, S. 72–77.

Markus Bär

125 JAHRE SP BASEL-STADT

Die Sozialdemokratische Partei Basel-Stadt feierte 2015 ziemlich still ihr 125-Jahr-Jubiläum. Ein sehr unvollständiger Streifzug durch die Geschichte der erfolgreichsten Partei der Stadt

«3 Jahre älter als der FCB!», «58 Jahre älter als die AHV!» Mit solch launigen Sprüchen machte die SP auf ihr 125-jähriges Bestehen aufmerksam. Aber grosse öffentlichkeitswirksame Aktionen blieben aus. Das Jubiläumsjahr 2015 war eben auch ein Wahljahr, da hatte die Partei anderes zu tun. Und das tat sie offenbar erfolgreich (vgl. den Beitrag auf S. 72).

Die SP ist in Basel-Stadt die mit Abstand stärkste Partei. Im Grossen Rat besetzt sie 33 der 100 Sitze, die SVP bringt es als zweitstärkste Partei auf 15. In der Regierung hält die SP drei der sieben Sitze und zusammen mit Guy Morin (Grünes Bündnis) seit 2004 eine rot-grüne Mehrheit. Es gab eine Zeit, da stellte die SP gar vier von sieben Regierungsräten. Damals halfen nicht die Grünen, sondern die Kommunisten.

Die Anfänge

Im Jahr 1890, als die sozialdemokratische Partei Basel-Stadt entstand, zählte der Kanton etwa achtzigtausend Einwohner, gut die Hälfte der Erwerbstätigen waren Arbeiterinnen und Arbeiter. Basel war, so der Kantonsstatistiker um 1900, eine «Fabrikstadt».

Die Gründung der SP Basel-Stadt leitete Eugen Wullschleger in die Wege, der «erste sozialdemokratische Berufspolitiker Basels» (Bernard Degen). Rund hundertfünfzig Gesinnungsgenossen kamen zur Gründungsversammlung am 26. Juni 1890, genehmigten den Statutenentwurf des provisorischen Komitees – «zweifellos das Werk Wullschlegers» (Wilfried Haeberli) – und wählten den Parteigründer gleich zum ersten Präsidenten. Wullschleger war um die Jahrhundertwende der führende Kopf der Basler Arbeiterbewegung. 1886 wurde er erster Basler SP-Grossrat, 1896 erster Basler SP-Nationalrat. 1902 schaffte er als erster Sozialdemokrat die Wahl in die Basler Regierung. Schon im folgenden Jahr enttäuschte Regierungsrat Wullschleger die Arbeiterschaft schwer, als er einem Militäraufgebot anlässlich des Maurerstreiks zustimmte.

Die wirtschaftliche und soziale Lage der Arbeiterinnen und Arbeiter war zu jener Zeit prekär. Ein Typograf verdiente um 1890 in Basel 58 Rappen pro Stunde, ein Maurer 45, ein Seidenbandweber 36, ein Chemiearbeiter 33, eine Zettlerin in der Seidenbandweberei brachte es im Akkord vielleicht auf 19 Rappen. Die Wochenarbeitszeiten lagen zwischen 60 und 64 Stunden. Ein Kilo Brot kostete 29, ein Liter Milch 20 Rappen, ein Kilo Siedfleisch 1,70 Franken. Die Monatsmiete für eine Dreizimmerwohnung in einem Arbeiterquartier lag bei 40 Franken. Ein Arbeiterhaushalt musste 56 Prozent des Einkommens für Nahrungsmittel und 24 Prozent für Wohnung und Energie aufwenden. Viele hatten keine Krankenversicherung – die war freiwillig –, und bei Arbeitslosigkeit gab es keine Unterstützung.

«Himmelschreiendes Unrecht»

Der Erste Weltkrieg stürzte viele Arbeiterfamilien in echte Not. Zum einen gab es noch keinen Lohnausgleich für Militärdienst, und der Sold betrug nur 80 Rappen pro Tag. Zum anderen setzte mit Kriegsausbruch eine massive Teuerung ein. Bis Kriegsende erlitt die Basler Arbeiterschaft eine Reallohneinbusse von rund dreissig Prozent. Die ärgste Not linderten nun immerhin eine kantonale Arbeitslosenkasse (seit 1909), die Öffentliche Krankenkasse (seit 1914, mit Teilobligatorium), eine Volksküche, Notstandsarbeiten und Mietzinszuschüsse.

In starkem Kontrast dazu profitierten die Basler Hauptindustrien – die Seidenband-, Schappe-, Chemie-, Maschinen- und Elektroindustrie – von einer kriegsbedingten Konjunktur. Die IG Schappe und die Chemiefirmen schütteten Dividenden um fünfundzwanzig Prozent aus. Der sicherlich besonnene Historiker und ehemalige Basler Staatsarchivar Andreas Staehelin spricht angesichts dieser «Diskrepanz zwischen der Lage der Arbeiterschaft und den Kriegsgewinnen der Industrie» von einem «himmelschreienden Unrecht», das zu einer Radikalisierung der proletarischen Massen

SP Basel-Stadt: stilles Jubiläum in einem erfolgreichen Wahljahr

führen musste. Und sie kam, diese Radikalisierung: Der linke Parteiflügel gewann in der SP an Gewicht, die Zahl der Streiks stieg an, zunehmend erbitterte Demonstrationen häuften sich.

Es folgte im November 1918 der landesweite Generalstreik und in Basel im Sommer 1919 eine «noch viel heftigere Eruption» (Andreas Staehelin). Was als Lohnkonflikt in der Färberei begonnen hatte, eskalierte zum lokalen Generalstreik. Der Regierungsrat forderte vom Bundesrat Ordnungstruppen an. Am Morgen des 1. August fuhren freiwillige Berufssoldaten auf Militärlastwagen durch die Stadt. In der Greifengasse protestierten Streikende. Die Soldaten eröffneten sofort das Feuer. Ein Maurer starb, etwa zwei Dutzend Schwerverletzte blieben liegen. Noch zwei Mal, an der Unteren Rebgasse und bei der Kaserne, kam es zum Einsatz von Schusswaffen. Fünf Menschenleben kostete die Unterdrückung des Basler Generalstreiks. «Der 1. August 1919, ein Freitag, ging als schwärzester Tag in die Geschichte der Basler Arbeiterbewegung ein» (Bernard Degen). Anschliessend besetzte das Militär die Druckerei des ‹Vorwärts›, viele Streikende wurden verhaftet, jede Menschenansammlung sofort aufgelöst. Nach dem Streikabbruch am 7. August wurden etwa fünfhundert Arbeiter entlassen.

Die Grossratswahlen vom Frühjahr 1920 brachten die erste Linksmehrheit in einem Schweizer Kantonsparlament: Sozialdemokraten und Grütlianer gewannen zusammen 67 der 130 Sitze.

1921: Spaltung der Arbeiterbewegung

Nach den Generalstreiks von 1918 und 1919 kam es innerhalb der Arbeiterbewegung zu schweren Spannungen, die zur Spaltung der SP führten. Anfang Mai 1921 konstituierte sich die Kommunistische Partei Basel-Stadt. Wirtschaftlich hatte nach dem Krieg eine kurze Erholung eingesetzt, der aber bereits 1921/22 eine heftige Krise folgte. Diese oft vergessene Nachkriegskrise war, wenn auch kürzer, kaum weniger einschneidend als die Weltwirtschaftskrise der Dreissigerjahre. Die Arbeitslosigkeit erreichte in Basel 1922 mit fast 4500 registrierten Arbeitslosen (Jahresdurchschnitt, ohne Teilzeitarbeitslose) ihren Höhepunkt. Bei rund 65 000 Beschäftigten sind das etwa sieben Prozent.

Nach der Krise der frühen Zwanzigerjahre setzte ein Aufschwung ein. Mit Ausnahme der im Niedergang befindlichen Seidenbandindustrie erlebten in Basel die wichtigsten Industriezweige und die Banken sehr gute Zeiten. Die Entwicklung der Löhne hinkte aber dem wirtschaftlichen Aufschwung deutlich hinterher. Die Weltwirtschaftskrise setzte in der Schweiz etwas verzögert ein, der Tiefpunkt der Konjunktur fiel hier in das Jahr 1936. Im Jahresmittel lag die Arbeitslosigkeit in Basel 1936 mit 6410 Stellensuchenden bei über acht Prozent.

Die beiden Arbeiterparteien standen natürlich seit der Spaltung in einem scharfen Konkurrenzkampf. Auf die Spitze getrieben wurde die Konfrontation durch die von der Kommunistischen Internationale (Komintern) 1929/30 durchgesetzte ‹Sozialfaschismus›-Theorie, nach der die Sozialdemokraten die Arbeiterschaft in den bürgerlichen Staat integrieren wollten, um sie dem Faschismus auszuliefern. Kampf gegen den Faschismus heisse deshalb in erster Linie Kampf gegen die Sozialdemokratie. Die sektiererische Politik, welche die KP in der Folge betrieb, schwächte die Arbeiterbewegung insgesamt und leitete in Basel den Niedergang der Partei ein. Ihren höchsten Wähleranteil erreichte die KP in Basel bei den Grossratswahlen 1929 mit 19,7 Prozent. 1932 waren es noch 15, 1935 noch 13 Prozent. In den Jahren 1933 und 1934 begann sich die ‹Sozialfaschismus›-Theorie aufzulösen. Sie war angesichts der Zerschlagung der Arbeiterbewegung durch den Nationalsozialismus nicht mehr haltbar. Die Komintern propagierte ab März 1935 die ‹Einheitskampffront des Proletariats›.

1935–1950: das ‹Rote Basel›

Vor diesem Hintergrund unterstützte die KP Basel zum ersten Mal seit der Spaltung die Regierungsratskandidaten der SP. Im wohl heftigsten Wahlkampf, den Basel je erlebt hat, gewann die SP vier Sitze und damit die Mehrheit im Regierungsrat. Die Grossratswahlen führten zu einer Pattsituation. Das ‹Rote Basel› betrieb erfolgreich im Bereich der Sozialgesetze eine Politik des Haltens und Sicherns und gleichzeitig bezüglich der Kantonsfinanzen eine Sanierungspolitik. Dazu kam eine aktive Arbeitsbeschaffung, deren bekanntestes Instrument der sogenannte Arbeitsrappen war.

Die Wahlen von 1938 brachten eine geradezu triumphale Bestätigung der vier sozialdemokratischen Regierungsräte und im Parlament eine knappe linke Mehrheit. Doch im Herbst 1940 folgte das Verbot der KP durch den Bundesrat. Die fünfzehn KP-Mandate im Grossen Rat wurden kassiert und damit «4400 Wähler mit einem Federstrich ihrer parlamentarischen Vertretung beraubt und die Linksmehrheit im Grossen Rat nach weniger als zwei Jahren gebrochen» (Charles Stirnimann). Die linke Mehrheit in der Regierung und damit das ‹Rote Basel› blieb bis 1950 bestehen.

Ihre Position als stärkste Partei in Basel hält die SP seit 1908. Die ernsthaftesten Herausforderer waren die 1944 als Partei der Arbeit neu formierten Kommunisten, die 1947 fast gleich viele Stimmen erhielten wie die SP, nämlich 23,2 gegenüber 25,4 Prozent. In den Siebziger- und Achtzigerjahren erwuchs der SP in Form der Progressiven Organisationen (POCH/POB) neue Konkurrenz von links, und 1982 spaltete sich am rechten Flügel die Demokratisch-Soziale Partei ab. Die POB erreichten im Jahr 1980 mit 9,1 Prozent ihren höchsten Stimmenanteil bei Grossratswahlen, die DSP 1984 mit 8,2 Prozent.

Literatur

Die Geschichte der SP Basel-Stadt ist erst teilweise aufgearbeitet. Neben historischen Untersuchungen, die den Zeitraum von der Gründung 1890 bis zur Spaltung 1921 erschliessen, decken die Darstellungen von Willi Gerster und Charles Stirnimann die Jahre 1927–1932 und 1935–1938 ab. Das für Frühling 2016 zu erwartende Jubiläumsbuch zur Geschichte und Gegenwart der SP Basel-Stadt wird wohl die eine oder andere Lücke schliessen.

Bolliger, Markus: Die Basler Arbeiterbewegung im Zeitalter des Ersten Weltkrieges und der Spaltung der Sozialdemokratischen Partei. Ein Beitrag zur Geschichte der schweizerischen Arbeiterbewegung. Basel 1970.
Degen, Bernard: Das Basel der andern. Geschichte der Basler Gewerkschaftsbewegung. Basel 1986.
Gerster, Willi: Sozialdemokraten und Kommunisten in der Konfrontation 1927–1932. Zur Geschichte der Schweizer und Basler Arbeiterbewegung in der Zwischenkriegszeit. Basel 1980.
Haeberli, Wilfried: Die Geschichte der Basler Arbeiterbewegung von den Anfängen bis 1914. 2 Bde, Neujahrsblatt der Gesellschaft für das Gute und Gemeinnützige 164/165, Basel 1986/87.
Kreis, Georg/von Wartburg, Beat (Hg.): Basel. Geschichte einer städtischen Gesellschaft. Basel 2000.
Staehelin, Andreas: Basel in den Jahren 1905–1945. In: Burckhardt, Lukas u.a. (Hg.): Das politische System Basel-Stadt. Geschichte, Strukturen, Institutionen, Politikbereiche. Basel/Frankfurt a.M. 1984, S. 55–85.
Stirnimann, Charles: Die ersten Jahre des ‹Roten Basel› 1935–1938. Zielsetzungen und Handlungsspielräume sozialdemokratischer Regierungspolitik im Spannungsfeld von bürgerlicher Opposition und linker Kritik. Basel 1988.

‹rave it safe›: Drogentests in Clubs und an Partys

Thilo Mangold

PILLEN UND PULVER PRÜFEN

Für einen bewussten und damit risikoärmeren Umgang mit Partydrogen wurde nach Berner und Zürcher Vorbild ab 2013 auch in Basel direkt an Ausgeh-Orten sensibilisiert. Ein sichtbares Element bildete dabei Drug-Checking mit kostenloser Substanzanalyse in einem mobilen Labor.

«Wow, sind die Leute hier zwäg.» Tobias Hochstrasser vom Verein für Gassenarbeit ‹Schwarzer Peter› war bei seinem ersten Einsatz beeindruckt vom Ausmass, in dem Teile des Basler Club-Publikums Partydrogen konsumieren. Die Mehrheit der Konsumenten scheine ihm aber sozial sehr gut integriert, habe einen Job oder einen Ausbildungsplatz. Riskant seien Teenager, bei denen er «auch Fälle von schlecht informiertem Konsum und teilweise hohe Risikobereitschaft» beobachtet hat. Szenegänger L. berichtet von Partys mit «vielen verstrahlten Kindern» und meint damit junge Gäste, die sich auch mehr als eine Substanz oder Einheit pro Nacht gönnen. Und Eveline Bohnenblust, Leiterin der Abteilung Sucht im Gesundheitsdepartement Basel-Stadt, weiss: «Ausgehen gehört zu den beliebtesten Freizeitbeschäftigungen Jugendlicher und junger Erwachsener. Studien zeigen, dass der Substanzkonsum im Nachtleben beziehungsweise in dieser Zielgruppe höher ist als in der Allgemeinbevölkerung.» Die Beobachtungen der drei Szenekenner lassen sich auf die Aussage herunterbrechen, dass der Konsum von Partydrogen im Basler Ausgang eine Realität ist. Das Angebot zum ausschweifenden Feiern ist in vielen Städten gestiegen, die Partynacht lässt sich über Afterpartys bis weit in den Folgetag hinein ausdehnen. Der Konsum von Partydrogen konzentriert sich vor allem auf Clubs, die bekannt sind für elektronische Tanzmusik, sowie auf Partys und informelle Ausgeh-Orte.

«Das Nachtleben ist für das Standortmarketing der Städte zu einem wichtigen Faktor geworden», meint der Kulturanthropologe Michel Massmünster, der sich im Rahmen seiner Dissertation mit dem Basler Nachtleben auseinandergesetzt hat. Das sei relativ neu und mit einem Umdenken einhergegangen. Das Nachtleben habe an Stellenwert gewonnen, und zu Nichtbeachtung oder Repression seien inzwischen Bemü-

Mobiles Labor mit Analyse, Aufklärung ...

... und integriertem Gesprächsangebot

hungen getreten, als negativ verstandene Auswirkungen in den Griff zu bekommen. Die Realität des Drogenkonsums fordert Gesellschaft und Staat. ‹rave it safe› heisst das Berner Partydrogen-Aufklärungsangebot von Contact Netz, Stiftung für Suchthilfe, das mit Unterstützung von ‹Schwarzer Peter› (der als lokaler Türöffner wirkt) in Basel versuchsweise Drogenschnelltests an Partyorten organisiert. Finanziert über die Stiftung für Drogenarbeit und unterstützt von den beiden Basler Halbkantonen, hat die Berner Equipe Know-how, Personal und Equipment für das mobile Labor und das Aufklärungsteam gestellt.

Drug-Checking als Werkzeug der Aufklärungsarbeit wird begleitet von einer grundsätzlichen Liberalisierungsdebatte. Wo die einen Partydrogen als Problem sehen, argumentieren die anderen, dass erst deren Missbrauch ein Problem schaffe. Die Initianten des Projekts wählten einen akzeptierenden Ansatz, der, basierend auf der Freiwilligkeit der Kooperation, die Entscheidungskompetenz bei den Konsumenten fördern möchte. «Wir sind weder Polizisten noch Schiedsrichter», sagt Hannes Hergarten von ‹rave it safe›, der national treibenden Kraft in Sachen Partydrogen-Aufklärung vor Ort.

Sind die Drug-Checking-Angebote konsumanimierend? Die Fachleute vom ‹Schwarzen Peter› beobachten in der Partyszene Fälle von steigender Risikobereitschaft. Dieses Risiko passt zum Nachtleben – ein «oft romantisierter Raum für gewollten Kontrollverlust» laut Michel Massmünster. Das birgt Gefahren, unter anderem das Suchtrisiko. Tobias Hochstrasser hat bei den Drug-Checking-Einsätzen «zum eigenen Erstaunen teils die gleiche Klientel wie sonst auf der Gasse angetroffen». Ängste, das Drug-Checking sei konsumfördernd oder werde gar von Händlern zur Qualitätskontrolle ihrer Ware missbraucht, widerlegen die Drug-Checker aber. Gemäss Hannes Hergarten lassen die Schweizer Konsumstrukturen keine klare Grenzziehung zwischen Dealer und Konsument zu. Viele Konsumenten kauften bei Bekannten, was einerseits verhindere, dass der Markt mit schlechtem Stoff überschwemmt wird, aber auch eine gewisse Leichtgläubigkeit fördere. Dem pflichtet Hochstrasser bei: «Viele Konsumenten verlassen sich auf Empfehlungen von Freunden. Und das ist eben nicht gleich verlässlich wie die chemische Analyse von Substanzen, die Aufschluss über gesundheitsgefährdende Inhaltsstoffe gibt.» Konsument L. wagt einen historischen Vergleich: «Vielleicht ist Drug-Checking für das Nachtleben das, was Bierbrauordnungen ab dem Mittelalter für den Wirtshausbesuch waren: einfach ein Qualitätslabel für eine Droge, zum Schutz ihrer Konsumenten.» Dagegen wehrt sich Hergarten von ‹rave it safe›: «Wir sind eben kein Gütesiegel, wir dürfen auch keinen Dealerservice machen. Wir publizieren Meldungen zu gefährlichen und hochdosierten Inhaltsstoffen, saubere Substanzen prämieren wir nicht.» Basel tickt in Sachen Drogen nicht anders, so das chemisch-wissenschaftliche Fazit des Pilotprojekts. Daniel Allemann vom Kantonsapothekeramt Bern, der für die chemische Analyse und Auswertung der Labordaten zuständig ist, hält fest: «Der Stoff ist in Basel derselbe – sowohl was die Mengen und Sorten der Substanzen angeht als auch deren Qualität.»

Konkret sind beinahe die Hälfte der getesteten Substanzen Ecstasy-Pillen (MDMA), gefolgt von Amphetaminen und Kokain. Weitere Substanzen wie LSD, Ketamin oder Heroin spielen eine marginale Rolle und können als Einzelfälle gewertet werden. Neben Coffein lässt sich Levamisol, eine stark gesundheitsschädigende Antiwurmarznei, häufig als Streckmittel nachweisen. Eingesetzt wurde das mobile Labor ab 2013 pilotmässig in fünf Nächten an grossen Partys in der St. Jakobshalle und im Club Borderline.

Nicht mitgezählt sind die Aufklärungseinsätze ohne Labor in verschiedenen Basler Clubs.

Hannes Hergarten und Tobias Hochstrasser beziehen sich bei ihren Beobachtungen auch auf Gespräche mit Konsumenten, die während der circa halbstündigen Laboranalyse standardmässig geführt werden. Wer eine Substanz testen lässt, unterhält sich in dieser Zeit mit einer Person aus dem Aufklärungsteam. Nach Labortest und Gespräch bekommen die Konsumenten ihren Anteil der Droge zurück, der – informierte – Konsumentscheid wird ihnen überlassen. Hergarten ist überzeugt: «In diesem Setting antworten uns die Leute sehr offen, offener als in gängigen therapeutischen Umfeldern, und wir legen eine gute Basis für weiterführende Beratungen.» Die Arbeit im Club ist anstrengend, trotz Nachtschichtarbeit unter Extrembeschallung gehören aber auch Freiwillige zum Team. Dass das Angebot geschätzt wird, zeigt die Auslastung von Sozialarbeitern und Labor in den Clubs. Auch Eveline Bohnenblust betont die Vorzüge der Methode: «Die Praxis zeigt, dass der erste Kontakt der meisten Partygänger – und eben auch der Hochrisikogruppen und Abhängigen – mit dem Hilfesystem vor Ort stattfindet. Repression und Marktregulierung haben keine Möglichkeit, in der Partyszene aktiv zu werden. Umso wichtiger ist diese präventive und schadensmindernde Tätigkeit.»

Bern bietet Drug-Checking neben den Partyeinsätzen seit 2014 auch in einem fixen Zeitfenster an und erreicht damit auch Konsumenten, die nicht auf Partys gehen. Daniel Allemann stellt fest, «dass die Gelegenheit verhältnismässig stärker von älteren Konsumenten mit teilweise komplexen Lebenssituationen genutzt wird». Der partyferne feste Kontaktort in Bahnhofsnähe biete Raum für Beratungen, die über die Suchtthematik hinausgehen. Ein solches fixes Angebot wünscht sich Tobias Hochstrasser auch für Basel, und Eveline Bohnenblust unterstützt diesen Wunsch vonseiten der Behörden: «Die Gesundheitsdienste Basel-Stadt werden über 2015 hinaus in Kooperation mit Baselland Präventionseinsätze im Rahmen des laufenden Projektes im Nachtleben planen. Drug-Checking ist dabei nicht Standard an jedem Einsatz, sondern wird punktuell wo sinnvoll eingesetzt. Dabei ist auch den Veränderungen in der Szene, wie der Schliessung von Clubs oder dem Aufkommen neuer Trends, Rechnung zu tragen. Die Intensivierung der Zusammenarbeit mit den Clubs und Veranstaltern ist wichtig.» In den Basler Clubs hat die Aufklärungsarbeit von ‹rave it safe› trotz des vermeintlichen Risikos von Imageverlust offene Türen eingerannt.

Julia Konstantinidis

DA-SEIN: ANKOMMEN, UM WEITERZUGEHEN

Asylsuchende in Basel müssen teilweise jahrelang warten, bis ihr Aufenthaltsstatus abgeklärt ist. Trotz dieser Unsicherheit gestalten sie im Projekt DA-SEIN gemeinsam mit Menschen aus Basel einen Teil ihres Lebens und erlangen so Halt und Energie für die Zukunft.

Arian* aus Albanien: Seit Herbst 2014 in der Schweiz, im Juli 2015 wartet er noch auf den Ausgang seines Asylantrags. Arian sagt, er habe die Korruption in seinem Land angeprangert und müsse seither um sein Leben fürchten. Der 58-Jährige mit dem zerfurchten Gesicht wohnt in der Asylunterkunft in der Zivilschutzanlage Brüglingen. Er spricht etwas Englisch, fliessend Italienisch und Griechisch sowie einige Brocken Deutsch. Seine Chancen für eine Aufnahme sind gering.

Tashima aus Tibet: Seit dreieinhalb Jahren in der Schweiz, im Besitz einer N-Bewilligung – vorläufig aufgenommen. Die 35-Jährige, die gut Deutsch spricht, hat keine Berufsausbildung. Sie würde gerne eine Lehre zur Detailhandelsangestellten bei Migros oder Coop machen, weil sie Lebensmittel liebt. Die Frau mit dem offenen Gesichtsausdruck lebt in einem Wohnheim in Münchenstein. Als Tibeterin hat sie sehr gute Chancen, dass sie in der Schweiz bleiben kann.

Fanol aus Kosovo: Lebt seit zwanzig Jahren illegal in der Schweiz. Hier hat er schwarz als Maler gearbeitet und so seine Frau und drei Kinder in Kosovo ernährt. Anfang 2015 erlitt der 53-Jährige einen Hirnschlag und musste ins Spital; sein illegaler Status flog auf. Die Organisation Sans-Papiers unterstützt den ruhigen und doch nervös wirkenden Mann, der Schweizerdeutsch mit Akzent spricht, beim Beantragen einer Aufenthaltsbewilligung.

Zwei Männer und eine Frau am Tisch im Garten der Offenen Kirche Elisabethen (OKE) warten genauso wie Hunderte Männer, Frauen und Kinder auf einen Verfahrensentscheid, der ihr Schicksal bestimmt: Aufnahme oder Ablehnung. Inzwischen lernen sie in obligatorischen Sprachkursen Deutsch und arbeiten in Beschäftigungsprogrammen. Dies verleiht den Tagen immerhin etwas Struktur. Aber die Flüchtlinge bleiben meistens unter sich, Kontakte zur einheimischen Bevölkerung beschränken sich auf Gespräche mit Behördenvertreterinnen oder Begegnungen mit Mitarbeitern von sozialen Institutionen.

So gibt etwa Tashima auf die Frage, ob sie Schweizer Freunde habe, die Namen ihrer bisherigen Deutschlehrer an. Doch gerade Begegnungen auf gleicher Augenhöhe könnten den Flüchtlingen helfen, trotz der Unsicherheit über ihre Zukunft besser am neuen Ort ‹anzukommen›. Mit dem Projekt DA-SEIN möchte die OKE einen Rahmen schaffen, der diesen Menschen die Möglichkeit bietet, gemeinsam mit anderen hier ein Stück Leben im Jahreszyklus zu gestalten und daraus Energie und Hoffnung für den weiteren Weg zu schöpfen.

gibt es – gut schweizerisch – Gschwellti mit Käse. Arian sitzt zufrieden vor seinem Teller. Der Albaner, der in der Zivilschutzanlage Brüglingen untergebracht ist, freut sich, unter freiem Himmel essen zu können und zur Abwechslung andere Leute als seine Mitbewohner zu sehen. Im Verlauf des Gesprächs erfährt man, dass er Bilder malt und Skulpturen formt.

Zurzeit sind die Türen des Begegnungsorts jeden Mittwoch von zehn Uhr morgens bis acht Uhr abends im neu renovierten Untergeschoss des Pfarrhauses an der Elisabe-

Auch für Kinder ein Ort zum Da-Sein

thenstrasse 10 geöffnet. Es gibt eine Küche und einen grossen Aufenthaltsraum. Das wechselnde Programm hängt auch von den Kompetenzen der Freiwilligen ab. Rund zehn Personen engagieren sich bei DA-SEIN. Zum Beispiel Billy: Der 57-jährige Freiberufler hat sich am Mittwochnachmittag mit einer chinesischen Asylsuchenden zu einer Deutsch-Konversationsstunde verabredet. Oder die junge Architekturstudentin Anaï, die sich mit Arian über Kunst unterhält. «Die Freiwilligen sollten gefestigte Persön-

Freiwillige im Einsatz

Der Tisch, an dem Arian, Tashima und Fanol an einem heissen Julitag sitzen, wird jeden Mittwochmittag gedeckt. Dann lädt die Projektmanagerin Nicole Schwarz zum Mittagessen, das sie gemeinsam mit Freiwilligen und Flüchtlingen kocht. Heute

Politik und Gesellschaft

Gelegenheit für Asylsuchende zu Kontakten ausserhalb ihrer Unterkunft

Im Garten des Pfarrhauses an der Elisabethenstrasse

lichkeiten sein. Denn manche Asylsuchende haben schwere Situationen erlebt», erklärt Schwarz. Auch deshalb möchte sie mit ihnen Stunden der Unbeschwertheit erleben und im Rhythmus des Jahreszyklus das Leben feiern; etwa an den Jahreszeiten-Festen, wo zusammen gebacken, gekocht und gespielt wird. Die vier Jahreszeitenfeste werden von Freiwilligen und Flüchtlingen gemeinsam vorbereitet. So freut sich Tashima auf das bevorstehende Herbstfest, zu dem sie Momos (eine Art tibetischer Ravioli) beisteuern wird.

Gemeinsam feiern

Nach drei Monaten Laufzeit hält sich Nicole Schwarz mit einer Zwischenbilanz noch zurück: «Im Sinne des Projektnamens möchten wir in erster Linie einen Raum bieten, wo die Besucherinnen und Besucher einfach erst einmal in unserer Stadt sein dürfen», so die soziokulturelle Animatorin. Neben dieser Gemeinschaft im Alltag und den Jahreszeitenfesten ist es Schwarz wichtig, Freizeitaktivitäten zu organisieren, die Zerstreuung, Spass und eine gewisse Normalität bedeuten – etwa Tischtennisturniere, einen Velo-Flickkurs oder einen Mal-Workshop.

* alle Namen geändert

> Das Projekt DA-SEIN wird von den beiden Landeskirchen, der Offenen Kirche Elisabethen (OKE) und der Christoph Merian Stiftung (CMS) getragen. Letztere erwarb 2015 das Pfarrhaus von der Bau- und Vermögensverwaltung der Reformierten Kirche Basel-Stadt. Um das Projekt darin zu realisieren, renovierte die CMS das Untergeschoss des Gebäudes umfassend. Die 50-Prozent-Stelle der Projektmanagerin ist für drei Jahre finanziert. Für den Projektbetrieb arbeitet sie mit Freiwilligen zusammen.

Flüchtlinge in Basel

Im Juli 2015 lebten in Basel-Stadt rund 168 Asylsuchende, deren Asylgesuch zu diesem Zeitpunkt noch nicht entschieden war. 471 Flüchtlinge, die in Basel wohnten, hatten Status B oder F, 475 eine vorläufige Aufnahme. Letztere ist ein legaler Aufenthaltsstatus: Ein Asylgesuch wird zwar abgelehnt, eine Wegweisung in den Herkunftsstaat ist aber aus rechtlichen Gründen nicht zumutbar, nicht zulässig oder nicht möglich. Rund 95 Prozent aller vorläufig Aufgenommenen bleiben dauerhaft in der Schweiz. Im Juli 2015 lebten zudem rund 120 Personen in Basel, die ein Recht auf Nothilfe geltend machen durften. Auf ihr Asylgesuch wurde entweder nicht eingetreten oder es wurde negativ entschieden, und sie müssen die Schweiz verlassen. (Quelle: Sozialhilfe Basel-Stadt)

Florian Blumer

BASEL HILFT

Die Bilder von Hunderttausenden von Flüchtlingen in Not mitten in Europa haben auch die Baslerinnen und Basler nicht kaltgelassen: Bei den Hilfswerken meldeten sich im Sommer 2015 so viele Freiwillige, dass diese zeitweise überlastet waren. Zwei neue Plattformen sollen die Massnahmen koordinieren helfen.

Es war einmal eine vornehme Basler Dame. Sie hörte, dass viele Menschen in Afrika nicht genug zu essen und zu trinken haben. Also begann sie, ihre gebrauchten Teebeutel zu sammeln und zu trocknen, um sie dann nach Afrika zu schicken.
Ob es sich bei dieser Geschichte um eine wahre Begebenheit handelt oder um eine Legende mit einem Körnchen Wahrheit, sei dahingestellt. Sicher hingegen ist: Im Sommer 2015 wurde die Basler Bevölkerung von einer Welle der Solidarität erfasst. Renata Gäumann, Asylkoordinatorin des Kantons Basel-Stadt, ist beeindruckt von der erfahrenen Hilfsbereitschaft: «So etwas habe ich in den zwölf Jahren, in denen ich in diesem Bereich tätig bin, noch nicht erlebt.» Die Horrorbilder der Tragödien im Mittelmeer, das medial in die Wohnzimmer vermittelte Elend von Hunderttausenden von flüchtenden Menschen auf der Balkanroute, sie haben den Hilfswerken einen Ansturm von Freiwilligen beschert. So erhielt Astrid Geistert, Leiterin des Ökumenischen Seelsorgediensts für Asylsuchende (OeSA), nach eigenen Angaben im Spätsommer so viele Mails und Anrufe, dass ihr fast keine Zeit mehr für die eigentliche Arbeit mit Flüchtlingen geblieben sei. Ähnliches berichten auf Anfrage hin alle bei Flüchtlingshilfsorganisationen Tätigen.
Und viele Baslerinnen und Basler stellten gleich selbst kleinere und grössere Projekte auf die Beine: «Ein paar Mamis», wie es in der Selbstbeschreibung heisst, gründeten im August die Facebook-Gruppe ‹Basel hilft mit›. Im September schickten sie fünfundzwanzig Autoladungen voll mit Sachspenden nach Syrien. Eine Studentin begann, Mützen für Flüchtlinge zu stricken, die Idee machte ebenfalls auf Facebook Furore. Und die Basler Musikszene rief: «Get up off your butt»! – Stiller Has, Anna Aaron und andere rockten Ende November an einem Festival unter diesem Namen für Flüchtlingskinder die Bühne.

So viel Engagement verlangte nach Koordination, zumal es bereits zahlreiche Unterstützungs- und Freizeitangebote von etablierten Organisationen wie etwa der Freiplatzaktion oder des Vereins Sur le Pont gibt. Die Stadt reagierte schnell: Zusammen mit der Christoph Merian Stiftung (CMS) und der reformierten Landeskirche beauftragte sie die Offene Kirche Elisabethen, eine Koordinationsstelle aufzubauen. Seit dem 1. Oktober läuft das Projekt ‹FFF› (Freiwillige für Flüchtlinge), erst einmal versuchsweise für ein halbes Jahr.

‹And for the rest›:
Plakataktion im Stadtraum von
Tim Etchells mit Aussagen von Menschen in Basel, die kein Wahlrecht besitzen

Wer Materielles oder Zeit zur Verfügung stellen will, wird bei ‹FFF› an die entsprechende Hilfsorganisation weitervermittelt oder direkt mit einem Flüchtling zusammengebracht. Laut Projektmanagerin Simone Skelton haben sich im ersten Monat rund sechzig Personen gemeldet. Viele wollen Kleider spenden, Schauspieler offerieren Eintritte zu Vorstellungen oder laden zu Workshops ein, andere bieten an, mit Flüchtlingen Zeit zu verbringen: um Kindern bei den Hausaufgaben zu helfen oder Erwachsenen bei der Wohnungssuche, oder auch einfach um zusammen in den Zolli zu gehen oder einen Kaffee zu trinken.

Gerade für den direkten Kontakt mit Flüchtlingen – wo der grösste Bedarf bestehe, mehr als im Materiellen – meldeten sich viele Junge, berichtet Simone Skelton. Insbesondere bei dieser Altersgruppe stelle sie einen Meinungsumschwung fest. Katharina Boerlin, 26-jährige Masterstudentin in Lateinamerikastudien, bestätigt diesen Eindruck: In ihrem Umfeld sei das Flüchtlingsthema sehr präsent, viele würden sich engagieren. Boerlin selbst arbeitet seit zwei Jahren als Freiwillige beim Jugendrotkreuz Basel. Alle zwei Wochen verbringt sie einen Abend im Bundesempfangszentrum beim Zoll Otterbach. Eine nicht sehr einladende Gegend sei es, sagt sie, und doch fahre sie immer gerne hin: Mit jeweils etwa vier bis zehn Gleichgesinnten bastelt, zeichnet, spielt, singt, stampft und klatscht sie mit den Kindern in der Unterkunft gegen den grauen Alltag an. Obwohl sie als Laien keine Maltherapie machen würden, hätten die Abende auch einen therapeutischen Charakter: «Die Kinder zeichnen oft den Krieg: Drohnen, Bomben, Menschen, die getötet werden.» Oft würden sie auch ihre Nationalflagge darstellen statt etwa ein Haus mit Sonne. Im Moment zeichnen die meisten Kinder die kurdische oder die syrische Fahne.

Ebenfalls im Empfangszentrum beim Zoll Otterbach tätig ist der OeSA: Auch dessen Freiwillige leisten Kinderbetreuung, dazu suchen die Seelsorgenden das Gespräch mit den neu Angekommenen – die laut Auskunft von Geistert oftmals traumatisiert sind. Neben dem Empfangszentrum betreibt der OeSA einen Café-Treffpunkt – eine wichtige Arbeit, wie Renata Gäumann von der Asylkoordination betont: «Sie gewährleisten damit ein Minimum an Willkommenskultur in den ersten Tagen nach der Ankunft.» Das Angebot wird offensichtlich geschätzt: Auch Asylsuchende, die danach in Baselland untergebracht wurden, würden immer wieder vorbeischauen, berichtet Astrid Geistert. Dies auch deshalb, weil es im Landkanton – im Gegensatz zur Stadt – keinerlei Integrationsangebote für Flüchtlinge im Asylverfahren gebe.

Wenn ein Gesuchsteller nach dem Verfahren, das Monate bis Jahre dauern kann, dann tatsächlich Asyl oder zumindest eine vorläufige Aufnahme erhalten hat, stellt sich die Frage nach der Unterbringung. Eine bedeutende Chance zur Integration bietet das Wohnen bei Privaten: Auch hier sind Freiwillige gefragt, auch hier haben sich in diesem Sommer viele bei der Sozialhilfe gemeldet. Der Kanton hat als zweite Massnahme neben der Koordinationsstelle ‹FFF› bei der Gesellschaft für das Gute und Gemeinnützige (GGG) die Schaffung einer Kontaktstelle ‹Gastfamilien für Flüchtlinge› in Auftrag gegeben, wiederum unterstützt von der CMS und der reformierten Landeskirche. Im Dezember hat die Kontaktstelle ihren Betrieb aufgenommen. Projektleiterin Gabi Mächler erklärt, es gehe nicht nur darum, Wohnraum zur Verfügung zu stellen, sondern Flüchtlinge an den Schweizer Alltag heranzuführen – das Angebot soll ein Sprungbrett zum selbständigen Wohnen sein. Wer dazu bereit ist und ein freies Zimmer hat, muss sich deshalb auch für neun Monate verpflichten.

Die Schweizerische Flüchtlingshilfe (SFH) betreibt bereits seit Frühjahr 2015 ein ähnliches Programm in mehreren Kantonen. Gemäss Mediensprecher Stefan Frey ist es für ein Fazit noch zu früh. Doch die ersten Erfahrungen seien sehr positiv. Es zeichne sich jedoch ab, dass die Laufzeit eher ein ganzes als ein halbes Jahr betragen sollte, wie ursprünglich von der SFH vorgesehen. Und er verweist darauf, dass der Spracherwerb allein seine Zeit brauche.

Langfristiges Engagement ist also gefragt, um die Flüchtlinge nachhaltig zu unterstützen. Da stellt sich die Frage: War das eine Solidaritätswelle, die zwar hochschlug, aber bald wieder abebben wird? Renata Gäumann betont, dass sie ein «sozialpolitisch sehr wichtiges Signal aus der Bevölkerung» sei und darauf hinweise, wie tief humanitäre Grundwerte in der Gesellschaft verankert sind. Wie lange die Solidarität halten werde, wage sie aber nicht zu beurteilen. Auch Stefan Frey mag keine Prognose aufstellen. Er hat aber den Eindruck, dass in der Bevölkerung eine Zäsur erfolgt ist, «in der Erkenntnis, dass die Fluchtursachen real und komplex sind und da etwas auf uns zukommt». Dagegen zweifelt Astrid Geistert an einem grundsätzlichen Meinungsumschwung: Diejenigen, die nun helfen wollen, seien Flüchtlingen schon vorher offen gegenübergestanden, die anderen würden die Entwicklung eher als Bedrohung empfinden und mit noch stärkerer Abwehr reagieren.

Ob das Engagement nachhaltig ist oder nicht, wird sich also erst zeigen müssen, wenn die Flüchtlinge nicht mehr die Schlagzeilen dominieren, aber immer noch da sind. Klar ist: Im Sommer 2015 waren Stadt, Hilfsorganisationen und Bevölkerung zur Stelle, als Soforthilfe gefragt war. Frey von der SFH ist voll des Lobes: Gerade in Bezug auf das Wohnprogramm sei Basel anderen Kantonen «um Jahrzehnte voraus». Auch Astrid Geistert findet, dass es zwar immer Verbesserungspotenzial gebe, die Stadt aber «ihre Sache sehr gut» mache und im vergangenen Sommer sehr schnell auf entstandene Bedürfnisse reagiert und die nötigen Angebote zur Verfügung gestellt habe.

Was das Engagement der Bevölkerung betrifft, so bleibt der Eindruck: Sollte es die Dame mit den getrockneten Teebeuteln wirklich gegeben haben, so steht sie sicher nicht als Sinnbild für die Reaktion der Baslerinnen und Basler auf die Ereignisse des Sommers 2015.

Gespanntes Warten: Sibel Arslan (ganz rechts) mit Frauen vom Grünen Bündnis

Freude herrscht! Die neu gewählte Basler Vertretung im National- und Ständerat

Christof Wamister

GEGEN DEN NATIONALEN TREND

Keine Langeweile bei den Basler eidgenössischen Wahlen: Die Liberalen und die Freisinnigen tauschten die Plätze und die CVP verlor ihren Nationalratssitz an das Grüne Bündnis. Neu gewählt wurden ein alter Politfuchs und eine mediengestählte Jungpolitikerin mit Migrationshintergrund.

Die Klage, dass der Wahlkampf flau gewesen sei, gehört zu den Ritualen der Berichterstattung von den eidgenössischen Wahlen. Doch wo finden die Wahlkämpfe statt? Bei meist nicht sehr gut besuchten Podiumsveranstaltungen, auf der Strasse, wo die Kandidatinnen, Kandidaten und Parteiaktivisten immer zuerst herausfinden müssen, ob die angesprochenen Passanten überhaupt im Stadtkanton wahlberechtigt sind – oder in den Medien, wo diese und jene Polemik noch Platz hat. Für die eidgenössischen Wahlen 2015 in Basel-Stadt trifft diese Klage eigentlich nicht zu. Denn die Ausgangslage war einigermassen interessant, und die Wählerinnen und Wähler haben diese Tatsache mit einer Stimmbeteiligung von 50,3 Prozent auch honoriert. Misst man dies an der Zahl der Gesamtbevölkerung, waren es etwas mehr als ein Viertel.

Unspektakulär war die Ausgangslage nur bei den Ständeratswahlen. Niemand wollte gegen die amtierende Ständerätin Anita Fetz (SP) antreten. Bei den früheren Erneuerungswahlen hatte die bürgerliche Koalition alle Varianten erfolglos durchprobiert. Der Basler Ständeratssitz ist und bleibt seit 1967 in sozialdemokratischer Hand. Kurz vor Ablauf der Bewerbungsfrist stellte sich noch der 24-jährige Jungfreisinnige Julian Eicke zur Verfügung, und auf bürgerlicher Seite keimte die Hoffnung, dass ihm eine rechte Zahl von Proteststimmen gegen die Dauerständerätin Fetz zufallen könnte. Diese führte den Wahlkampf aber, als müsse sie gegen einen valablen bürgerlichen Kandidaten antreten, und setzte sich am traditionellen dritten Sonntag im Oktober mit 35 842 Stimmen klar durch. Jungpolitiker Eicke erzielte mit 7320 Stimmen einen Achtungserfolg, gefolgt von Grossrat David Wüest-Rudin (Grünliberale) mit 5970 Stimmen und Grossrat Eric Weber (Volksaktion, 3471 Stimmen), dessen politische Geisterfahrten kaum mehr Beachtung finden. Rund

1400 Wahlberechtigte hatten leer eingelegt und damit ihrer Unzufriedenheit über die ungenügende Auswahl Ausdruck gegeben.

Das Zugpferd der Liberalen

Christoph Eymann (LDP), noch bis Ende 2016 Erziehungsdirektor, erhielt bei den Ständeratswahlen 194 Stimmen. Es war ein Nachklang der Diskussionen um eine bürgerliche Kampfkandidatur gegen Fetz. Doch Eymann, schon 1991 bis 2003 Nationalrat, bevorzugte, wie schon vor vier Jahren, den Platz auf der Nationalratsliste seiner Partei und wurde brillant gewählt. «Warum tut der Mann sich das an?», hatte die ‹Basler Zeitung› zuvor gespöttelt. Doch der noch amtierende Präsident der Erziehungsdirektorenkonferenz und Politprofi fühlt sich fit für eine neuerliche Runde in Bern. Die Wählerschaft setzte damit eine seit den Siebzigerjahren geltende Faustregel ausser Kraft, wonach amtierende Regierungsräte nicht in ein eidgenössisches Parlamentsmandat gewählt werden.

Es war eine Wahl ad personam, die auch Eymanns Partei, den Liberaldemokraten, Schub verlieh. In allen Westschweizer Kantonen haben die alten Liberalen mit den Freisinnigen fusioniert, was diesen das Recht gibt, sich als ‹Die Liberalen› zu bezeichnen. Dies gilt auch für Basel. Nach dem Erfolg denken Eymanns Liberale erst recht nicht daran, mit den FDP-Liberalen zu fusionieren. Aber in Bern wird Eymann der freisinnig-liberalen Fraktion beitreten, wenn er etwas bewirken will.

Christoph Eymanns Erfolg überdeckt, dass das bürgerliche Lager – im Unterschied zu den gesamtschweizerischen Resultaten – geschwächt aus den Nationalratswahlen hervorgegangen ist. Die bisherigen Nationalräte Daniel Stolz (FDP) und Markus Lehmann (CVP) vermochten die Wähler nicht genügend von ihrem Profil zu überzeugen. Daniel Stolz verharrte im Schatten des 2012 verstorbenen Peter Malama, den er als zweiter Nachrückender auf der FDP-Liste im Nationalrat ersetzt hatte. Markus Lehmann, der 2011 durch Proporzglück gewählt worden war, verunsicherte die Öffentlichkeit mit Vorstössen, in denen er unter anderem die Velovignette wieder einführen lassen wollte, nachdem sie vor wenigen Jahren auf Initiative eines CVP-Ständerates abgeschafft worden war. Dass sich die beiden Abgewählten redlich für Basler Interessen eingesetzt hatten, genügte im Wahlentscheid offenbar nicht. Der Basler CVP-Sitz in Bern ist allerdings seit vielen Jahren unsicher, und bei diesen Wahlen ereilte die Partei das Pech, dass sie mit der Listenverbindung EVP/Grünliberale/BDP auf eine Koalition der Mitte gesetzt hatte, die in der zweiten Verteilung gemäss Proporzregeln aber gegen die SP/GB-Liste nur knapp verlor. Für die seit den ersten Proporzwahlen 1919 ununterbrochen in Bern vertretenen Basler Freisinnigen ist die Niederlage bitter. Stolz reichte denn auch seinen Rücktritt als Parteipräsident ein.

Die Basler SVP, in Listenverbindung mit FDP und LDP, vermochte ihre Parteistärke nicht ganz in dem Masse zu steigern wie die nationale SVP, brachte ihren Nationalrat Sebastian Frehner aber locker ins Ziel. Eine gegen ihn gerichtete kleine Kampagne der sonst SVP-freundlichen ‹Basler Zeitung›, über welche die Kommentatoren in den Medien rätselten, vermochte ihm nicht ernsthaft zu schaden. Als stärkste bürgerliche Partei ist die SVP weiterhin nicht in der Basler Regierung vertreten, was im Hinblick auf die Erneuerungswahlen 2016 noch für Diskussionen und Positionskämpfe sorgen dürfte.

Keine Prognose für die kantonalen Wahlen

Angeführt von Ständerätin Anita Fetz und zwei weiteren Bisherigen im Nationalrat, Beat Jans und Silvia Schenker, zog die SP selbstbewusst in den Wahlkampf. Das ist nicht ganz selbstverständlich. Denn zusammen mit den Grünen stellt die SP in Basel die Regierungsmehrheit, und das liefert immer Angriffsflächen. Doch die Wähler differenzieren zwischen nationalen und kantonalen Wahlen, und deshalb dürfte die SP aus ihrem satten Stimmengewinn von mehr als drei Prozent keine allzu selbstzufriedenen Schlüsse ziehen. Dass die Listenpartner vom Grünen Bündnis zwei Prozent verloren, ist ein kleiner Hinweis, liegt aber auch im nationalen Trend, welcher der grünen und grün-roten Bewegung Verluste bescherte.

Dennoch sorgte das Grüne Bündnis für die Sensation des Wahlsonntags. Denn nach den Zwischenresultaten vom Mittag stand schon fest, dass die grün-rote Listenverbindung ein drittes Mandat gewinnen wird, aber die Zahlen deuteten noch auf die SP als grosse Gewinnerin. Am Abend war es dann klar: Neue Nationalrätin wird Sibel Arslan (Basta/Grünes Bündnis). Mit der 36-jährigen Juristin kurdisch-türkischer Herkunft wurde erstmals eine Vertreterin einer Basler Migrantengemeinschaft gewählt, die als Schweizer Bürgerinnen und Bürger ihr Wahlrecht gezielt wahrnahm. Für Arslan war die Wahl eine besondere Genugtuung. Denn vor einem Jahr konnte sie eine Stelle als Leiterin des basellandschaftlichen Amtes für Massnahmen- und Strafvollzug nicht antreten, weil ihr früherer Umgang mit Schulden von der BaZ kampagnenartig ausgebreitet worden war. Die Affäre vom Dezember 2014 wurde danach auch Gegenstand einer SRF-Hördokumentation, die für Arslan Partei ergriff. Mit dieser Vorgeschichte dürfte sie für das nationale Parkett gestählt sein.

Auffallend bei der Wahlstrategie 2015 waren die vielen Sonderlisten (Junge, Frauen, Senioren, Gewerbe), mit welchen die Parteien versuchten, weitere Stimmen für ihre Listenverbindungen zu generieren. Mehr als jeweils ein Prozent der Stimmen erzielten aber nur die Jungsozialisten und das Junge Grüne Bündnis.

Die Gewählten, in Anzahl der Stimmen

Beat Jans (SP)	23 149
Silvia Schenker (SP)	20 779
Sebastian Frehner (SVP)	11 404
Christoph Eymann (LDP)	11 216
Sibel Arslan (GB)	7 233

Die Parteien und ihre Stärken, in Prozent

	2011	2015
SP	27,6	31,8
SVP	15,6	16,5
LDP	6,5	10,7
GB	12,1	10,0
FDP	10,9	8,5
CVP	5,2	5,5

Christine Müller

BASEL IM HÄRZE

Ein Essay übers
Ankommen und Dableiben

Meine erste – enorm eindrückliche – Erinnerung an Basel steht in Zusammenhang mit dem Bahnhofs-WC. Der 10. September 2001 war der letzte Tag einer Interrailreise, die ich als 16-Jährige vier Wochen zuvor in Österreich angetreten hatte. Von Paris kommend wechselte ich am Bahnhof SBB den Zug und nutzte den dreissigminütigen Aufenthalt, um die Toilette aufzusuchen. Ich glaube, für die Benutzung der Sanitäreinrichtung zwar den Wucherpreis von fünf Schweizer Franken gezahlt zu haben, doch beim Betreten merkte ich sofort, dass diese öffentliche Toilette jeden Rappen davon wert war. In meiner Erinnerung waren die Böden aus Marmor und die Sanitäranlagen aus purem Silber. Der Geruch von Desinfektionsmittel lag in der Luft und unterstrich den Eindruck der tadellosen Hygiene olfaktorisch. Eine Fachperson reinigte die Toiletten nach jeder Benutzung. Mehr habe ich damals von Basel nicht gesehen, aber jahrelang berichtete ich von dieser luxuriösen Toilettenanlage in einer Schweizer Stadt namens Basel. Dass ich jemals wieder in diese Stadt zurückkehren würde, hätte ich nicht gedacht. Doch schon fünf Jahre später sollte ich hier ein Praktikum absolvieren. Auch mein zweiter Eindruck von Basel wurde von einem Bahnhof geprägt, diesmal vom Güterbahnhof Muttenz. Auf der Strecke Zürich–Basel durchfuhr ich ihn kilometerlang staunend. Waggons reihten sich aneinander, Gleis lag neben Gleis, so weit das Auge blickte.

Die Basler Bahnhöfe. Wien hat vier Bahnhöfe, aber an keinem kann man durch ein Portal spazieren, um in ein anderes Land zu gelangen. An manchen Tagen schreite ich absichtslos durch das besagte Tor am Bahnhof SBB, über meinem Kopf in Grossbuchstaben das verheissungsvolle Wort ‹France›, und fühle mich wie Harry Potter, der eine magische Parallelwelt durch eine Zauberpforte am Bahnsteig 9¾ betritt. Mit zügigem Schritt durchquere ich die ehemalige, stilvolle Schalterhalle, trete ins Freie auf die Perrons 30+ und geniesse einen Moment lang das Wissen, nun offiziell auf französischem Terrain zu stehen, bevor ich den Französischen Bahnhof auf dem Rundweg wieder verlasse. Am Badischen Bahnhof dasselbe, wenngleich hier die Sensationslust der fehlenden Barriere wegen weitaus weniger befriedigt wird. Ähnliche Entzückung evoziert eine Fahrradtour in den Hafen mit Sicht auf französisches und deutsches Gebiet. Die Möglichkeit, vom Südquai aus mittels Überquerung zweier Brücken innerhalb einiger Minuten den Fuss auf den Boden von drei europäischen Staaten setzen zu können, hat auch nach wiederholtem Male nichts von seinem Reiz eingebüsst. Mit meinen Gästen mache ich diese Tour, um mich an ihrem Staunen zu erfreuen, das meinem glich, als ich 2006 zum ersten Mal im Hafen am Rheinufer sass, einige Meter flussabwärts Deutschland und auf der gegenüberliegenden Seite Frankreich. Ich stieg auf mein Fahrrad, passierte den Zollposten Weil Friedlingen, nahm am Kreisverkehr die letzte Ausfahrt und fuhr erwartungsvoll über die Brücke nach Frankreich. Mit dem Plan, mein Französisch zu praktizieren, steuerte ich das einzige an diesem Sonntagabend offene Restaurant an – einen Döner-Imbiss. Bemüht aber stolz kamen mir die gründlich zurechtgelegten französischen Worte über die Lippen. Der Mann, der meine Bestellung entgegennahm, antwortete mir auf Deutsch. Um exakt zu sein, er antwortete mir auf Alemannisch. Etwas enttäuscht fuhr ich an diesem Tag heim. Ich musste nicht nur einsehen, dass mein Französisch unzureichend zur Kommunikation war, sondern auch, dass die Unterschiede zwischen den verschiedenen angrenzenden Ländern weniger frappierend waren, als ich angenommen hatte. Trotzdem fahre ich nach wie vor gerne von Basel nach Deutschland und Frankreich. Die Möglichkeit, innerhalb weniger Minuten das Land zu wechseln, hat einen Rest von Exotik bewahrt. Mein Französisch taugt mittlerweile auch zum sprachlichen Austausch mit den französischen Nachbarn.

Ich bin selbst in einer Grenzstadt aufgewachsen, genauer gesagt sogar in einem Dreiländereck. So wie viele Baslerinnen und Basler am Wochenende mit dem Tram ins Rheincenter pilgern, packte meine Mutter meine Geschwister und mich am Samstag ins Auto, um jenseits der nahe gelegenen Schweizer Grenze Teigwaren, Mehl und Zucker einzukaufen. Finanziell hat sich das wohl kaum gelohnt, denn bei der seltenen Gelegenheit, in einem Einkaufszentrum zu sein – wir sprechen von den frühen Neunzigerjahren –, wurde weitaus mehr als das Nötige gekauft. Auch die Weihnachtsgeschenke wurden auf der anderen Seite der Grenze besorgt. Dass sich meine Mutter die Quittung in den Stiefel schob, liess mich intuitiv darauf schliessen, dass wir uns ausserhalb der Legalität bewegten. Am Grenzposten sass ich versteinert auf der Rückbank, meinen durchgestreckten Rücken in das Sitzpolster gedrückt, innerlich flehend, meine

Eltern mögen nicht verhaftet werden und Weihnachten damit ausfallen. Freilich hat sich heute auch in meiner Geburtsstadt das Blatt gewendet. Mittlerweile sind es die Schweizerinnen und Schweizer, die ihre Einkäufe im angrenzenden Ausland erledigen. Ob sie dabei auch so viel kleinkriminelle Energie in das Schmuggeln von Waren investieren, muss hier Spekulation bleiben. Fakt ist, dass die österreichische Wirtschaft die Einkaufsseitensprünge meiner Familie unbeschadet überstanden hat.

Mein persönlicher Zugang zu den Grenzen und deren Überschreiten ist gewiss einer der Gründe, warum ich eine Liebe zu Basel entwickelt habe. Man sagt von der Stadt am Rhein, sie würde die aufgeschlossensten Schweizer beheimaten, bedingt durch den traditionellen Austausch zwischen der grenznahen Bevölkerung. Da ich an keinem anderen Schweizer Ort gelebt habe, kann ich keine Vergleiche anstellen. Was sich jedoch im alltäglichen Umgang mit mir als Ausländerin bestätigt, ist die Aufgeschlossenheit der Menschen, die hier leben. Die Freundlichkeit und das entgegengebrachte Vertrauen haben mitunter schon Irritation ausgelöst. Ich wurde herzlich aufgenommen in dieser Stadt. Und doch frage ich mich manchmal, wenn in den Medien politische Initiativen wie das Minarettverbot und der Stopp der angeblichen Masseneinwanderung diskutiert werden, ob ich schlicht Glück hatte. Dass Basel für eine Kleinstadt aussergewöhnlich international ist, ist jedoch unbestritten. Wenn ich am Kleinbasler Rheinufer flaniere, höre ich Gespräche auf Französisch, Türkisch und Portugiesisch. In meiner Nachbarschaft rufen sich die Menschen auf Italienisch quer über die Strasse hinweg zu und an der Strassenecke debattieren die Albaner. Als Immigrantin fühle ich mich hier gut aufgehoben. Mit schönen Eindrücken und manchmal überraschend anderen Erlebnissen ist Basel grosszügig. Das Treiben im Rhein, das Grillen an der Uferpromenade, die zahlreichen Zwischennutzungsprojekte auf hohem Niveau, der Anachronismus des Frauenbads, die reichhaltige kulturelle Szene, genährt durch die Hochschule für Gestaltung und Kunst sowie die Schule für Gestaltung und gestützt von einem diskussionswürdigen

Stiftungswesen, das alles macht für mich Basel aus. Auch der FCB könnte ein Pluspunkt sein. Leider hat mich Fussball nie fasziniert, doch ‹Basel im Härze›, da stimme ich zu.

Bereits vor einiger Zeit habe ich die öffentliche Toilette am Bahnhof SBB erneut aufgesucht. Mehr aus Neugierde denn aus Notwendigkeit. Sie war tatsächlich sehr sauber, jedoch schien mir die Ausstattung der Sanitäranlage weitaus weniger glamourös, als sie sich in meiner Erinnerung manifestiert hatte. Vielleicht bin ich mittlerweile verwöhnt vom hohen Schweizer Standard.

Häuschens am ersten Tag des Gurten-Festivals in meiner Wahrnehmung ins Unendliche potenziert hätte. Der verklärte Blick wird auch deutlich, wenn ich berichtige, dass sich der aktuelle Preis für die Toilettenbenutzung auf lediglich zwei Franken beläuft. Ich kann den Besuch der öffentlichen

Faszination der Grenzlage, hier der Weg über die Dreiländerbrücke von Huningue nach Weil

Wahrscheinlicher ist, dass sich als Teenager, nach einem Monat Interrail und zahlreichen in Zugkorridoren, auf sommerdürren Campingplätzen und an sämtlichen Stränden Südwesteuropas verbrachten Nächten, selbst die zweifelhafte Sauberkeit eines WC-Toilette am Bahnhof SBB bei Bedarf dennoch guten Gewissens jedem empfehlen, besonders aber Touristen. An diesem Ort konzentrieren sich zwei zentrale Eindrücke der Schweiz: Gewissenhaftigkeit und Alltagsluxus.

Wirtschaft und Region

Wirtschaft und Region

83 — Franz Schmider

EINE NEUE STUFE DES EINKAUFSTOURISMUS

Für Kunden aus der Schweiz ist mit zunehmender Frankenstärke das ohnehin vorhandene Preisgefälle noch einmal grösser geworden, Einkaufen in Deutschland erlebt einen Boom. Während sich die Händler freuen, sind Einwohner von Lörrach und Weil am Rhein zunehmend genervt von dem Ansturm.

88 — Kristin Kranenberg

EINE REGION BIS VOR DIE TORE VON PARIS

Eine von Paris beschlossene Gebietsreform, welche die Region Elsass von der Landkarte streicht, erregt nach wie vor die Gemüter.

91 — Florian Blumer

ARBEITSINTEGRATION

In Basel setzen sich viele Akteure für die Arbeitsintegration von Menschen mit Leistungsbeeinträchtigung ein; eine Organisation bietet gar ein schweizweit einzigartiges Mentoring-Programm an. Es gilt viele Hürden zu meistern – die Fälle von Marc Reisacher und Monika Beutler zeigen aber, dass es geht.

95 — Béatrice Koch

EIN KLARES BASLER NEIN ZUR ERBSCHAFTSSTEUER

Die Einführung einer nationalen Erbschaftssteuer wurde vom Schweizer Stimmvolk im Juni 2015 wuchtig verworfen. Auch die Baslerinnen und Basler sprachen sich dagegen aus, wenn auch mit dem schweizweit höchsten Ja-Stimmen-Anteil.

98 — Kristin Kranenberg

KAMPF UM DIE FACHKRÄFTE

Das grosse Hoffen auf eine wirtschaftsfreundliche Umsetzung der Einwanderungsinitiative: zu Besuch bei Personalspezialisten im Basler Life-Sciences- und Finanzsektor

Franz Schmider

EINE NEUE STUFE DES EINKAUFS-TOURISMUS

Für Kunden aus der Schweiz ist mit zunehmender Frankenstärke das ohnehin vorhandene Preisgefälle noch einmal grösser geworden, Einkaufen in Deutschland erlebt einen Boom. Während sich die Händler freuen, sind Einwohner von Lörrach und Weil am Rhein zunehmend genervt von dem Ansturm.

Wirtschaft und Region

In den Diskussionen vor der Abstimmung über die Masseneinwanderungsinitiative im Februar 2013 habe ich den Begriff ‹Dichtestress› kennengelernt. Er war mir bis dahin nicht geläufig, aber er erschien mir auf Anhieb anschaulich. Das Wort beschreibt zugleich ein objektives Phänomen und eine subjektive Wahrnehmung in einem einzigen Begriff. In ihm stecken ebenso eine messbare Grösse wie das individuelle Empfinden von Stress, für das jeder eigene Grenzen hat. Mit dem Begriff versuchten Schweizerinnen und Schweizer deutlich zu machen, woran ihr Unbehagen bestand in Bezug auf die Zuwanderung in ihr Land. Es ist eine ganz ähnliche Befindlichkeit, wie man sie in zunehmendem Masse auf der deutschen Seite der Agglomeration beobachten kann, als Beschreibung für ihr Verhältnis zu den Nachbarn aus der Schweiz. Sie zeigt sich in einer wachsenden Gereiztheit.
Da sagt eine Freundin, die in Basel arbeitet, sie meide samstags die Innenstadt, es sei einfach zu voll. Da fährt ein Freund zum Einkaufen mit dem Auto in den Nachbarort. Da verabredet man sich lieber in einem Café an der Peripherie, weil es im Zentrum unmöglich ist, verlässlich einen Platz zu finden. Alles kein echtes Problem, aber eine gestörte Befindlichkeit. Es gab Zeiten, da mieden Basler an einem ‹Schwobedaag› ihre Innenstadt.
Die Frage der objektiven Dichte lässt sich messen. Lörrach und Weil am Rhein bringen es bei der sogenannten Kaufkraftbindung auf Werte von 166 beziehungsweise 167 Prozent. Eine Kaufkraftbindung von hundert Prozent bedeutet, dass alle Einwohner einer Stadt ihr Geld, das sie für den Konsum zur Verfügung haben, auch in ihrer Stadt ausgeben. Lörrach und Weil am Rhein halten nicht nur die Kaufkraft der eigenen Bürger, sie holen darüber hinaus noch einmal zwei Drittel dieser Summe von auswärts herein. Das sind für Deutschland Spitzenwerte, deutlich darüber (bei mehr

Wirtschaft und Region

Beinahe ein Opfer ihres Erfolgs: die verlängerte Tramlinie 8

Neben den sichtbaren Warenströmen zeigt auch der
Online-Handel markante Zuwachsraten

Wirtschaft und Region

als zweihundert Prozent) liegt zum Beispiel Trier. Dorthin gehen die Luxemburger bevorzugt zum Einkaufen. Man kann die Zahl als Erfolgsmeldung verbuchen: Der Handel blüht, die Steuereinnahmen fliessen, es entstehen Arbeitsplätze, die Attraktivität des Angebots nimmt zu. Doch das Faktum hat wie eine Medizin auch eine Nebenwirkung: Beide Städte haben sehr viele Einkaufs-Einpendler, der Handel im Umland blutet aus, in den Städten wird es eng. Konstanz war im Dezember 2014 gezwungen, die Stadt wegen Überfüllung zu sperren.

Entsprechend gross ist das Interesse von Investoren, sich in der Grenzecke niederzulassen. In Weil am Rhein gibt es nicht nur das Rheincenter mit 18 000 Quadratmetern Verkaufsfläche direkt an der Grenze, es gibt in wenigen Jahren ein zweites Zentrum am Rande der Kernstadt, neben der neuen Endhaltestelle der verlängerten Tramlinie 8. Ein drittes soll nun gebaut werden mit noch einmal 16 500 Quadratmetern. Dabei wollten die Weiler Bürger dieses Kaufhaus zunächst gar nicht. Im Jahr 2011 haben sie noch Nein gesagt in einem Bürgerentscheid. Nun kommt also eine abgespeckte Variante. In Sichtweite steht jenseits der Grenze das ‹Stücki› und kämpft um Beachtung. Auch in Lörrach sollte am Rande des Bahnhofsplatzes ein neues Einkaufszentrum entstehen, gebaut von einem Stuttgarter Investor, der in Stuttgart das ‹Milaneo› errichtet hat, einen der grössten Einkaufstempel in Deutschland. Wegen ungelöster Grundstücksfragen fällt es nun deutlich kleiner aus. In allen Fällen zielt das Investment der von aussen kommenden Bauherren auf Kunden aus der Schweiz. Die Investoren glauben offenbar, dass der Boom noch eine gewisse Zeit anhält.

Aus der anderen Warte betrachtet heisst das: Dem Schweizer Einzelhandel gehen laut einer Erhebung der Universität St. Gallen neun Milliarden Franken verloren. Ein erheblicher Teil davon fliesst nach Deutschland, das im Gegensatz zu Italien, Frankreich und Österreich auch keine Bagatellgrenze kennt. Auch wer nur für 25 Euro einkauft, erhält die Mehrwertsteuer erstattet. Filialisten vor allem im Textilbereich reissen sich um die Flächen an den erstklassigen Lagen, Familienbetriebe werden verdrängt, die Stadt verändert ihr Gesicht. Das tut sie beständig, aber das Tempo hat angezogen.

Wie gut die Geschäfte mit Schweizer Kunden laufen, lässt sich an einer Kenngrösse ablesen: der Zahl der Ausfuhrbescheinigungen. Die steigt seit Jahren, im Januar 2015 machte sie im Gefolge der Frankenaufwertung noch einmal einen Sprung. Allein im zweiten Quartal des Jahres 2015 waren es an den Grenzübergängen in Weil, Lörrach, Grenzach-Wyhlen und Rheinfelden 1,58 Millionen Ausfuhren, dreimal so viele wie im Jahr 2007. Mit den inzwischen berühmt gewordenen grünen Formularen können Schweizer Käufer die Mehrwertsteuer zurückerhalten. Ein Privileg, das vielen deutschen Kunden sauer im Magen liegt, zahlen sie doch den vollen Preis. Weil die Zollbeamten den Massenandrang nicht mehr bewältigen und es keine Kontrollen mehr gibt, blüht der Steuerbetrug mit falschen Ausfuhrbescheinigungen.

Zu den objektiven Faktoren gehört auch dies: Dank der guten Wirtschaftslage in der Schweiz in den vergangenen Jahren herrscht im Landkreis Lörrach nahezu Vollbeschäftigung. Im Juli 2015 wies Lörrach nicht nur im gesamtdeutschen Vergleich eine der niedrigsten Arbeitslosenquoten auf, sie lag auch unter der von Basel. Jeder fünfte Lörracher Arbeitnehmer geht seiner Beschäftigung jenseits der Grenze nach. Diese gute Beschäftigungslage, verbunden mit den hohen Löhnen, die in der Schweiz bezahlt werden, hat dazu geführt, dass die Einwohnerzahlen von Weil am Rhein und Lörrach, aber auch kleinerer Gemeinden wie Binzen in den vergangenen Jahren stetig gewachsen sind. Allein in Lörrach haben die Immobilienpreise innerhalb von drei Jahren um dreissig Prozent angezogen. Zugleich sind in der Kreisstadt mehr als dreitausend Wohnungssuchende registriert, so viele wie noch nie. In Stadtnähe zu wohnen wird zum Luxus, es findet eine Verdrängung statt. Es gibt Verlierer.

Natürlich sind nicht alle diese Entwicklungen wirklich dramatisch. Es ist kein echtes Problem, wenn man sich nicht mehr verlässlich verabreden kann. Und man kann auch an einem anderen Tag einkaufen, es muss ja nicht der Samstag sein. Nein, ein Problem ist das alles nicht. Das liegt tiefer: Die Entwicklung entfremdet von der eigenen Stadt, nimmt einem ein Stück Heimat. Zur Entfremdung kommt eine Art subtiler Kränkung. Die Beziehung zwischen Zentrum und Peripherie ist in allen Ballungsräumen geprägt von einer schwierigen Melange aus latenter Arroganz hier und Minderwertigkeitsgefühlen dort. Im europäischen Massstab zählt das Museum von Ernst Beyeler zur vielfältigen Basler Museumslandschaft, nur Eingeweihte sprechen von Riehen. Aber für Basler liegt Riehen immerhin noch im Inland. Ein Freund aus Basel hat unlängst die Bemerkung fallenlassen, er kenne das Markgräflerland nicht und von Lörrach nur die Fussgängerzone. Dass die Aussage verletzend sein könnte, kam ihm nicht in den Sinn.

Der Basler Soziologe Ueli Mäder machte gegenüber der Wochenzeitung ‹Der Sonntag› eine Art unterschwelliges «imperiales Bewusstsein» bei seinen Landsleuten aus. Es resultiert aus dem Wissen um den eigenen hohen ökonomischen Standard. Wer sich mehr leisten kann, kann sich auch mehr leisten. «Wir fühlen uns auch nach dem Portemonnaie», erklärte Mäder. «Deutschland ist einfach ein Scheissland.» Der Satz stammt von einem Schweizer, dem eine Verkäuferin auf einen 100-Euro-Schein nicht rausgeben konnte. So führen sich jene deutschen Touristen am Ballermann auf, für die man sich als Deutscher schämt.

Vor allem aber ist die eigene Stadt nie allein der Ort zum Arbeiten oder Einkaufen. Doch genau darauf wird sie in zunehmendem Masse reduziert: von denen, die sie verkaufen, und denen, die über sie herfallen. Deshalb hat man als Lörracher immer häufiger das Gefühl des Gastgebers, zu dessen Geburtstagsparty die Leute nur gekommen sind, weil das Buffet so reichhaltig ist. Man wird zum lästigen Statisten, zum Bestandteil einer Kulisse. Man wird letztlich eines Teils seiner Identität beraubt. All die kleinen und grossen Liebenswürdigkeiten, das, was einen an seine Heimat bindet, die Freundschaften auch über die Grenze – all das kommt irgendwie unter die Räder.

Kristin Kranenberg

EINE REGION BIS VOR DIE TORE VON PARIS

Eine von Paris beschlossene Gebietsreform, welche die Region Elsass von der Landkarte streicht, erregt nach wie vor die Gemüter.

Die Region Elsass ist passé. Ab 2016 hat Frankreich nur noch 13 statt bisher 22 Regionen, und das Elsass bildet mit dem angrenzenden Lothringen und mit Champagne-Ardenne eine ‹grande région›. Diese neue Gebietskörperschaft zählt rund 5,55 Millionen Einwohner und ist flächenmässig grösser als die Schweiz. Zugrunde liegt der Neustrukturierung eine Gebietsreform, der die französische Nationalversammlung Ende 2014 auf Antrag der Regierung zustimmte und die für mehr Effizienz in der notorisch komplexen Verwaltung Frankreichs sorgen soll. Die Regionen wurden in den Achtzigerjahren als auf Selbstverwaltung ausgerichtete Gebietskörperschaften ins Leben gerufen. Wie die Departemente und die Gemeinden verfügen sie über gewählte Exekutivorgane. Parallel dazu existiert eine zweite Verwaltungsstruktur mit Präfekturen und Arrondissements, die direkt der mächtigen Zentralregierung in Paris unterstellt sind.

Laut Kritikern setzt die Gebietsreform eher eine teure Verschiebung der Bürokratie in Gang, als dass Kosten gespart würden. Die Zusammenlegung von Regionen hat aber auch emotionale Proteste ausgelöst, allen voran im Elsass. Dem Grenzgebiet drohe in der neuen Konstellation ein Identitätsverlust, hiess es an Kundgebungen und in Kampfschriften. Einmal mehr hallte die Geschichte nach. Die Wechsel zwischen französischer und deutscher Herrschaft, die das Elsass im Laufe der Jahrhunderte über sich ergehen lassen musste, haben als Alleinstellungsmerkmal ein sprachliches Erbe hinterlassen, auch wenn immer weniger Deutsch und Dialekt gesprochen wird. Wie sollten in einer Region ‹bis vor die Tore von Paris› die Elsässer Interessen zu wahren sein, so fragte man sich bange, denn westlich von Champagne-Ardenne fängt die Pariser Region Île-de-France an. Dass die neue Region den vorläufigen Projektnamen ACAL – für ‹Alsace, Champagne-Ardenne,

Lorraine› – aufgeklebt bekam, trug auch nicht gerade zur Akzeptanz bei.

«Die Fusion kommt von oben», betont Jean-Christophe Meyer, Journalist bei der Lokalzeitung ‹L'Alsace› und Dialektpoet. In der Schweiz sei so etwas undenkbar, fügt er hinzu und verweist auf die vom Stimmvolk abgelehnte Fusion zwischen den beiden Basel. Im zentralistischen Frankreich würden Entscheidungen anders gefällt und Gebiete rücksichtslos zusammengelegt. Für solche willkürlich anmutenden Verordnungen habe das Französische sogar einen passenden Ausdruck: ‹le fait du prince›. Gegen die Gebietsreform laufen zwar noch Einsprüche, wie Meyer bemerkt. Die Kläger berufen sich insbesondere auf ein in der Europäischen Charta der kommunalen Selbstverwaltung festgelegtes Mitspracherecht der Bevölkerung. Doch es werden ihnen kaum Chancen eingeräumt. Welcher Richter würde es wagen, die Reform zu stoppen? fragt sich etwa die Zeitung ‹L'Alsace›.

Für Meyer ist klar: Man hätte bei der Gebietsreform auf die historisch-kulturellen Verhältnisse achten sollen. «Die Fusion hat auch eine symbolische Bedeutung.» Allein mit dem Lothringer Département Moselle wäre ein Schulterschluss noch verkraftbar gewesen, gebe es hier doch historische Gemeinsamkeiten. Wie die zwei Elsässer Départements Haut-Rhin und Bas-Rhin war auch das Département Moselle zwischen 1871 und 1918 Teil des Deutschen Reichs. Bis heute gelten in den drei Departementen in bestimmten Bereichen, wie dem Arbeits-, Jagd- oder Vereinsrecht, noch Gesetze deutscher Herkunft. Fusionskritiker sehen dieses ‹droit local› gefährdet. Schmunzelnd weist Meyer darauf hin, dass der Karfreitag und der 26. Dezember anders als im übrigen Frankreich unter dem ‹droit local› offizielle freie Tage sind. «Wenn die gestrichen werden, gibt es eine Revolution.»

Insbesondere sorgt sich der Dichter-Journalist um die Zukunft des zweisprachigen Unterrichts. Der Elsässer Regionalrat verschrieb sich 2014 dem Ziel, den jahrelangen Niedergang der Dialekte zu stoppen und zugleich die deutsche Sprache zu fördern. Bis zum Jahr 2030 sollten wesentlich mehr Schüler mehrsprachig unterrichtet werden. Hinter dieser Förderungsidee stecken handfeste wirtschaftliche Überlegungen, denn mit Arbeitslosenquoten von neun bis zehn Prozent hat sich das Elsass längst dem Rest Frankreichs angenähert. Die Jugend soll wieder Deutsch lernen, damit sie bessere Chancen auf dem deutschen

Als Landschaftsname weiterhin in Gebrauch, als politische Region passé

und Schweizer Arbeitsmarkt hat. Doch es fehlen oftmals die geeigneten Lehrkräfte. Meyer befürchtet, dass der Prozess weiter ins Stocken gerät. «Den Menschen in Champagne-Ardenne sind unsere Dialekte kein Anliegen.»

Neidisch schauen die Elsässer auf die Bretagne und die Insel Korsika, die ohne Fusionspartner aus der Gebietsreform hervorgehen. Da stellt sich die Frage: Was haben wir falsch gemacht? «Elsässer haben Mühe, die

Konfrontation anzugehen, sie suchen lieber den Kompromiss», sagt Jean-Georges Trouillet. Der Bauingenieur aus der Nähe von Colmar, der in Basel arbeitet, ist stellvertretender Vorsitzender und Sprecher von ‹Unser Land›, einer 2009 gegründeten politischen Partei, die für das Elsass Autonomie anstrebt. Dass Tausende gegen die ‹grande région› demonstriert hätten, sei für Elsässer Verhältnisse schon bemerkenswert, so Trouillet. «Wenn bei der SNCF gestreikt wird, fahren bei uns immer noch die meisten Züge.» Der Frust über die Fusion sitze aber tief. Zwar hätten sich einzelne führende Elsässer Politiker mittlerweile in die neue Konstellation gefügt. Unter altgedienten Gemeindepolitikern und vor allem unter der Bevölkerung herrsche aber nach wie vor Konsternation.

Manche Beobachter betrachten die Fusion auch als einen Angriff der sozialdemokratischen Regierung in Paris auf das traditionell bürgerliche Elsass. Wo sich Unmut breitmacht, dürfte vor allem eine Partei profitieren: der rechtspopulistische Front National, der im Elsass bereits seit Jahren hohe Wähleranteile vorweisen kann. Die Regionalratswahlen finden im Dezember 2015 statt – zu spät für diesen Beitrag. Danach wird der neue Regionalrat über seinen Sitz entscheiden. Statt sich auf Megaregionen einzulassen, hätte man bestehende Regionen und Departemente zusammenfügen sollen, meinen Kritiker. Damit wäre wenigstens eine Verwaltungsstufe gestrichen. Beinahe wäre es im Elsass so weit gekommen, denn die Bevölkerung durfte hier 2013 über eine Fusion zwischen den beiden Departementen und der Region abstimmen. Doch die innovative Idee erhielt nicht die erforderliche Mehrheit. Lokale Beobachter werfen Paris denn auch vor, zu hohe Hürden aufgebaut zu haben. Im Nachhinein erscheint das Scheitern umso bitterer. Wer weiss, vielleicht wäre dem Elsass in dieser Form eine Fusion erspart geblieben?

Doch aktuell sind das nur Hypothesen. Ausserdem sind nicht alle der Meinung, das Elsass stünde allein besser da, schon gar nicht, wenn sich nun die Regionen Frankreichs im grossen Stil vereinen. «Entweder haben wir zusammen mehr Macht oder wir bleiben am Rand, klein und ohne Einfluss», sagt Cédric Duchêne-Lacroix, Soziologiedozent an der Universität Basel, der als französisch-deutscher Doppelbürger im Elsass lebt. Von Lothringens langjährigen Kontakten zu den Nachbarländern Belgien, Luxemburg und Deutschland könne das Elsass nur profitieren, so Duchêne-Lacroix. Ausserdem würden die grossen Regionen direkte Zuschüsse der EU erhalten.

Duchêne-Lacroix ortet den Grund für die heftig geführte Debatte an anderer Stelle: «Das Elsass hat kein Identitäts-, sondern ein Anerkennungsproblem. Man fühlt sich vernachlässigt, nicht gehört.» Umso heftiger seien die Reaktionen auf die Gebietsreform ausgefallen. Da wäre ein Blick über die Grenze auf die jüngere deutsche Geschichte nützlich, so der Soziologe, der auch an der Albert-Ludwigs-Universität Freiburg doziert. Als im Nachkriegsdeutschland die Bildung des Bundeslands Baden-Württemberg zur Debatte stand, rief dies in Südbaden heftige Proteste hervor. Von Heimattreue war die Rede und von drohender schwäbischer Dominanz – Stuttgart hatte sich für die Fusion starkgemacht. Heute sei man in Freiburg sehr glücklich mit dem Bundesland. Ob es den Elsässern und Elsässerinnen dereinst in ihrer ‹grande région› ähnlich ergehen wird? Ausschliessen sollte man es nicht.

Florian Blumer

ARBEITS- INTEGRATION

In Basel setzen sich viele Akteure für die Arbeitsintegration von Menschen mit Leistungsbeeinträchtigung ein; eine Organisation bietet gar ein schweizweit einzigartiges Mentoring-Programm an. Es gilt viele Hürden zu meistern – die Fälle von Marc Reisacher und Monika Beutler zeigen aber, dass es geht.

Wirtschaft und Region

Das Handybild zeigt den Moment, der alles veränderte: Ein weisser Minivan liegt nach vorne gekippt auf der Motorhaube eines schwarzen Personenwagens, daneben weitere Autos, die quer auf der Autobahn stehen ... ein Auffahrunfall mit Massenkollision im Stau. Im weissen Minivan sass Marc Reisacher*, 47, Elektromonteur aus Hagenthal im Elsass. Seit jenem Tag vor zwei Jahren und drei Monaten ist bei ihm nichts mehr, wie es war. Vor allem die linke Schulter ist schwer lädiert, mehrere Sehnen und Muskeln waren gerissen, und er leidet unter Rücken-, Nacken- und Kopfschmerzen. Die Arbeit war immer ein zentraler Bestandteil seines Lebens, doch im Moment ist unklar, inwieweit er überhaupt noch wird arbeiten können.

In den letzten Jahren wurde auch auf politischer Ebene erkannt, dass die Arbeit für die Integration von Menschen mit körperlichen und psychischen Beeinträchtigungen zentral ist. Im Jahr 2014 trat die Schweiz der Behindertenrechtskonvention der UNO (UNO-BRK) bei, die auch Menschen mit Behinderungen ein Recht auf Arbeit zuspricht. Und seit der 5. und 6. IV-Revision in den Jahren 2008 und 2012 liegt der Fokus bei der Invalidenversicherung auf der Arbeitsintegration. Nicht nur aus reiner Menschenliebe: Erklärtes Ziel ist eine Senkung der Kosten. Rolf Schürmann, Leiter der IV-Stelle Basel, sagt, er sei sehr froh um die Instrumente, die ihnen die IV-Revisionen an die Hand gegeben haben. Rund zweitausend Personen befinden sich heute im Eingliederungsprogramm. Als wichtigstes Instrument nennt er die Frühintervention – denn je länger jemand weg vom Arbeitsmarkt ist, desto schwieriger wird es für ihn oder sie, eine Stelle zu finden.

Die Motivation der Betroffenen ist zwar Grundvoraussetzung, aber noch lange keine Garantie für einen erfolgreichen Eingliederungsprozess. «Der Arbeitsmarkt ist hart», betont Schürmann. «Die Unternehmen müssen Mehrwert erzielen und haben deshalb nur beschränkte Möglichkeiten, Menschen mit eingeschränkter Leistungsfähigkeit zu integrieren.» Überdies ist der Arbeitsmarkt in den letzten zehn, fünfzehn Jahren noch härter geworden: Einfache, repetitive Tätigkeiten wurden in grossem Stil wegrationalisiert. Cristoforo Graziano arbeitet seit 25 Jahren in der Arbeitsintegration, heute ist er Geschäftsführer von Worktrain, einem Stellenvermittlungsbüro für Menschen mit Leistungsbeeinträchtigungen. Er sagt: «Früher wurde der Hofwischer in einer Firma noch mitgetragen, heute steht im Hof kein Besen mehr, weil der Reinigungsauftrag outgesourct wurde. Manche stellen zwar wieder einen Besen hin, aber dann ist es ein Beschäftigungsprogramm.» Das Problem dabei benennt ein Vertreter der Branche, der nicht genannt werden will. Intern heisse es: einmal betreut, immer betreut. Nach einer Stelle im sogenannten zweiten Arbeitsmarkt ist es demzufolge fast aussichtslos, wieder eine Anstellung im ‹ersten Arbeitsmarkt› zu finden. Im Gegensatz zum Beispiel zu skandinavischen Ländern kennt das Schweizer Gesetz bislang keinerlei Verpflichtungen für Arbeitgeber. Aufseiten der Unternehmen hängt alles von freiwilligem Engagement ab.

Marc Reisacher hatte nach seinem Autounfall Glück im Unglück: Er bekam bei der Elektrofirma Baumann und Schaufelberger (BSK), bei der er schon vorher temporär gearbeitet hatte, eine Chance. Zusammen mit einem langjährigen Mitarbeiter der Firma, selber Teil-IV-Bezüger aufgrund eines Rückenschadens, arbeitet er nun probehalber auf einer Baustelle. Nach zwei Monaten wird zusammen mit der Geschäftsleitung und der IV Bilanz gezogen, zu wie viel Prozent Reisacher noch wird arbeiten können. Dass sie dafür sorgen, dass Arbeiter wie Marc Reisacher weiter beschäftigt werden können, gehöre zur Geschäftsphilosophie, die schon der alte Patron eingeführt habe, sagt Urs Fitz, Geschäftsführer von BSK Basel: «Wir funktionieren wie eine Familie. Und da schaut man halt zueinander.» Rund fünf Prozent ihrer 140 Angestellten hätten eine Beeinträchtigung, die Mehrzahl körperlich, wenige auch psychisch.

Laut Stellenvermittler Graziano ist BSK kein Einzelfall. Er arbeite mit vielen Firmen sehr gut zusammen, deren Engagement dringe aber nicht an die Öffentlichkeit. Die BSK hat eine andere Strategie gewählt und für ihr Engagement den Basler Sozialpreis 2015 erhalten. Sie war auch der erste Träger des Labels ‹iPunkt›, einer Auszeichnung für Unternehmen, die sich in der Arbeitsintegration engagieren. Fitz betont, es gehe BSK nicht um die PR – sie wollten damit vielmehr andere Firmen motivieren, es ihnen gleichzutun. Dabei sind die Unterschiede, wie die Firmen mit dem Thema umgehen, beträchtlich, und dies gilt für KMU ebenso wie für grössere Unternehmen. Diese Erfahrung machen sowohl Cristoforo Graziano als auch Rolf Schürmann. Letzterem als IV-Stellenleiter ist es wichtig hervorzuheben, dass der grösste Basler Arbeitgeber in diesem Bereich vorbildlich ist: die Stadt selber. Allgemein macht er jedoch bei den Firmen in Sachen Arbeitsintegration noch «Luft nach oben» aus.

Urs Fitz sieht in der Praxis auch, dass die Integration nicht immer gelingt. Er beschreibt den Fall eines Mannes mit Asperger-Syndrom in ihrer Firma: «Es ist natürlich schwierig, wenn er am Nachmittag nach Hause geht, wenn andere bei 38 Grad weiterarbeiten. Irgendwann ist er einfach nicht mehr erschienen – nun ist er wieder bei der IV.» Überhaupt seien sie ein gewinnorientiertes Unternehmen und würden nur Menschen unterstützen, die motiviert sind. Dies sei aber in aller Regel der Fall. Allgemein liegen die Hürden für psychisch Beeinträchtigte deutlich höher als für Menschen mit körperlichen Leistungsein-

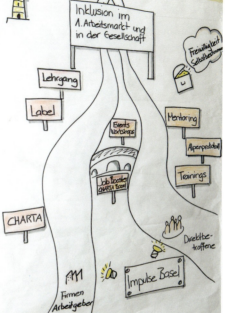

Schweizweit einmalig: das Mentoring-Programm von Impulse Basel

Wirtschaft und Region

schränkungen. Oft ist nicht abzuschätzen, wie sich die Erkrankung entwickeln wird, und sie kann häufige und unregelmässige Absenzen mit sich bringen.

Monika Beutler* hat es dennoch geschafft. Sie leidet unter einer bipolaren Störung, nach einem totalen Zusammenbruch verlor sie ihre Stelle als Direktorin einer Non-Profit-Organisation. Trotzdem fand sie nach einer Weile wieder eine gute Stelle, wenngleich vorerst befristet – dank wiederentdecktem Selbstvertrauen in einem Coaching. Von ihrem IV-Berater war Beutler auf das Mentoring-Programm von Impulse Basel aufmerksam gemacht worden. Diese private Organisation finanziert sich über Spenden und ist aus einer Kampagne von Radio X entstanden, sie vergibt auch das Label ‹iPunkt›. Das Mentoring-Programm von Impulse Basel ist eine schweizweit einmalige Sache und eine Erfolgsgeschichte zudem: Im August 2015 feierte es gleichzeitig dreijähriges Bestehen und die Resultate einer Evaluation der Zürcher Hochschule für Angewandte Wissenschaften (ZHAW), die ihm Bestnoten verlieh und seinen Beratungen eine hohe Erfolgsquote bescheinigte. Beutler – eine von 55 Personen, die 2015 davon profitieren konnten – sagt, mithilfe des Coachings habe sie erst daran glauben können, «dass es auch für mich wieder einen Platz in der Wirtschaft geben kann».

Es klingt simpel, ist aber entscheidend: Wer nicht daran glaubt, wird kaum eine Stelle finden. Doch Schürmann betont wiederholt, dass der Umkehrschluss ‹Wer wirklich will, der findet auch eine Arbeit› nicht gilt. Dafür sind die Möglichkeiten auf dem Arbeitsmarkt immer noch zu eingeschränkt. Graziano bestätigt den enorm hohen Aufwand für eine erfolgreiche Vermittlung: «Es ist die Suche nach der Nadel im Heuhaufen.»

Grosse und kleine Firmen wie die ‹iPunkt›-Träger BSK, Sutter Begg, Settelen oder das Restaurant zum Tell sowie viele andere, die damit nicht in der Öffentlichkeit in Erscheinung treten, zeigen aber, dass es geht. Die Unterstützungsbeiträge der IV könnten zwar durchaus auch lukrativ sein für Arbeitgeber, die finanziellen Risiken wirkten aber für viele abschreckend, resümiert Cristoforo Graziano. Urs Fitz, dessen Firma gut im Geschäft ist, meint jedoch, dass diesbezüglich die Mitarbeitenden mit Leistungsbeeinträchtigung in ihrer Gesamtrechnung zu wenig ins Gewicht fielen – weder negativ noch positiv. Das wäre doch eigentlich eine ermutigende Erkenntnis in Sachen Arbeitsintegration von Menschen mit einer Leistungsbeeinträchtigung: Es muss nicht unbedingt schlecht fürs Geschäft sein, wenn es in einer Firma etwas menschlicher zu und her geht.

* Name geändert

Béatrice Koch

EIN KLARES BASLER NEIN ZUR ERBSCHAFTSSTEUER

Die Einführung einer nationalen Erbschaftssteuer wurde vom Schweizer Stimmvolk im Juni 2015 wuchtig verworfen. Auch die Baslerinnen und Basler sprachen sich dagegen aus, wenn auch mit dem schweizweit höchsten Ja-Stimmen-Anteil.

An diesem Ergebnis gab es nichts zu rütteln: Am 14. Juni 2015 sagten 71 Prozent der Schweizer Stimmbürgerinnen und Stimmbürger Nein zur Volksinitiative ‹Millionen-Erbschaften besteuern für unsere AHV› (Erbschaftssteuerreform). Die Initiative scheiterte auch am Ständemehr, kein einziger Kanton nahm die Reform an. In Basel-Stadt aber fand die von der politischen Linken und christlichen Kreisen lancierte Initiative schweizweit die meisten Befürworter. Der Anteil der Ja-Stimmen lag hier immerhin bei 41,3 Prozent. Überraschend ist das nicht, finden doch in Basel linke Themen generell mehr Sympathien als in anderen Kantonen. So stimmten beispielsweise im Jahr 2010 59 Prozent der Baslerinnen und Basler für die Steuergerechtigkeitsinitiative der SP, die von der Mehrheit der Schweizer Stimmberechtigten (58,5 Prozent Nein-Stimmen) verworfen wurde. Auch weitere Umverteilungsinitiativen wie die Pauschalbesteuerung (2014), die Lohngerechtigkeitsinitiative ‹1:12› (2013) oder die Einführung einer Kapitalgewinnsteuer (2001) fanden in Basel mehr Zustimmung als in den meisten anderen Kantonen; allerdings wurden sie auch im Stadtkanton allesamt abgelehnt.

Zwei Drittel der Einnahmen für die AHV

Die Volksinitiative vom Juni 2015 forderte die Einführung einer nationalen Erbschafts- und Schenkungssteuer. Nachlässe und Schenkungen über zwei Millionen Franken sollten mit zwanzig Prozent besteuert werden. Ausschlaggebend wäre dabei die Höhe des gesamten Nachlasses gewesen und nicht die Summe, die der einzelne Erbe erhalten hätte. Von der Steuer befreit gewesen wären weiterhin die Ehepartner, nicht aber die Kinder der Verstorbenen. Die Einnahmen aus dieser neuen Bundes-Erbschaftssteuer sollten zu zwei Dritteln in die AHV fliessen, zu einem Drittel an die Kantone.

Heute ist die Besteuerung von Erbschaften und Schenkungen Sache der Kantone und wird sehr unterschiedlich gehandhabt. Schwyz ist der einzige Kanton, der überhaupt keine Erbschaftssteuer kennt. In Appenzell Innerrhoden, Neuenburg und Waadt gilt die Erbschaftssteuer auch für direkte Nachkommen. Alle anderen Kantone haben in den vergangenen Jahren die Erbschaftssteuer für direkte Nachkommen abgeschafft. In Basel richten sich Steuertarif und Freibetrag nach der Höhe der finanziellen Zuwendung und dem Verwandtschaftslichten Bundesstatistik gar 57 Prozent der Vermögensmasse auf das reichste Prozent der Bevölkerung. Und weil jemand, der viel hat, auch viel weitergeben kann, werden die grossen Vermögen immer grösser. Dies widerspreche dem Prinzip der Leistungsgesellschaft, argumentierte Hans Kissling, ehemaliger Zürcher Chefstatistiker, Ökonom und ‹Vater› der Erbschaftssteuerreform. Die Kumulation von Vermögen führe zu einer gesellschaftlichen Ungleichheit, die letztlich die Demokratie gefährde und dem Prinzip der Leistungsgesellschaft widerspreche.

In Basel-Stadt fand die Erbschaftssteuerreform mit 41,3 Prozent Ja-Stimmen schweizweit die meisten Befürworter

grad. Nicht verwandte Begünstigte zahlen im Stadtkanton bis zu 49 Prozent.

Vermögen ungleich verteilt

Hinter der Initiative stand die Idee einer Umverteilung des Vermögens: Gemäss Steuerdaten des Bundes besitzt das reichste Prozent der Steuerzahler vierzig Prozent des gesamten Vermögens. In Basel-Stadt ist das Ungleichgewicht noch krasser, hier vereinigen sich gemäss einer 2014 veröffent-

Das Stichwort Chancengleichheit verwendete auch die Basler SP-Finanzdirektorin Eva Herzog, als sie sich in einem am 15. Mai 2015 im ‹Tages-Anzeiger› veröffentlichten Interview für die Erbschaftssteuerreform einsetzte und sich damit in Widerspruch zu ihren Amtskollegen stellte, die das Anliegen vehement ablehnten. Es gehe bei der Erbschaftssteuer um die Umverteilung, betonte Herzog: «Jene, die so viel besitzen, dass sie gar nicht alles ausgeben können, sollen etwas beitragen zum Wohl der Gesellschaft.» Wenn die Reichen über die Erbschaftssteuer die AHV mitfinanzierten, komme das schliesslich allen zugute. «Das ist der Vorteil der Initiative, das Geld verteilt sich über die ganze Schweiz.»

Herzog störte sich daran, dass im Zusammenhang mit der Erbschaftssteuer die Umverteilungsfrage gar nicht diskutiert wurde. Tatsächlich stand die Teilfinanzierung der AHV nicht im Fokus der Abstimmungsdebatte. Hochrechnungen sprachen im Vorfeld der Abstimmung von rund sechs Milliarden Franken, die der Bund pro Jahr einnehmen würde. Vier Milliarden davon wären in die AHV geflossen – das reiche gerade mal, um die nötige Reform der Altersvorsorge um ein paar Jahre hinauszuschieben, relativierten die Gegner der Bundessteuer den Effekt. Kritisiert wurde zudem, dass die Datenlage zu Steuereinnahmen aus Erbschaften lückenhaft sei und die finanziellen Konsequenzen der Steuerreform deshalb schwierig abzuschätzen seien.

Steuerhoheit bleibt bei den Kantonen

Trotz gegenteiliger Beteuerungen vonseiten der Initianten wurde häufig die Befürchtung geäussert, die KMU müssten unter der neuen Abgabe leiden. Viele störten sich auch daran, dass bei einer Annahme hohe Erbschaften rückwirkend besteuert werden könnten. Und schliesslich zeigte das Abstimmungsresultat auch, dass das Schweizer Stimmvolk die Steuerhoheit weiterhin den Kantonen überlassen möchte. Dies gilt wohl auch in einem Kanton wie Basel-Stadt, wo Nicht-Verwandte im heutigen Steuersystem tief in die Tasche greifen müssen.

Dass das Stichwort Umverteilung letztlich auch in Basel-Stadt wenig Gehör fand, obwohl die Vermögensschere hier weiter auseinanderklafft als andernorts, mag unter anderem daran liegen, dass die Reichen in Basel ihren Reichtum nicht zur Schau stellen, sondern als Mäzene und über Stiftungen häufig ohnehin schon Gutes tun. Wie auch immer: Eine nationale Erbschaftssteuer ist vom Tisch. Die Sanierung der AHV wird die Schweizer Bevölkerung hingegen weiter beschäftigen. Der Bundesrat diskutiert über eine Erhöhung des Rentenalters und der Mehrwertsteuer. Und mit der 2013 eingereichten Volksinitiative ‹AHVplus› des Schweizerischen Gewerkschaftsbundes kommt eine weitere linke Vorlage zur AHV auf das Stimmvolk zu.

Wirtschaft und Region

Neben der internationalen Rekrutierung von Spezialisten profitieren Pharma und
Life Sciences auch von den Hochschulen in der Region:
hier ein Blick in die Hochschule für Life Sciences der FHNW

Kristin Kranenberg

KAMPF UM DIE FACHKRÄFTE

Das grosse Hoffen auf eine wirtschaftsfreundliche Umsetzung der Einwanderungsinitiative: zu Besuch bei Personalspezialisten im Basler Life-Sciences- und Finanzsektor

Vor beinahe zwanzig Jahren lancierte die Beratungsgruppe McKinsey in den Vereinigten Staaten den Ausdruck ‹war for talent›, der bedeutete, dass Unternehmen nichts anderes als einen Krieg um die klügsten und tüchtigsten Manager führten. Der Kampf um Fachkräfte wurde zu einem geflügelten Wort, und im internationalen Jargon der Human-Resources-Abteilungen stehen diese ‹Talente› mittlerweile für Fachkräfte jeglicher Art, die man für das Unternehmen gewinnen möchte.

Wiebke Bräuer leitet die Abteilung ‹Talent Scouting and Employer Branding› beim Pharmakonzern Roche. Ein siebenköpfiges Team hält unter ihrer Ägide Ausschau nach Fachkräften, die an den Standorten Basel und Kaiseraugst gebraucht werden oder künftig gebraucht werden könnten. Denn Personalscouts suchen auch proaktiv. Sie durchstöbern die professionellen und sozialen Netzwerke wie LinkedIn oder Xing und pflegen auch sonst rege Kontakte im Ausbildungs- und Arbeitsmarktbereich. «Wir sind sehr viel am Telefon», sagt Bräuer.

Pluspunkt Flughafen

Von den weltweit 88 500 Angestellten bei Roche arbeiten rund 14 000 Personen in der Schweiz und davon wiederum insgesamt 10 800 am Basler Hauptsitz und im nahe gelegenen Kaiseraugst. Weil hier neben der Forschung auch produziert wird, ist das Jobspektrum entsprechend breit: vom biotechnologisch geschulten Ingenieur bis zum ‹Real World Data Scientist›, der die Rückmeldungen am Markt zugelassener Arzneimittel beurteilt. «In der reellen Welt gibt es viel mehr Daten als in der Forschung», erläutert Bräuer. Gefragt ist in diesem Job neben Erfahrung mit Datenanalysen auch ein naturwissenschaftlicher Hintergrund.

Bei der Suche nach Personen mit den gewünschten Doppelqualifikationen werden Bräuer und ihr Team zum Teil in der Region fündig. So bietet die Hochschule für Life Sciences der Fachhochschule Nordwestschweiz (FHNW) in Zusammenarbeit mit der Industrie Lehrgänge wie Biomedizinische Informatik oder Pharmatechnologie an. Doch international orientiert bleibt die Rekrutierung allemal: Nicht-Schweizer machen sechzig Prozent der Belegschaft von Roche in der Schweiz aus, am Hauptsitz sind um die neunzig Nationalitäten vertreten.

In puncto Work-Life-Balance könne Basel durchaus mit Pharma-Hotspots wie der Region Paris oder dem amerikanischen New Jersey mithalten, ist Bräuer – selbst Deutsche – überzeugt. Die Expats wissen etwa die zentrale Lage in Europa und nicht zuletzt die guten Flugverbindungen zu schätzen. «Der Flughafen ist ein sehr grosser Vorteil.» Ausserdem gehe vom Hauptsitz eines Unternehmens für viele Menschen eine Attraktivität aus, so die Personalexpertin. Hier werden wichtige Entscheidungen getroffen und es lassen sich nützliche Kontakte knüpfen.

Mehr als zehn Prozent Grenzgänger

Ob Mediziner, Biochemikerinnen und sonstige Spezialisten künftig im gleichen Ausmass nach Basel geholt werden können, ist allerdings fraglich. Denn mit der Umsetzung der Initiative ‹Gegen Masseneinwanderung› droht der Schweizer Wirtschaft bekanntlich die Wiedereinführung von Kontingenten für Staatsangehörige aus der EU sowie ein Inländervorrang am Arbeitsmarkt. Die Politik hat die Initiative bis Februar 2017 umzusetzen. Im Sommer 2015 sprach Severin Schwan, der österreichische Konzernchef von Roche, in der ‹Aargauer Zeitung› die Hoffnung aus, dass man «in gutschweizerischer Manier» schon eine Lösung finden werde. «Hauptsache ist, dass die Grenzen offenbleiben und wir die Talente aus der ganzen Welt, inklusive EU, in die Schweiz bringen», so Schwan.

Vielleicht bewirkt die Volksinitiative ‹Raus aus der Sackgasse› (Rasa), die im Oktober 2015 eingereicht wurde, eine Wende in der Sache. Rasa will eine neue Abstimmung über die Einwanderungsinitiative für den Fall, dass deren Umsetzung zu einer Auflösung der bilateralen Verträge mit der EU führen sollte. Doch viele fragen sich, ob eine Gegeninitiative die Lage nicht eher erschwert als erleichtert. Die Wirtschaft blickt auf jeden Fall sorgenvoll in die Zukunft: Im ‹Stimmungsbarometer 2015› des Arbeitgeberverbands Basel wird die Einwanderungsinitiative als drittgrösste «Herausforderung» genannt, hinter der Suche nach qualifiziertem Personal – und am meisten Sorgen bereitet den Unternehmen der Region nach wie vor der starke Franken.

Eine buchstabengetreue Umsetzung der Einwanderungsinitiative würde eine Region wie Basel zusätzlich treffen, wären doch die Grenzgänger in die Kontingentierung miteinzubeziehen. Im zweiten Quartal 2015 belief sich deren Anzahl in den Kantonen Basel-Stadt, Basel-Landschaft und Aargau auf insgesamt 69 553 Personen. Gemessen an der Gesamtzahl der Erwerbstätigen in der Nordwestschweiz ist das ein Anteil von mehr als zehn Prozent.

Umworbene Versicherungsmathematiker

«Für uns als Unternehmung im Dreiländereck wäre es einschneidend, wenn wir nicht mehr die Freiheit hätten, auch auf den deutschen und französischen Arbeitsmarkt zurückzugreifen», sagt Stephan Walliser, Leiter ‹Human Resources Schweiz› der Basler Versicherungen. An deren Hauptsitz sind die Grenzgänger in allen Abteilungen anzutreffen; sie machen rund neun Prozent der Belegschaft von knapp über dreitausend Mitarbeitenden aus.

In Kreisen der Wirtschaft besteht zudem die Befürchtung, dass sich nach einer Umsetzung der Initiative ein Streit zwischen einzelnen Firmen um die Zuteilung der Kontingente entwickeln könnte. Stephan Walliser hätte für dieses Szenario einen Vorschlag parat: «Man könnte die Zuteilung beispielsweise vom Sozialengagement der Unternehmen abhängig machen. Das wäre einer von diversen Lösungsansätzen.» Das gute Beispiel liefern die Basler Versicherungen gerade selbst, indem sie in Zusammenarbeit mit der Invalidenversicherung (IV) Wiedereingliederungsplätze anbieten, um Personen mit einer IV-Rente wieder fit für den Arbeitsmarkt zu machen.

Doch noch ist ungewiss, wie die Umsetzung der Initiative aussehen wird, zumal diese keine Zahlen oder Formeln für die Kontingente vorschreibt. Fest steht nur: Die Rekrutierung von Fachkräften ist für viele Firmen auch ohne Kontingentierung schwierig genug. In einer Umfrage des Personalvermittlers Manpower von 2015 gaben 41 Prozent der 750 befragten Firmen in der Schweiz an, mit «Talentknappheit» zu kämpfen. Mangel herrscht nicht allein in den dafür bekannten Bereichen wie Technik und Gesundheitswesen, sondern auch auf Führungsebene und in den akademischen Berufen. So sind in der Versicherungsbranche die Mathematiker besonders umworben – was wohl auch damit zusammenhängt, dass mathematische Talente relativ dünn gesät sind.

Wichtige Willkommenskultur

Stephan Walliser sieht in seinem Unternehmen zwei weitere Engpässe: Zum einen verlaufe die Rekrutierung von Informatikern oftmals harzig, weil man hier als Arbeitgeber mit IT-Beratungsunternehmen in Konkurrenz stehe. Bei der Suche nach erfahrenen Finanzfachleuten wiederum, zum Beispiel nach einem Asset Manager für den Anlagebereich, begebe man sich in das Revier der Banken. Diese hätten den nach der Finanzkrise entstandenen Imageschaden wieder überwunden, stellt Walliser fest.

«Die Finanzspezialisten sind oft stark auf Zürich fokussiert, es ist nicht einfach, sie nach Basel zu bringen.» Doch Walliser ist überzeugt: «Trotz Fachkräftemangel sind gestandene Manager und Fachspezialisten zu gewinnen, wenn interessante Aufgaben in Aussicht gestellt, Freiraum bei der Arbeit und vor allem Wertschätzung im persönlichen Umgang untereinander geboten werden.»

Die McKinseyaner formulierten es 1998 so: Die Hoffnungsträger bräuchten neben einer anständigen Belohnung unter anderem Ellbogenfreiheit («elbow room») im positiven Sinne und dazu eine gewisse Autonomie («head room»), um selbständig Entscheidungen treffen zu können. Heute verwenden die HR-Spezialisten in den internationalen Unternehmen ganze Checklisten. Wie steht es etwa um die Laufbahnbegleitung und das kollegiale Umfeld? Die Fachkräfte sollen sich willkommen fühlen – ob sie nun einen Schweizer oder einen ausländischen Pass haben.

Stadtentwicklung und Architektur

Stadtentwicklung und Architektur

105 — Christof Wamister

VERDICHTETES BAUEN IN DER STADT – WUNSCH UND WIRKLICHKEIT

Die Bevölkerungszahl wächst, Basel benötigt mehrere Hundert neue Wohnungen pro Jahr. Eine Verdichtung des bebauten Raumes ist möglich und erwünscht, doch im Einzelfall reagiert die Bevölkerung sensibel.

112 — Helen Weiss

RHEINUFERWEG BIS NACH FRANKREICH

Das nach einer mythologischen Wassernymphe benannte Projekt ‹Undine› zählt zu den neuen Prestigebauten in Basel. Edel, formschön und abwechslungsreich präsentiert sich die Uferpromende zwischen Dreirosenbrücke und französischer Grenze, die in diesem Frühjahr eröffnet werden soll.

115 — Elias Kopf

INNENSTADT MIT PLAN

Verkehr, Nutzung und Gestaltung sind im Entwicklungsrichtplan Innenstadt zusammengefasst. Er wurde von der Behörde nicht von oben dekretiert, sondern mit einem breit angelegten Mitwirkungsprozess vorgespurt.

119 — Helen Weiss

WEM GEHÖRT DIE STRASSE?

Staus, Lärm, zugeparkte Strassen – angesichts der wachsenden Mobilität ist der Autoverkehr in der Stadt bald nicht mehr tragbar. Obwohl Basel im nationalen Städtevergleich punkto Veloanteil an der Spitze steht, fehlt es an der nötigen Infrastruktur für den Velo-, Fuss- und öffentlichen Verkehr. Das soll sich bald ändern.

124 — Béatrice Koch

RIEHEN GESTALTET SEINE ZUKUNFT

Ein neues Dorfzentrum, ein neuer Zonenplan, ein neues Leitbild: Die Stadtgemeinde hat 2015 einige wegweisende Projekte in Angriff genommen oder umgesetzt.

Christof Wamister

VERDICHTETES BAUEN IN DER STADT – WUNSCH UND WIRKLICHKEIT

Die Bevölkerungszahl wächst, Basel benötigt mehrere Hundert neue Wohnungen pro Jahr. Eine Verdichtung des bebauten Raumes ist möglich und erwünscht, doch im Einzelfall reagiert die Bevölkerung sensibel.

Im Gundeldingerquartier ist in den letzten zwei Jahren im Geviert zwischen Sempacherstrasse, Gundeldingerstrasse, Solothurnerstasse und Winkelriedplatz auf Initiative einer privaten Stiftung eine neue Wohnsiedlung mit 34 Mietwohnungen entstanden. Sie besteht aus einem Neubau an der Sempacherstrasse und einem freistehenden Wohnblock auf dem Areal einer ehemaligen Nudelfabrik. Das Architekturbüro Miller & Maranta hat für den Block eine Typologie «mit vertikalen Einschnitten» gewählt, welche auf die Situation in einem geschlossenen Hof eingeht. Das Baubewilligungsverfahren erwies sich als anspruchsvoll, weil Parzellen zusammengelegt wurden; es gab auch Einsprachen. Das Projekt ist ein Paradebeispiel für städtische Verdichtung zur Schaffung von neuem Wohnraum. Bemerkenswert ist es ausserdem, weil das Gundeli bereits als stark verdichtetes Quartier gilt und im Richtplan zur Entdichtung empfohlen wird. Aber es gibt auch hier noch versteckte Reserven, die sich qualitätvoll bebauen lassen.

Der Kanton fördert solche Vorhaben und kann sich dafür auch auf Vorgaben des Bundes berufen. Denn mit der Revision des Raumplanungsgesetzes (RPG) von 2014 besteht der Auftrag, «die Siedlungsentwicklung nach innen zu lenken» und «kompakte Siedlungen» zu schaffen. Diese Vorgabe richtet sich zwar in erster Linie an die Landkantone mit ihren zur Zersiedelung neigenden Agglomerationen, bedeutet aber auch für das konzentriert bebaute Basel keinen Grund, sich zurückzulehnen. Denn es gibt weiter den eidgenössischen Gesetzesauftrag, «brachliegende oder ungenügend genutzte Flächen in Bauzonen» besser zu nutzen und damit die Siedlungsfläche zu verdichten. Die Verdichtung, schon lange ein raumplanerischer Begriff und ein politisches Schlagwort, erhält damit Gesetzeskraft. Die Abteilung Kantons- und Stadtentwicklung hat das Thema auf die Agenda gesetzt und im vergangenen Jahr versucht, mit einer kleinen Ausstellung unter dem Titel ‹Basel findet Stadt› den Bürgerinnen und Bürgern in den Quartieren die Angelegenheit schmackhafter zu machen.

Bevölkerungsszenarien

Seit 2006 steigen die Einwohnerzahlen wieder leicht, aber kontinuierlich an – eine Folge der Personenfreizügigkeit mit der EU und des attraktiven Wirtschaftsstandortes Basel mit seinem Pharma-Schwergewicht. Gemäss einem «hohen Bevölkerungsszenario» des Statistischen Amtes könnte Basel-Stadt im Jahr 2035 228 000 Einwohner (heute 196 000) zählen. Diese Zahl wurde zuletzt Mitte der Siebzigerjahre erreicht. Möglich ist ein solches Wachstum laut den Statistikern aber nur, wenn eine intensive Bautätigkeit herrscht, «bei gleichbleibendem Wohnflächenverbrauch pro Person und tiefem Wohnungsleerstand». Vorausgesetzt wird auch eine fortgesetzt positive wirtschaftliche Entwicklung, die weitere Arbeitskräfte anzieht, welche die Nachfrage nach Wohnungen aufrechterhalten. Falls die Entwicklung wie bis anhin fortschreitet, dürfte bis 2035 eher ein «mittleres Bevölkerungsszenario» mit einer Einwohnerzahl von 208 000 Personen Realität werden. Regula Küng, Leiterin der Fachstelle Wohnraumentwicklung, stellt sich eher auf die hohe Variante ein: «Bei einem Zuzug von 1500 Personen pro Jahr – wie in den vergangenen Jahren – brauchen wir in Basel fünfhundert bis siebenhundert neue Wohnungen.» Die Erfahrungen mit dem Wohnbauförderprogramm Logis Bâle zeigen, dass von 2001 bis 2010 1180 neue Wohnungen entstanden sind. Es wurde nämlich in diesem Zeitraum nicht nur neuer Wohnraum gebaut, sondern es verschwanden auch Wohnungen durch Zusammenlegungen, Umbauten und Abbrüche. Laut Amtsstatistik kamen 2010 bis 2014 pro Jahr knapp 340 neue Wohnungen auf den Markt. Der grosse Schub an neuen Wohnungen resultiert aus den Arealentwicklungen. Auf

In bereits gebauten Quartieren wie hier im Gundeli finden Verdichtungen nicht immer ungeteilte Zustimmung

dem Areal des ehemaligen Güterbahnhofs der Deutschen Bahn sind über neunhundert Wohnungen entstanden und damit ein ganzes, ‹Erlenmatt› getauftes Quartier, das sich während einiger Jahre aber noch als Baustelle präsentieren wird. Eben fertiggestellt sind die Wohnblöcke der ‹Westscholle›, welche direkt an die Nordtangente-Schlaufe der Autobahn angrenzen, vor deren Immissionen die Bewohner aber geschützt sind. Als Projekt der sozial orientierten Stiftung Habitat wird ein weiteres Subquartier mit einem allerdings stark reduzierten Einkaufszentrum auf der Ostseite der Erlenmatt gebaut werden. Handelt es sich bei der Erlenmatt überhaupt um einen klassischen Fall von Verdichtung? Zweifellos, meint Regula Küng: «Geht man davon aus, dass auf der Westscholle einmal gegen tausend Leute leben werden, wird dort eine Einwohnerdichte von rund zweihundert Einwohnern pro Hektare erreicht. Das entspricht etwa der Einwohnerdichte von Paris, der am dichtesten bebauten Stadt Europas.»

Was kann der Zonenplan?

Verdichtung ist auch ein Hauptthema des Abschlussratschlags der für 2016 geplanten Zonenplanrevision. Dabei stehen «kleinteilige Optimierungen» und eine Überprüfung der Zonen für die Nutzung im öffentlichen Interesse im Vordergrund. Was die verbreiteten, pauschalen Vorstellungen betrifft, dass Basel wesentlich an Wohnraum gewinnen würde, wenn man ‹überall› ein Stockwerk höher bauen würde, so warnt Rainer Volman, Projektleiter Zonenplan beim Planungsamt, vor übertriebenen Erwartungen: Auch wenn die Stadt Vorschläge für Aufzonungen machen wird, sei zu bedenken, dass es wenig bringen würde, kleinparzellierte Quartiere mit Reiheneinfamilienhäusern durchgehend von Zone 2a (zwei Vollgeschosse plus Dachgeschoss) auf Zone 3 (drei Geschosse plus Dachgeschoss) aufzuzonen. Denn häufig nutzten Eigentümer und Bewohner das Bauvolumen nicht maximal aus, weil sie mit ihrer Situation zufrieden sind.

Ein Beispiel ist das südöstliche Geviert des Hirzbrunnenquartiers, das schon vor fünfzig Jahren zur Zone 3 aufgestuft wurde. Das volle zulässige Bauvolumen der Zone 3 wurde über einen Zeitraum von fünfzig Jahren von kaum einem Liegenschaftseigentümer genutzt, konstatiert Rainer Volman. Regula Küng bestätigt gleicherweise: «Die Erfahrung zeigt, dass im kleinteiligen Bestand alle zehn Jahre nur etwa acht Prozent der Ge-

Neue Wohnüberbauung Erlenmatt West: immissionsgeschützt an der Autobahn

schossflächenreserven überhaupt realisiert werden.» Würde man sodann laut Volman die in Basel weit verbreitete Zone 5 (durchschnittliche Gebäudehöhe fünfzehn Meter) auf 6 aufstocken, könnte es rasch einmal Probleme mit dem gesetzlich vorgeschriebenen Lichteinfallswinkel geben, denn die Strassen sind meist nicht breiter als ebenfalls fünfzehn Meter.

Von verdichtungsfreundlichen Vorgaben via Zonenplan sind somit keine Wunder zu

Unsichere Zukunft: der Abluftturm des Horburgtunnels
inmitten des neuen Quartiers

erwarten. Hingegen liegen Möglichkeiten zur Verdichtung in der Umzonung von Gebieten, die nicht mehr für öffentliche Zwecke genutzt werden. Auf dem Areal des Felix-Platter-Spitals soll etwa eine genossenschaftliche Wohnsiedlung entstehen. Die von der Regierung abgelehnte Erhaltung der von Denkmalpflege und Denkmalrat als architektonisch wertvoll eingestuften Spitalbauten würde dem nicht entgegenstehen.

Konflikte bleiben nicht aus

Das Thema Verdichtung darf nicht nur auf Wohnbauten reduziert werden. Mit dem Roche-Projekt für einen eigentlichen Hochhaus-Cluster findet in den nächsten Jahren eine enorme bauliche Verdichtung und Konzentration von Arbeitsplätzen statt. Erstmals melden sich nun Proteststimmen aus dem Quartier und monieren Baustellenimmissionen und Verkehrsprobleme. Sie könnten sich dafür auch auf das Raumplanungsgesetz berufen. Denn dieses schreibt vor, dass Arbeitsgebiete angemessen durch den öffentlichen Verkehr zu erschliessen sind. Die Regierung hat nun eine Tramlinie durch die Grenzacherstrasse als prioritär erklärt – im Bewusstsein, dass es Tramprojekte im Kleinbasel nicht einfach haben.

Wenn konkrete Projekte vorliegen, kann verdichtetes Bauen schnell einmal unpopulär werden. «Verdichtung verschärft Nutzungskonflikte» wurde an einer Tagung der Vereinigung für Landesplanung festgestellt, die der «hochwertigen Verdichtung» von Siedlungen gewidmet war. Die Basler Stimmbürgerinnen und Stimmbürger haben es 2014 abgelehnt, die Stadtränder Ost (Rankhof/Grenzacherstrasse) und Süd (Bruderholz) zu entwickeln, wenngleich im ersten Fall die Nein-Stimmen aus Riehen den Ausschlag gaben. Statt diese Grünreserven zu verbauen, so wurde im Abstimmungskampf argumentiert, sollte im Kerngebiet der Stadt und in den Wohngürteln verdichtet werden. Verschiedene hängige Rekurse, Petitionen und aufgeschobene Projekte zeigen, dass dies in der Praxis nicht so einfach ist. So wehrte sich das bevölkerungsdichte Kleinbasel erfolgreich für die Erhaltung des Landhofareals. Dabei ging es vor allem um die Bewahrung von Grün- und Freiflächen innerhalb des bebauten Raumes.

Unterstützung erhält diese Argumentation durch ein stadtklimatisches und damit ökologisches Phänomen: die Aufheizung des versiegelten städtischen Raumes in längeren Phasen mit hohen Temperaturen, wie sie zuletzt 2003 und im Berichtsjahr 2015 auftraten. Bei Verdichtungsprojekten sei durchaus darauf zu achten, bestätigt Rainer Volman. Aber das Baugesetz enthalte zumindest die Bestimmung, dass fünfzig Prozent einer Parzelle frei bleiben müssen, davon zwei Drittel begrünt. (Im vorhandenen Baubestand ist diese Vorgabe längst nicht überall eingehalten.) Die bestehenden Grünanlagen und Grünzonen sind bereits durch den abgeschlossenen Hauptteil der Zonenplanrevision sichergestellt, aber durch Verdichtungen in Hinterhöfen verschwinden möglicherweise Grünflächen und Bäume, deren Ersatzpflanzungen erst nachwachsen müssen. Bei Arealentwicklungen lässt sich das einfacher steuern: Die Erlenmatt-Siedlung gruppiert sich um einen grosszügigen Park, den es hier vorher nicht gab.

Stadtentwicklung und Architektur

Geplant mit hoher Bevölkerungsdichte, aber auch Grünflächen:
die neue Erlenmatt-Siedlung

Neben Wohnungen ist hier auch eine Primarschule mit Kindergarten und Sporthalle im Entstehen

Stadtentwicklung und Architektur

Helen Weiss

RHEINUFERWEG BIS NACH FRANKREICH

Das nach einer mythologischen Wassernymphe benannte Projekt ‹Undine› zählt zu den neuen Prestigebauten in Basel. Edel, formschön und abwechslungsreich präsentiert sich die Uferpromenade zwischen Dreirosenbrücke und französischer Grenze, die in diesem Frühjahr eröffnet werden soll.

Stadtentwicklung und Architektur

Hoch und mit elegantem Schwung umspielen die Mauern das Flussufer des Rheins. Was aus der Ferne eher wie eine Holzverkleidung wirkt, entpuppt sich bei genauerem Hinsehen als Steinpaneele. Diese bilden, akkurat zurechtgeschnitten, dank der grob behauenen Oberfläche eine strukturreiche Fassade. Blickt man von den zum Teil bis zu zwölf Meter hohen Mauern über den Fluss Richtung Kleinbasel, fühlt man sich wie eine Herrscherin auf einer mittelalterlichen Festung: auf der Ringmauer stehend, im Rücken den Novartis-Neubau ‹Asklepios 8›, der wie ein moderner Bergfried in den Himmel ragt, und vor sich den Rhein als Wassergraben.

Ob diese Wirkung von den Architekten beabsichtigt war, sei dahingestellt. Laut dem Basler Tiefbauamt orientiert sich die Gestaltung an der Strömungslehre – die Mauern sollen die geschwungenen Bewegungen des Flusslaufs aufnehmen und in den Bereich des Weges übersetzen.

Erster Schritt zum Bau des Rheinuferwegs war der Abbruch des ehemaligen Hafens St. Johann ab Juli 2010. Das im Jahr 2013 begonnene Bauvorhaben führt, was die Qualität von Entwurf und Ausführung betrifft, die baslerische Tradition hochwertiger zeitgenössischer Architektur weiter: ‹Undine› kostet 28 Millionen Franken – ein stolzer Preis für einen fünfhundert Meter langen und dreissig Meter breiten Weg.

Tatsächlich wirkt ‹Undine› wie ein Prestigeprojekt, vor allem im Vergleich mit dem fortführenden Weg auf der französischen Seite bis nach Huningue. Hier wurde – ganz im Sinn des Projektnamens ‹Voie Verte› – zwischen dem Brombeergestrüpp am Ufer ein breiter Wegstreifen gerodet und geteert sowie eine Beleuchtung installiert. Die Franzosen machen damit deutlich, dass die Gestaltung des Uferwegs auch günstiger und bescheidener möglich gewesen wäre. Rodolfo Lardi vom Tiefbauamt Basel-Stadt, seit einigen Monaten pensionierter Gesamtprojektleiter des Rheinuferwegs St. Johann, kennt die Zusammenhänge: «Mit den modernen und attraktiven Gebäuden des Novartis Campus im Hintergrund war eine entsprechend aufwendig gestaltete Fortsetzung an der Rheinuferpromenade angezeigt.»

Länderübergreifender Uferweg

Der Basler Pharmakonzern hatte bei der Planung Mitspracherecht, denn die Realisierung der Rheinuferpromenade geht auf eine Grundsatzvereinbarung zwischen dem Kanton Basel-Stadt und Novartis aus dem Jahr 2005 zurück. Das Unternehmen hatte die Hafenparzellen St. Johann vom Kanton erworben und realisiert seit 2001 auf dem Gelände seinen Campus. Mit dem Rheinuferweg erfüllt der Kanton Basel-Stadt nun seinen Teil der Abmachung. Das Siegerprojekt aus dem Wettbewerb zur Neugestaltung kommt aus Zürich: ‹Undine› ist eine Koproduktion der Hager Landschaftsarchitektur AG, Durrer Linggi Architekten sowie der Ingenieurbüros Beat Roggensinger und Staubli Kurath & Partner.

Die Bauarbeiten verlaufen seit Beginn im November 2013 planmässig. Nur die riesigen weissen Zelte auf der französischen Seite zeugen von einigen Problemen: Unter der Federführung von Novartis wird hier seit April 2012 das Gelände der alten Industriekläranlage Steih saniert und das durch Lindan verunreinigte Erdreich beseitigt. «Wie lange dieser Prozess noch dauert, ist nicht absehbar», so Lardi. Entsprechend ungewiss ist auch die Eröffnung des Rheinuferwegs: Zwar ist ‹Undine› bis im Frühjahr 2016 fertiggestellt. Aber ursprünglich sollte die Promenade länderübergreifend gemeinsam mit Frankreich eingeweiht werden. Rodolfo Lardi schränkt ein, dass dies aber vielleicht aufgrund der Lindan-Sanierung nicht möglich sein wird.

In der kommenden Badesaison können die Baslerinnen und Basler jedoch bis hinter die Dreirosenbrücke schwimmen und am Rheinuferweg auf Grossbasler Seite einen der vier Ausstiege nutzen. Daneben dient die Promenade als wichtige Verbindung für den Fuss- und Veloverkehr zwischen Basel

Restaurant mit Aussenterrasse bei ‹Asklepios 8›

Stadtentwicklung und Architektur

und Frankreich. ‹Undine› nimmt dabei ein für Basel typisches, historisches Merkmal der Rheinuferwege auf. Neben dem hochwassersicheren oberen Weg ist auch hier ein sogenannter Bermenweg entstanden. «Diese Wegführung ist auch am Kleinbasler Ufer zu sehen», weiss Lardi. «Auf Bermenwegen wurden früher die Pferde geführt, die die Schiffe rheinaufwärts zogen.»

Aufenthaltsnischen mit Bäumen und Sitzbänken sowie ein öffentliches Restaurant mit Aussenterrasse im Novartis-Gebäude ‹Asklepios 8› laden zum Verweilen ein.

Elegant geschwungene Mauern

«Auch kulturell gibt es einiges zu entdecken», erläutert Lardi. «Der Umstand, dass hier früher Kelten siedelten, wird mit einer unterirdischen Archäologie-Ausstellung gewürdigt, die durch Rohre im Boden betrachtet werden kann.» Und für die Fauna lässt der neue Rheinuferweg ebenfalls Platz: «In den Mauern sollen sich Eidechsen und Insekten ansiedeln, zudem sind am Ufer zwei Biberunterstände eingeplant, welche die Nager als Stützpunkt bei ihrer Wanderung nutzen können.»

Störender Verkehrslärm

Während die Eröffnung der Promenade für das Frühjahr 2016 vorgesehen ist, wird das Teilprojekt ‹Fabrikpassage› – also der Grünstreifen zwischen Dreirosenbrücke und Novartis Campus – erst im Herbst dieses Jahres fertig. Dessen Gestaltung wird zusätzliche 2,6 Millionen Franken kosten. «Zwar wäre eine Fertigstellung auf die Eröffnung hin erstrebenswert gewesen, es entstand jedoch eine Verzögerung wegen des zuerst geplanten und später verworfenen Baus des ETH Life-Sciences-Gebäudes an diesem Standort», erklärt Lardi.

Einen weiteren Nachteil ‹seines› Projekts sieht der ehemalige Gesamtprojektleiter in der Dreirosenbrücke beziehungsweise im darauf rollenden Verkehr: Da der untere Teil der Brücke nur rheinaufwärts verglast ist, wirkt der Lärm der vorbeibrausenden Autos und Lastwagen störend. Jedoch käme gemäss Rodolfo Lardi eine Verglasung nicht infrage, weil bei einem Brandfall im Tunnel die Entlüftung nicht gewährleistet wäre. Vorausschauend haben er und sein Team deshalb bereits Alternativen wie die Isolierung der Decke oder einen Flüsterbelag geprüft. Die Feierlichkeiten zur Eröffnung des Elsässerrheinwegs – wie die Uferpromenade künftig heissen wird – soll dieser Umstand aber nicht stören. Lardi: «Wir planen für die Baslerinnen und Basler ein grosses Fest mit den drei beteiligten Playern Basel, Frankreich und Novartis.»

Elias Kopf

INNENSTADT MIT PLAN

Verkehr, Nutzung und Gestaltung sind im Entwicklungsrichtplan Innenstadt zusammengefasst. Er wurde von der Behörde nicht von oben dekretiert, sondern mit einem breit angelegten Mitwirkungsprozess vorgespurt.

«Goppeloni!» – Mit viel Getöse machten sich Basler Gewerbekreise Luft, als sie Anfang 2013 mit einer Volksinitiative zum Halali gegen die Sperrung der Mittleren Brücke für den Autoverkehr bliesen. Doch nachdem bis Sommer 2014 nicht einmal zwei Drittel der dreitausend benötigten Unterschriften zusammengekommen waren, wurde das Volksbegehren stillschweigend zu Grabe getragen.

Dass die behördliche Planung für die Innenstadt – von der Verkehrsführung bis hin zu Lärmvorschriften – immer wieder zu Säbelrasseln führt, ertragen die Fachleute des Baudepartements mit Contenance. Sie setzen weiterhin auf das Gespräch: «Wir verfügen unsere Massnahmen ganz bewusst nicht einfach so, sondern versuchen, die betroffenen Interessengruppen und Anwohnerschaften an einen Tisch zu bringen und in den Planungsprozess einzubinden», erklärt Jasmin Fürstenberger, stellvertretende Sprecherin des Bau- und Verkehrsdepartements Basel-Stadt (BVD). Daraus resultiere am Ende meistens eine gute Akzeptanz, auch wenn sich nicht immer alle dazu durchringen könnten, den Kompromiss mitzutragen.

Klares Mehr für das Fussgänger-Y

Ziel der Innenstadtplanung ist es, die Qualitäten des von Heuwaage, St. Johanns-Park, Badischem Bahnhof und Letziplatz umschriebenen Perimeters zu hegen und zu mehren. Dafür muss ein Ausgleich zwischen den vielfältigen Anliegen geschaffen werden, wie Martina Münch, Abteilungsleiterin Gestaltung Stadtraum Verkehr im BVD, erläutert: «Unsere Mitwirkungsveranstaltungen fördern das gegenseitige Verständnis. Wer zum Beispiel von einem Rollstuhlfahrer aus erster Hand erfährt, wieso der öffentliche Raum hindernisfreier werden muss, ist anschliessend viel eher dazu bereit, entsprechende bauliche Veränderungen zu unterstützen.» Solche Mitwir-

Beispiel für eine gelungene Boulevardisierung: die verkehrsberuhigte Rheingasse

kungsverfahren dürften allerdings nicht als Wunschkonzert missverstanden werden. Es sei nicht Aufgabe der Behörde, Bestellungen aufzunehmen – hier bitte ein Brunnen, dort lieber ein Spielplatz – und dann den öffentlichen Raum mit dem entsprechenden Mobiliar vollzustellen. Vielmehr gehe es darum, eine breite Palette von Bedürfnissen zu erfragen. «Anschliessend versuchen wir, möglichst viele dieser Anliegen in unserer Planung auf die eine oder andere Art aufzugreifen und optimal aufeinander abzustimmen», so Münch.

Auch im Vorfeld der Sperrung der Mittleren Brücke fanden unter der Bezeichnung ‹Innenstadt – Qualität im Zentrum› mehrere solcher Mitwirkungsrunden mit rund fünfzig Organisationen, Vereinen und Verbänden statt. An zehn Thementischen wurde in ständig wechselnder Zusammensetzung versucht, die vielfältigen Aspekte von Nutzung, Gestaltung und Verkehr unter einen Hut zu bringen. Daraus ging 2011 ein Innenstadt-Leitbild hervor, das die Grundlage für den neuen ‹Entwicklungsrichtplan Innenstadt› lieferte. Darin integriert ist neben einem Nutzungs- und einem Gestaltungskonzept auch das Verkehrskonzept Innenstadt – vom Grossen Rat mit klarem Mehr verabschiedet und im Herbst 2014 von der Regierung in Kraft gesetzt. Dessen Kernpunkt bildet das sogenannte Fussgänger-Y, eine weitgehend autofreie Zone, die vom Messeplatz via Clarastrasse über die Mittlere Brücke führt und sich nach dem Marktplatz in Gerbergasse und Freie Strasse gabelt.

Bereits ein Jahr nach der Umsetzung ist dieses fussgängerfreundliche Verkehrsregime kaum mehr ein Politikum; Knackpunkte wie die Zufahrtsregelungen für die grossen Eventveranstalter Stadtcasino (Steinenberg), Bird's Eye Jazz Club (Kohlenberg) und Volkshaus (Rebgasse) liessen sich mit einer Feinjustierung einvernehmlich lösen. Auch die im Zuge der neuen Verkehrsführung ermöglichte Umnutzung der Rhein-

Vorerst ruhiggestellt:
Begegnungszone Webergasse und Untere Rheingasse

gasse, welche durch die Aufhebung von Parkplätzen die Möglichkeit bietet, den Raum mit Boulevardrestaurants zu beleben und zu nutzen, ging erstaunlich positiv und schnell über die Bühne. Münch: «Hält man sich den regen Betrieb vor Augen, der schon im ersten Sommer in den neuen Strassenbeizen Einzug hielt, ist kaum zu erwarten, dass das betroffene Gewerbe dem Autoverkehr Tränen nachweinen wird.»

Nutzungspläne schaffen Transparenz

Während sich Parkplätze und Boulevardbetrieb oft gegenseitig ausschliessen, ist bei vielen anderen Nutzungen eine weitgehend konfliktfreie Überlagerung möglich, wie Silvan Aemisegger, Projektleiter Entwicklungsrichtplan Innenstadt im BVD, erklärt: «Wohnen, Arbeiten, Einkaufen und Flanieren sind nebeneinander und miteinander möglich.» Konflikte gebe es vor allem rund um lärmige Strassenbeizen und bei Events, welche die Anwohner um ihren Schlaf brächten. Weil sich hier via Mitwirkung nicht immer ein Kompromiss in Form informeller Bespielpläne habe erzielen lassen, brauche es nun eine gesetzgeberische und für alle verbindliche Klärung. Dazu schuf der Grosse Rat mit dem neuen ‹Gesetz über die Nutzung des öffentlichen Raumes› die Möglichkeit, mittels speziellen Nutzungsplänen vorzuschreiben, an wie vielen Tagen auf welchen öffentlichen Plätzen Veranstaltungen stattfinden können und wie laut diese sein dürfen.

Zur Erarbeitung der neuen Nutzungspläne führt die Behörde zurzeit einen Dialog mit den betroffenen Quartierorganisationen, Interessenverbänden, Grundeigentümern und Anwohnern. Dabei ist es wichtig, die anschliessenden behördlichen Entscheide für alle transparent zu machen. Die ersten Nutzungspläne für Barfüsserplatz, Marktplatz und Münsterplatz wurden im Herbst 2015 bereits mit den Anspruchsgruppen diskutiert. Das Feedback sei weitgehend positiv, so Aemisegger: «Die Anwohnerschaft muss zwar gewisse Lärmemissionen akzeptieren, doch im Gegenzug wird die Belastung auf ein zumutbares Mass beschränkt.»

Wohnen im Zentrum bleibt attraktiv

Um die Attraktivität des gesamten urbanen Raums zu fördern, trägt die Verwaltung Sorge, dass nicht auf allen Plätzen das Gleiche angeboten wird. Martina Münch hält fest: «Es wäre zum Gähnen, wenn überall nur noch Beachvolleyball-Events stattfinden würden. Deshalb will unser Gestaltungskonzept den öffentlichen Raum in einen vielfältigen Möglichkeitsraum verwandeln, der von den Menschen gemäss ihren wechselnden Bedürfnissen mit den unterschiedlichsten Aktivitäten gefüllt werden kann.» Diese planerische Flexibilität sei auch deshalb sinnvoll, weil man heute bei der Gestaltung eines Platzes oder einer Strasse nicht vorhersehen könne, was die nächste Generation dort in zwanzig Jahren unternehmen werde. Daher sollen viele Dinge an einem Ort möglich sein, aber nicht alles muss überall Platz finden.

Welche Teile des öffentlichen Raums zu welchem Zeitpunkt neu gestaltet werden, ergibt sich weitgehend aus der Erhaltungsplanung. Diese bündelt unter anderem die Erneuerung von Wasser-, Abwasser- und Fernwärmerohren, Gasleitungen sowie unterirdischen Strom-, Telefon- und Glasfaserkabeln. «Wir gestalten Strassen und Plätze nach Möglichkeit dann um, wenn der Belag sowieso für Erneuerungsarbeiten aufgerissen werden muss», erklärt Münch. In den nächsten Jahren trifft es unter anderem die Freie Strasse, den Claraplatz und die Rheingasse. Keine baldigen Veränderungen gibt es am Marktplatz und auf dem Barfi. Bereits stark gewandelt hat sich der Messeplatz. An diesem Hotspot dürfte der geplante Claraturm in absehbarer Zeit nochmals einen neuen Akzent setzen. Die Lage ist für urbanes Leben höchst attraktiv, da man einerseits am pulsierenden Geschehen rund um die Messe teilhat, andererseits per Tram, Velo oder zu Fuss in wenigen Minuten in die Altstadt eintauchen kann. «Hinter dem Claraturm, der auch Geschäftsflächen beherbergen wird, steht allerdings nicht nur eine gezielte Wohnstrategie für die Innenstadt, sondern auch die Überlegung, dass an dieser guten Verkehrslage ein zweites Hochhaus neben dem Messeturm städtebaulich Sinn macht», erläutert Münch. Punkto Wohnbevölkerung rechne man für die Innenstadt in den nächsten Jahren weiterhin mit einem nur bescheidenen Wachstum. Zwar würden schweizweit die Kernstädte als Wohngebiet wiederentdeckt, doch in Basel finde der relevante Bevölkerungszuwachs zurzeit vor allem in Quartieren wie der Erlenmatt statt.

Auf den Plätzen hat es Platz

Für den zukünftigen Erlenmattplatz – also ausserhalb der Innenstadt – sieht Martina Münch denn auch Chancen, gegebenenfalls weitere Events anzusiedeln, welche vor allem Jugendliche ansprechen. Generell bemüht sich die Verwaltung um Transparenz, wenn Events und Publikumsnutzungen platziert werden. So wurde etwa der Betrieb der einzelnen Buvetten am Rheinbord jeweils mit einer öffentlichen Ausschreibung für einen Zeitraum von fünf Jahren vergeben. «Dieses Verfahren stiess bei allen Bewerbern auf hohe Akzeptanz», erklärt Niklaus Hofmann, Leiter der Allmendverwaltung im BVD. Auf den Basler Strassen und Plätzen sei der Nutzungsdruck zum Glück mit wenigen Ausnahmen noch nicht so gross, dass sich die Events gegenseitig in die Quere kämen. Natürlich könne nicht jede Veranstaltung vom Veloflohmarkt bis zur Briefmarkensammlerbörse auf dem Barfi stattfinden, räumt Hofmann ein. «Doch meistens lässt sich ein akzeptabler Ersatz finden – schliesslich ist Basel reich an schönen Plätzen.»

Helen Weiss

WEM GEHÖRT DIE STRASSE?

Staus, Lärm, zugeparkte Strassen – angesichts der wachsenden Mobilität ist der Autoverkehr in der Stadt bald nicht mehr tragbar. Obwohl Basel im nationalen Städtevergleich punkto Veloanteil an der Spitze steht, fehlt es an der nötigen Infrastruktur für den Velo-, Fuss- und öffentlichen Verkehr. Das soll sich bald ändern.

In Kopenhagen müsste man leben, zumindest als Velofahrerin. In der dänischen Hauptstadt gibt es 370 Kilometer Radwege, pro Tag werden fast 1,2 Millionen Kilometer auf dem Velo zurückgelegt, und 36 Prozent der Verkehrsteilnehmenden sind mit dem Rad unterwegs. In Basel sind es nur gerade sechzehn Prozent. Das erstaunt Stephanie Fuchs nicht: «Die Strassen in Basel sind heute vor allem ‹autogerecht› organisiert, und Velofahrerinnen, aber auch Fussgänger werden ausgebremst», erklärt die Geschäftsführerin der Sektion beider Basel des Verkehrs-Clubs der Schweiz (VCS BLBS). Laut Fuchs stagniert der Modalsplit, also die Verteilung des Verkehrs auf die Verkehrsträger, seit Längerem: «Die Velonutzung geht sogar zurück.» Der vom Stimmvolk im Jahr 2010 angenommene Gegenvorschlag zur Städteinitiative, der die Reduktion des Autoverkehrs und eine Förderung der umweltfreundlichen Mobilität verlangt, sei längst nicht erfüllt. Um dem Fuss- und Veloverkehr mehr Platz und Sicherheit auf den Basler Strassen zu verschaffen, lancierte der VCS BLBS im Jahr 2012 deshalb die Initiative ‹Strasse teilen – JA zum sicheren und hindernisfreien Fuss-, Velo- und öffentlichen Verkehr› für die beiden Halbkantone (siehe Kasten).

Platzprobleme in der Stadt

Doch leiden Fussgängerinnen und Velofahrer auf den Basler Strassen tatsächlich unter Platzmangel und müssen um ihre Sicherheit fürchten? Kurz vor der Abstimmung zur Strasseninitiative wollen weder die Basler Sektion des Automobil Clubs der Schweiz (ACS) noch jene des Touring Clubs Schweiz (TCS) zu dieser Frage Stellung nehmen. Gemäss dem Bundesamt für Statistik liegt jedoch in keiner anderen Schweizer Stadt der Anteil des motorisierten Individualverkehrs auf einem so tiefen Niveau wie in Basel. Eine 2014 vom Bundesamt für Strassen (ASTRA) publizierte Analyse zeigte zudem,

Stadtentwicklung und Architektur

Hotspots des Verkehrs wie der Aeschenplatz oder die Greifengasse erfordern von allen Aufmerksamkeit und Rücksichtnahme

Stadtentwicklung und Architektur

dass sich im Kanton Basel-Stadt statistisch gesehen am wenigsten Unfälle ereigneten. Ein Grossteil der fahrradfahrenden Baslerinnen und Basler ist scheinbar ganz zufrieden: Bei einer Umfrage von Pro Velo Schweiz im 2014 kürten die Teilnehmenden Basel nach Winterthur zur velofreundlichsten Stadt der Schweiz.

Trotzdem scheint ein Umdenken unumgänglich, allein aus Platzgründen. «Die geschickte Umverteilung von Platz ist in einer Stadt notwendig, sonst kommt es unweigerlich zum Verkehrskollaps», ist Stephanie Fuchs vom VCS BLBS überzeugt. Die platzeffizienteste Verkehrsform seien der öffentliche Verkehr sowie der Fahrradverkehr. «ÖV-Fahrgäste benötigen keine Parkplätze, und auf einem Autoparkplatz lassen sich zehn Velos abstellen. Fakt ist, dass die Mobilität wächst, der Platz aber gleich bleibt.»

Herausforderung durch Städteinitiative

Weil die Strasse öffentlicher Raum ist, sieht Stephanie Fuchs auch hinsichtlich der Lebensqualität Handlungsbedarf: «Nicht nur aus Platzmangel hat der Autoverkehr in der Innenstadt keine Zukunft mehr. Lärm und Abgase ruinieren die Lebensqualität, das schadet Basel auch als Wirtschaftsstandort.» Diese Herausforderung haben auch andere Schweizer Städte zu stemmen. Wie in Basel hat das Stimmvolk in Zürich, Luzern, St. Gallen, Winterthur, Thun und Genf für eine Städteinitiative oder den entsprechenden Gegenvorschlag votiert. Die helvetischen Grossstädte haben dadurch alle ähnliche Zielvorgaben: Unter anderem soll der motorisierte Verkehr bis ins Jahr 2020 deutlich reduziert werden.

In Basel-Stadt etwa soll der Autoverkehr in diesem Zeitraum um zehn Prozent sinken. Mit einer Reduktion von nur 1,8 Prozent seit 2010 scheint das Ziel mit den bisherigen Massnahmen kaum erreichbar. Im verkehrspolitischen Leitbild gibt der Basler Regierungsrat das Reduktionsziel trotz gesetzlichem Auftrag auf und stellt eine allenfalls mögliche Frist bis 2025 in Aussicht. Dazu soll ein Massnahmenpaket dienen, das eine verträgliche Mobilität in die Stadt bringen will. So ist etwa die Umsetzung des Projekts ‹Tramnetz 2020› in Arbeit: Besser angeschlossen werden sollen die Areale Roche und Hafen sowie das Gebiet Dreispitz, und Tramschienen sollen künftig auch durch den Claragraben und über die Johanniterbrücke führen. Vorgesehen ist zudem die Erweiterung der Tempo-30-Zonen zur Verkehrsberuhigung in den Wohnquartieren und die Realisierung eines umfassenden Verkehrssicherheitskonzepts.

Blick nach Bern und Zürich

Trotz allem schneidet Basel im nationalen Vergleich gut ab. Laut dem ‹Städtevergleich Mobilität›, der 2012 erstellt wurde, ist die Stadt am Rheinknie mit sechzehn Prozent Veloanteil Spitzenreiterin. Den zweiten Platz nimmt Winterthur mit dreizehn Prozent ein, gefolgt von Bern mit elf Prozent; St. Gallen bildet mit drei Prozent das Schlusslicht. Der Anteil des Fussverkehrs fällt in den meisten Städten mit knapp vierzig Prozent nahezu gleich aus.

Dass auch Bern im ‹Städtevergleich Mobilität› so gut abschneidet, mag daran liegen, dass in der Bundesstadt bereits im Jahr 2001 eine Fachstelle eigens für die Förderung des Fuss- und Veloverkehrs geschaffen wurde. Seither werden laufend Massnahmen umgesetzt, wie etwa eine durchgängige rote Markierung von Velostreifen. «Zudem wurden bereits auf einigen Hauptstrassen Tempo-30-Zonen eingerichtet», erklärt Karl Vogel, Leiter Verkehrsplanung der Stadt Bern. Die Bernerinnen und Berner stimmten zwar nie über eine Städteinitiative ab, die Bundesstadt will aber trotzdem das Potenzial von Fahrrädern als Verkehrsmittel stärker fördern. Im Jahr 2014 wurde zu diesem Zweck die Erarbeitung einer Velo-Offensive beschlossen. «Damit soll der Radanteil am

Gesamtverkehr von heute elf auf zwanzig Prozent steigen», so Vogel.

Die Stadt Zürich nimmt zwar mit sechs Prozent Veloanteil den zweitletzten Platz im Mobilitätsvergleich ein. Dies soll sich aber bald ändern, denn der Zürcher Stadtrat will mit dem Programm ‹Stadtverkehr 2025› die Attraktivität des Fuss-, Velo- und öffentlichen Verkehrs erhöhen und den Anteil des motorisierten Individualverkehrs senken. Zusätzlich hat der Stadtrat 2015 den Strategieschwerpunkt ‹Veloinfrastruktur bauen› lanciert. «Die Situation der Velofahrenden soll mit zahlreichen Massnahmen verbessert werden», erklärt Mike Sgier, stellvertretender Leiter Kommunikation des Tiefbau- und Entsorgungsdepartements der Stadt Zürich.

Zwar ist noch keine der Massnahmen des Programms abgeschlossen, einige sind laut Sgier aber weit fortgeschritten. «Die Velostation Süd am Hauptbahnhof befindet sich im Bau, zudem wurden zahlreiche Tempo-30-Zonen ausgeschrieben.» Einschränkend muss allerdings erwähnt werden, dass die Umsetzung von Temporeduktionen mehrheitlich durch Einsprachen blockiert wird. Daneben sind in der Innenstadt vergrösserte Fussgängerbereiche geplant, die Zugänglichkeit zu den Bahnhöfen soll erhöht sowie Verbesserungen für den Veloverkehr rund um den See umgesetzt werden.

Velobahnen für Grossstädte

Auch die Stadtentwicklung in Winterthur sucht nach Lösungen, denn die Stadt wächst durchschnittlich jeden Tag um vier Menschen und zwei Autos. Würde die Verkehrsmenge mit der Bevölkerung mitwachsen, wären die Grenzen der Belastbarkeit bald erreicht. Als ‹Schweizer Velostadt› hat Winterthur im städtischen Gesamtverkehrskonzept die Schaffung von ‹Veloschnellrouten› vorgesehen. Diese Massnahme soll zur Entlastung des Strassennetzes beitragen, indem der Veloverkehr über mittlere und längere Distanzen gefördert wird. Ähnliche Projekte sind auch in Zürich, Bern und in Basel mit dem ‹Teilrichtplan Velo› geplant. Solche Velobahnen haben sich schon in Kopenhagen bewährt: Hier wuchs die Zahl der Velopendler mit der Schnellroute, der ‹Albertslundruten›, um über zehn Prozent.

Sichere Strassen – Baslerinnen und Basler stimmten dagegen

Die Initiative ‹Strasse teilen – JA zum sicheren und hindernisfreien Fuss-, Velo- und öffentlichen Verkehr› sah durchgängige Trottoirs und sichere Querungsmöglichkeiten für die Fussgänger vor. Daneben forderte der VCS BLBS durchgehende Radwege und Velostreifen. Zudem sollten rund 1900 Parkplätze aufgehoben werden. Die Kosten der Massnahmen waren auf 184 Millionen Franken veranschlagt – für die Umsetzung blieben fünf beziehungsweise zehn Jahre Zeit.
Für den Grossen Rat waren sowohl der finanzielle Aufwand zu hoch als auch die Umsetzungszeit zu knapp, weshalb er einen Gegenvorschlag formulierte, der mit nur fünf Millionen Franken zu Buche schlägt und die Umsetzung in sieben Jahren vorsah.
Am 15. November 2015 wurde die Initiative mit 28 359 Nein- (72,93 Prozent) zu 10 524 Ja-Stimmen (27,07 Prozent) massiv abgelehnt (Stimmbeteiligung 37,99 Prozent). Auch der Gegenvorschlag des Grossen Rates wurde von 53,72 Prozent der Abstimmenden verworfen.
Der Kanton Basel-Landschaft hat das Anliegen bei der Abstimmung im März 2015 mit fast Dreiviertelmehr abgelehnt.

Stadtentwicklung und Architektur

Platz zum Flanieren im neu gestalteten Riehener Dorfzentrum

Béatrice Koch

RIEHEN GESTALTET SEINE ZUKUNFT

Ein neues Dorfzentrum, ein neuer Zonenplan, ein neues Leitbild: Die Stadtgemeinde hat 2015 einige wegweisende Projekte in Angriff genommen oder umgesetzt.

Wer im vergangenen Sommer durchs Riehener Dorfzentrum schlenderte, merkte sofort: Hier tut sich was. Grosse Bagger, aufgerissene Strassen und, ja, auch Lärm und Staub zeugten von einer intensiven Bautätigkeit. Seit Ende Oktober 2015 herrscht hier nun wieder mehr Ruhe. Zu diesem Zeitpunkt nämlich wurde die Neugestaltung des Dorfkerns abgeschlossen – und damit ein Projekt, das in Riehen seit Jahren immer wieder politisch gefordert worden war und erst nach einigem Hin und Her umgesetzt werden konnte.

Auf Bestehendem aufbauen

Vor drei Jahren lancierte der Riehener Gemeinderat im Auftrag des Einwohnerrats einen Wettbewerb, aus dem der Vorschlag des Basler Gestaltungsbüros Stauffenegger + Stutz als Sieger hervorging – weil er «mit einfachen Massnahmen auf dem Bestehenden aufbaut», wie Sebastian Olloz, Leiter Fachbereich Ortsplanung und Umwelt in Riehen, erklärt. So wurden beispielsweise die Linden auf dem Dorfplatz nicht etwa gefällt, sondern neu eingefasst. Die so entstandene «Treppenskulptur» mit begehbarer Wasserfläche kann der Bevölkerung als «Treffpunkt zum Verweilen» dienen, wie es im Projektbeschrieb heisst. Von der Neugestaltung, welche die Schmiedgasse, das Webergässchen sowie die Wettsteinstrasse betraf, sollen auch die Geschäfte und Gastrobetriebe im Riehener Dorfkern profitieren – endlich.

Ganze vierzig Jahre ist es her, dass in diesem Geviert letztmals baulich etwas verändert wurde. Während dieser Zeit gestalteten umliegende Städte wie Lörrach und Weil am Rhein ihre Zentren um und entwickelten sich zunehmend zur Konkurrenz des lokalen Gewerbes. Auch von den Gästen der nahe gelegenen Fondation Beyeler sah man im Riehener Dorfkern bisher wenig. «Die Fondation hat durchschnittlich tausend Besucher pro Tag», sagt Olloz. «Hier liegt ein

Stadtentwicklung und Architektur

grosses Potenzial zur Belebung des Dorfzentrums.» Durch eine bessere Anbindung des Fussgängerbereichs sollen die Museumsbesucherinnen nun vermehrt den Weg ins Zentrum finden, um dort in den Geschäften und Lokalen einzukaufen und zu konsumieren.

ferendum ergriffen hatte. Sie befürchtete, dass mit der Erneuerung Parkplätze verloren gehen würden und die Attraktivität des Zentrums darunter leiden könnte. In den Abstimmungsunterlagen widersprach der Gemeinderat vehement: «Mit der Umgestaltung wird kein einziger Parkplatz auf-

Genossenschaftsprojekt Siedlung ‹Am Kohlistieg›:
Hier sollen knapp hundert Mietwohnungen entstehen

Für die Neugestaltung bewilligte der Einwohnerrat im November 2013 einen Kredit von knapp 3,3 Millionen Franken. Im April 2014 bestätigte das Stimmvolk diesen Beschluss, nachdem die SVP Riehen das Re-

gehoben und die durchgängige Zufahrt bleibt unangetastet.» Allerdings wurden die Strassen zugunsten von breiteren Trottoirs verengt, was Fussgängern mehr Platz einräumt. Falls in den nächsten Jahren ein unterirdisches Parkhaus unter dem Wettsteinplatz erstellt werden sollte (der Einwohnerrat hat vor einiger Zeit einen entsprechenden Planungskredit gesprochen), würden im Gegenzug oberirdische Parkplätze aufgehoben, damit die Fussgängerzone erweitert werden kann.

Riehen bleibt grün

‹Riehen – das Grosse Grüne Dorf›: Dieser Titel stand vor fünfzehn Jahren über dem Leitbild 2000–2015, und der Slogan gilt auch für das neue Leitbild 2016–2030, das Ende November 2015 der Öffentlichkeit vorgestellt wurde. Der Gemeinderat hat das Leitbild im Austausch mit der Bevölkerung erarbeitet. Es benennt die Vorzüge von Riehen: viel Grünfläche, die Nähe zu den städtischen Zentren Basel und Lörrach sowie ein hervorragendes Kulturangebot. Aber auch die Nachteile werden nicht verschwiegen, etwa die Überalterung der Bevölkerung, zunehmender Durchgangsverkehr und teurer Wohnraum. Das sechzigseitige Werk definiert weiter die Ziele, die Riehen in den nächsten Jahren erreichen möchte, sowie die beispielhaften Massnahmen, die zu diesen Zielen führen sollen. Das neue Leitbild knüpft in vielen Punkten an das alte an, auch im Titel, der nur leicht abgeändert wurde; neu soll er lauten: ‹Zuhause im grossen, grünen Dorf›.

Das Bekenntnis zum «grossen, grünen Dorf» spiegelt sich zudem im revidierten Zonenplan wider, den der Einwohnerrat im vergangenen September nach mehreren Änderungen und Neuauflagen beschloss und dessen Genehmigung durch den Regierungsrat Basel-Stadt noch aussteht. «Riehen zeichnet sich durch eine hohe Lebens- und Wohnqualität sowie grosszügige Grün- und Erholungsflächen in unmittelbarer Stadtnähe aus. Das soll auch so bleiben», schrieb der Gemeinderat in den Unterlagen zur öffentlichen Planauflage. Die Zonenplanrevision ziele deshalb darauf ab, den «typischen Charakter Riehens» langfristig zu erhalten.

Eine wichtige Änderung im Zonenplan betrifft die Bauzonengrösse im Moostal, die in den vergangenen Jahrzehnten immer wieder zu Diskussionen geführt hat. In diversen Abstimmungen bekräftigte das Volk seinen Wunsch, das Moostal solle unverbaut bleiben. Dagegen wehrten sich einige Landeigentümer, darunter auch der Kanton Basel-Stadt, der hier ebenfalls Parzellen besitzt und dem somit eine heikle Doppelrolle zukommt, als Landeigentümer einerseits und als Genehmigungsbehörde des Zonenplans andererseits. Der nun vorliegende Zonenplan ist ein Kompromiss: Rund 4,9 Hektaren im Mittelfeld und 1,2 Hektaren an der Langoldshalde wurden aus der Bauzone ausgeschieden und mehrheitlich der Landwirtschafts- und Landschaftsschutzzone zugewiesen.

Wohnzone und hätte nach altem Zonenplan zu 89 Prozent überbaut werden können. Im Rahmen der Planrevision wurden nun 35 Prozent des Areals für öffentliche Grünflächen, 10 Prozent für Sport- und Freizeitanlagen und 55 Prozent für Bauzonen reserviert.

Das Moostal: unverbaut oder zugebaut?
Der Zonenplan schafft einen Kompromiss

Bauen und Wohnen in Riehen

Während des Planungsprozesses gab auch das Stettenfeld viel zu reden. Das Gebiet im Norden der Gemeinde befindet sich in der Wohnzone und hätte nach altem Zonenplan zu 89 Prozent überbaut werden können. Der Wille des Gemeinderats, das grosse grüne Dorf zu erhalten, zeigt sich auch in Bezug auf die Hanglagen. Für diese begehrten Wohngebiete wurde die neue Zone ‹2R› (das R steht für Riehen) definiert. Sie löst mehrere unterschiedliche Bauvorschriften ab. Dabei wurde gegenüber dem alten Zonenplan die Bebauungsziffer zwar leicht erhöht, noch immer dürfen in dieser Zone aber in der Regel nur Ein- und Zweifamilienhäuser gebaut werden. Pro Wohnhaus sind maximal zwei Wohneinheiten erlaubt.

Es hätte auch anders kommen können, denn der Einwohnerrat Riehen hatte Ende 2014 beschlossen, statt zwei neu fünf Wohneinheiten pro Wohnhaus zuzulassen. Gegen diese Festlegung wurde jedoch von privater Seite das Referendum ergriffen. Im Juni 2015 entschied sich das Riehener Stimmvolk für zwei Wohneinheiten und damit für den ursprünglich vom Gemeinderat vorgelegten Plan.

Wie beliebt Riehen als Wohngemeinde ist, zeigt die Tatsache, dass im Zonenplan beim Hörnli neu eine Arbeitszone ausgewiesen wird. «In vielen Städten verdrängt das Arbeiten das Wohnen», meint Sebastian Olloz. «In Riehen ist es umgekehrt.» In der Arbeitszone ist Wohnen nicht erlaubt, ebenso wenig Betriebe mit stark störenden Emissionen. Schliesslich heisst es Arbeits- und nicht etwa Industriezone.

Apropos Wohnen: Riehen gilt diesbezüglich, nicht zu Unrecht, als teures Pflaster. Dabei geht leicht vergessen, dass die Gemeinde im schweizweiten Vergleich schon immer einen hohen Anteil an Genossenschaftswohnungen aufwies – und es werden noch mehr. Knapp hundert solcher verhältnismässig günstiger Mietwohnungen, aufgeteilt in acht Wohnblöcke, entstehen zurzeit im Niederholz-Quartier. Es handelt sich damit um die grösste Genossenschaftssiedlung seit der Überbauung am Luzernerring in Basel vor zwanzig Jahren. Die Siedlung ‹Am Kohlistieg› soll ab 2017 bezugsbereit sein.

In unmittelbarer Nachbarschaft befindet sich der Neubau des Pflegeheims Humanitas, mit dem ebenfalls im vergangenen Jahr begonnen wurde. Die Überbauung des Areals mit Pflegeheim und Genossenschaftswohnungen wurde vom Kanton, vertreten durch Immobilien Basel-Stadt, dem Alters- und Pflegeheim Humanitas sowie der Gemeinde Riehen gemeinsam in Auftrag gegeben. Weitere Genossenschaftswohnungen sollen zudem auf der anderen Seite der S-Bahn-Haltestelle Niederholz entstehen. Alles deutet darauf hin, dass sich dieses Quartier in den kommenden Jahren zu einem zweiten Dorfzentrum entwickeln wird.

Stadtentwicklung und Architektur

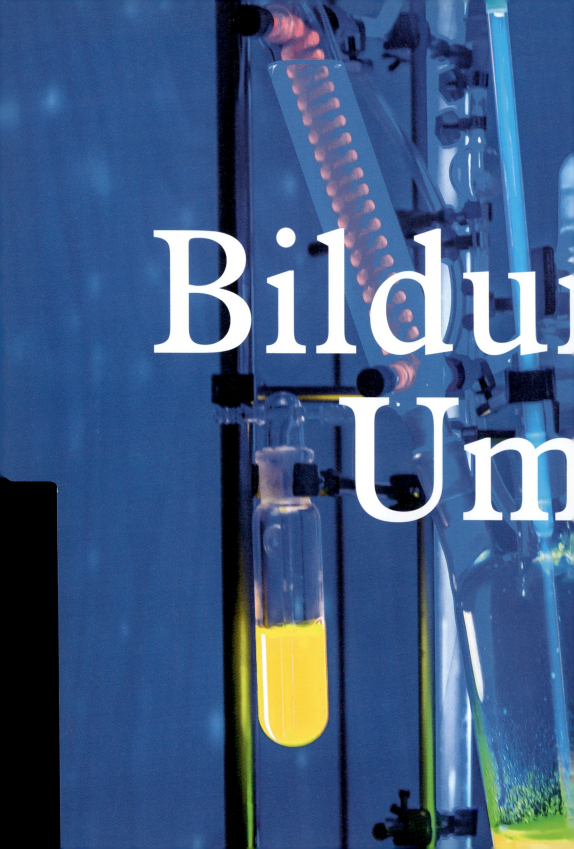

Inhalt

Bildung und Umwelt

Peter Bollag — 133

MIT VIEL ELAN GESTARTET: DIE NEUE REKTORIN DER UNIVERSITÄT BASEL

Das Jahr 2015 brachte für die Universität eine personelle Premiere: die erste Rektorin ihrer Geschichte.
Ein Antrittsbesuch bei Andrea Schenker-Wicki

Julia Konstantinidis — 139

SEIT 25 JAHREN UNVERZICHTBAR

Basel, eine Stadt in Männerhand? Woher denn. Seit einem Vierteljahrhundert sorgen angehende Historikerinnen mit Stadtführungen dafür, dass auch die Basler Frauengeschichte ins allgemeine Bewusstsein rückt.

Daniela Pfeil — 142

GEMEINSAM LEHREN UND FORSCHEN, GEMEINSAM STARK SEIN

Mit der Neuausrichtung ‹European Campus›, dem Zusammenschluss von fünf Universitäten am Oberrhein, entsteht ein Wissenschafts- und Forschungsraum ohne Mauern und Grenzen. Die Universität Basel nimmt in dieser Hochschullandschaft einen wichtigen Platz ein.

Claudio Miozzari — 145

LANDSCHAFTS-GEDÄCHTNIS GEHT ONLINE

Das Webportal regionatur.ch dokumentiert Veränderungen unserer Landschaft, mit deren Folgen sich auch die neue Naturgefahrenkarte des Kantons auseinandersetzt.

Peter Bollag

MIT VIEL ELAN GESTARTET: DIE NEUE REKTORIN DER UNIVERSITÄT BASEL

Das Jahr 2015 brachte für die Universität eine personelle Premiere: die erste Rektorin ihrer Geschichte. Ein Antrittsbesuch bei Andrea Schenker-Wicki

Ihr Büro wirkt hell und freundlich, mit Blick auf die Altstadt. Zum freundlichen Eindruck tragen auch die zahlreichen Blumensträusse bei, die überall verteilt sind. Sie markieren Anfang und Neubeginn zugleich, es ist Mitte August 2015. Der allererste Arbeitstag der ersten Frau auf dem Stuhl des Rektors beziehungsweise der Rektorin der altehrwürdigen Alma mater Basiliensis. Die Zürcherin Andrea Schenker-Wicki scheint mit dieser Vorgabe respektvoll, aber nicht zu beeindruckt umzugehen: «Irgendwann muss man eine neue Aufgabe ja anpacken», sagt sie. Und zeigt im folgenden Gespräch, dass sie sich seit ihrer Wahl im Mai schon intensiv mit ihrer neuen Herausforderung auseinandergesetzt hat. Das sei gar nicht so einfach gewesen, bekennt sie einleitend freimütig und mit einem Lächeln. Sie habe die Universität Basel vor ihrer Wahl nicht besonders gut gekannt, eben aus der Distanz einer jahrelangen Tätigkeit an der Universität Zürich (zuletzt war sie dort von 2012 bis 2014 Prorektorin Rechts- und Wirtschaftswissenschaften).

Dabei liegen auf dem noch ziemlich leeren Schreibtisch der neuen Rektorin durchaus Themen, die wohl selbst ihr das Lächeln ein bisschen gefrieren lassen könnten: vor allem und in erster Linie die Finanzen. Eines der Hauptthemen des politischen Sommers der Region ist der heftige Streit um die weitere Finanzierung der Universität zwischen Stadt und Land. Und Andrea Schenker-Wicki, die in ihrem Berufsleben unter anderem als Professorin für Betriebswirtschaftslehre (an der Uni Zürich) lehrte, aber auch im Bundesamt für Bildung und Wissenschaft in Bern arbeitete, zeigt mit wenigen Sätzen auf, dass dieses Thema ganz oben auf ihrer Traktandenliste figurieren wird. «Ich möchte der Politik in Liestal aufzeigen, dass die Uni-Gelder nicht einfach hinausgeworfen sind, sondern gezielte Investitionen in den Standort Basel-Stadt und Baselland bedeuten.»

Die Universität Basel hat in den letzten Jahren ein kontinuierliches Wachstum erlebt

Bildung und Umwelt

Auf dem Weg in die Martinskirche an der traditionellen Jahresfeier

Die erste Rektorin der Universität in 555 Jahren:
Andrea Schenker-Wicki vor dem Kollegienhaus

Bildung und Umwelt

Bildung und Umwelt

Offen für Studierende und alle Interessierten:
‹Lange Nacht der Wissenschaft› an der Universität Basel im September 2015

Bildung und Umwelt

Solche Sätze hat man zwar auch schon von Basler und auch Baselbieter Politikern gehört, aber aus dem Mund der neuen Rektorin tönen sie überzeugend. Die Frau weiss, was sie vertritt, auch wenn sie es beim Gespräch mit dem Stadtbuch gerade erst seit ein paar Stunden tut – zumindest offiziell. Andrea Schenker-Wicki sieht diese schwierige Aufgabe aber auch ausdrücklich als grosse Chance: «Das kann und wird unser Team auch zusammenschweissen, davon bin ich überzeugt.» Sie ist sich aber auch bewusst, dass sich ihre Aufgabe um einiges schwieriger gestalten könnte, sollte der Landkanton sein finanzielles Engagement tatsächlich einschränken oder mittelfristig den gemeinsamen Uni-Vertrag mit Basel-Stadt sogar aufkündigen.

Diese komplexe Situation spornt die neue Rektorin aber auch an, «am ‹brand› Universität Basel zu arbeiten». Wohl nicht zufällig wählt sie das englische Wort als Ausdruck der Weltverbundenheit der ältesten Schweizer Universität, die für Schenker-Wicki so gar nichts Behäbiges hat: «Ich übernehme einen Betrieb mit hochmodernen Strukturen.» Obwohl dieser Betrieb für sie durchaus national und international noch besser vernetzt sein könnte: «Dabei offeriert doch diese Region einmalige Chancen für so etwas, mit ihren kurzen Distanzen und der grossen geografischen Nähe zu Pharma und Life Sciences.» Schenker-Wicki spricht sich in diesem Zusammenhang auch für Sponsoring aus, immer wieder auch ein kontroverses Thema: «Wir können nicht ohne leben, aber es muss auf jeden Fall transparent sein.» Und fügt noch an, dass die Freiheit von Lehre und Forschung absolut gewährleistet sein müsse.

Ebenso vehement verteidigt Andrea Schenker-Wicki den Anspruch der universitären Geisteswissenschaften, auch und nicht zuletzt gegenüber jenen Kreisen, die finden, diese Fächer gehörten abgeschafft, weil sie sich dem ‹Wissenschaftsmarketing› zu wenig erschliessen. Die Nicht-Geisteswissenschaftlerin Schenker-Wicki wird in ihrer Vehemenz da grundsätzlich, fast philosophisch: «Natürlich brauchen wir die naturwissenschaftlichen Fächer, sie sind lebenswichtig. Aber: Das Bild des Menschen, was er ist und wie er funktioniert, das können diese Fächer nicht leisten – sondern eben nur und gerade die Geisteswissenschaften, zum Beispiel die Geschichtsfächer.» Dazu komme – und da spricht jetzt wohl wieder die Betriebswissenschaftlerin aus ihr: «Wenn man hier den Rotstift ansetzt, kann man keine grösseren Beträge einsparen, da diese Fächer budgetmässig nicht so sehr ins Gewicht fallen.»

Andrea Schenker-Wicki wird eine gute Botschafterin der 555 Jahre alten Universität sein, daran kann schon nach wenigen Minuten unseres Gesprächs kaum ein Zweifel aufkommen. In einem der vielen Zeitungsinterviews im Nachgang ihrer Wahl bekannte sie, ihr ursprünglicher Berufswunsch Krankenschwester sei daran gescheitert, dass sie kein Blut sehen könne. Man nimmt es der sympathischen Mittfünfzigerin sofort ab. Sie ist sich aber auch bewusst, dass ihr Vorgänger Antonio Loprieno ihr diesbezüglich kein leichtes Erbe hinterlassen ist. Gut vernetzt, im Leben der Stadt Zeichen setzend, war er sozusagen eine Art ‹Mr. University›. Schenker-Wicki scheint hier aber ebenfalls gut unterwegs zu sein, auch wenn aus praktischen Gründen (die Familie, Verpflichtungen an der Uni) weiterhin Zürich einer ihrer Lebensmittelpunkte bleibt. Aber sie hat selbstverständlich fast seit Stellenantritt ein Basler Pied à terre, das mitten in der Altstadt gelegen ist.

Ein Besuch im St. Jakob-Park mit ihrem fünfzehnjährigen Sohn (die Tochter ist elf), der FCB-Fan ist, der müsse schon Platz haben im vollen Terminkalender, sagt sie. Und zaubert wieder das Lächeln auf ihr Gesicht, das wir schon kennen.

Julia Konstantinidis

SEIT 25 JAHREN UNVERZICHTBAR

Basel, eine Stadt in Männerhand? Woher denn. Seit einem Vierteljahrhundert sorgen angehende Historikerinnen mit Stadtführungen dafür, dass auch die Basler Frauengeschichte ins allgemeine Bewusstsein rückt.

Es begann mit einer Reise nach Köln. Neun Geschichtsstudentinnen besuchten Ende der Achtzigerjahre die grösste Stadt am Rhein und buchten beim ‹Kölner Frauen Geschichtsverein› einen Stadtrundgang. «Wir hatten uns anlässlich des 100-Jahr-Jubiläums der Zulassung von Studentinnen an der Universität Basel mit Frauengeschichten beschäftigt und festgestellt, dass diese im Alltagswissen komplett fehlen. Das war der Anlass für uns, die fehlende Geschichte der Frauen in dieser Stadt zu beleuchten und der Allgemeinheit zugänglich zu machen», erinnert sich die Basler Historikerin und BastA!-Grossrätin Brigitta Gerber, die damals mit von der Partie war. «Wir waren so begeistert vom Kölner Rundgang, dass wir beschlossen, die Idee zu übernehmen und auf Basel zu adaptieren.»

Für ihren ersten Frauenstadtrundgang im Sommer 1990 wählten die angehenden Historikerinnen das Thema ‹Arbeit›. Er wurde einmalig durchgeführt und fand grossen Anklang. Weil das Historische Seminar das Projekt ideell unterstützte, beschlossen die Frauen, weitere Rundgänge auszuarbeiten. Noch im selben Jahr gründeten sie den Verein Frauenstadtrundgang – heute sind rund zweihundert Frauen und Männer als Passivmitglieder eingetragen. «Wir kamen mit den Führungen gut an. Auch weil wir sie mit szenischen Darbietungen anreicherten, was damals noch nicht verbreitet war», erklärt Gerber.

Szenische Interventionen

Ein Vierteljahrhundert und 1700 Führungen zu 45 verschiedenen Themen später streifen sich Dorothea Blome und Susanna Papa während der Führung mit dem Titel ‹Ein Blick durchs Schlüsselloch› an einzelnen Stationen Schürzen, Hauben oder Kopftücher über. So wollen sie veranschaulichen, wie es um Sitte und Sexualität im historischen Basel bestellt war. Die beiden Frauen sind altgediente Stadtführerinnen: Blome,

Bildung und Umwelt

die Archäologie studierte, stiess 2007 zum Team; Papa studierte Geschichte und führt seit sieben Jahren Rundgänge durch.

In der Augustinergasse erfahren die Teilnehmerinnen (allesamt Frauen), wie die jungen Frauen im Basel des 16. Jahrhunderts Männer näher kennenlernen konnten: Sie luden sie zu ihren ‹Stubeten› ein, wo die Frauen zum Spinnen zusammenkamen. «Dort entwickelten sich Liebschaften und es wurde geschäkert. Die Männer nahmen den Frauen das Spinnzeug weg, und diese bekamen es erst zurück, wenn sie den Mann küssten», erzählt Susanna Papa. Die soziale Kontrolle habe bei diesen Anlässen allerdings gut funktioniert, ergänzt Dorothea Blome. Manchmal zu gut – sie zitiert aus einer Gerichtsakte von 1536, bei der es um zwei Frauen geht, die beim Spinnen allzu ausführlich über ihr vermeintlich unzüchtiges Liebesleben sprachen.

Praxisfeld für Wissenschaftlerinnen

«Es dauert acht bis zwölf Monate, um eine neue Führung zu konzipieren. Das Thema wird von drei bis sechs Frauen vorbereitet, wobei jede ein bis zwei Stationen ausarbeitet», erklärt Nadja Müller. Die Theologin ist zu dreissig Prozent beim Verein als Koordinatorin angestellt. Seit sie 2008 als Führerin einstieg, hat sie fünf Rundgänge mitkonzipiert und unzählige Führungen geleitet. Die Stelle als Koordinatorin hat jeweils ein Aktivmitglied inne, das heisst eine der neunzehn Frauen, die Rundgänge durchführen. Das Koordinationsbüro wird von der Universität zur Verfügung gestellt und über Drittmittel finanziert, die der Verein Frauenstadtrundgang akquiriert.

Bereits kurz nach seiner Gründung traten dem Verein auch Frauen aus anderen geisteswissenschaftlichen Fächern als Aktivmitglieder bei. Denn nicht nur die Funktion als Koordinatorin, auch die Führungen bieten den Studentinnen die Möglichkeit, neben dem Studium Geld zu verdienen; sie erhalten 70 bis 90 Franken für einen Einsatz. Jährlich finden laut Müller bis zu hundert Rundgänge im öffentlichen Programm oder als privat gebuchte Anlässe statt. Insgesamt besuchen ungefähr 1700 Personen die Rundgänge in einem Jahr.

Neue Generation, neue Perspektiven

Unter den Teilnehmerinnen der öffentlichen Führung mit Dorothea Blome und Susanna Papa sind Frauen, die sich seit Jahren keinen Rundgang entgehen lassen. Eine von ihnen bemerkt, dass sich die Stimmung inzwischen verändert habe. In den Anfangszeiten sei die Atmosphäre noch kämpferischer gewesen, «teilweise entwickelten sich während den Führungen rege Diskussionen». Heute haben die Rundgänge ihre emanzipatorische Aufbruchsstimmung et-

Mit einem Koffer bei der Helvetia: szenische Vermittlung von Frauengeschichte

was abgelegt. «Unser Angebot reiht sich nun in eine beträchtlich gewachsene Auswahl an szenischen und thematischen Stadtrundgängen ein. Männer sind übrigens seit je als Teilnehmer herzlich willkommen», erläutert Nadja Müller.

Wie das Umfeld habe sich auch die Themenfindung in den vergangenen Jahren verändert. Mit jedem ‹Generationenwechsel› der Führerinnen komme es auch zu einer Verschiebung der Perspektive: «Seit etwa zehn Jahren behandeln wir inhaltlich neben frauengeschichtlichen Themen auch geschlechtergeschichtliche.» So wird etwa beim Kleinbasler Rundgang an der Station der früheren Kaserne die Frage aufgeworfen, wie im Militär aus Buben Männer ‹gemacht› werden. Die thematische Öffnung sowie die immer wiederkehrende Diskussion, ob auch Männer als Aktivmitglieder aufgenommen werden sollen, müsse mit Bedacht und unter Berücksichtigung der zahlreichen Stammkundinnen geführt werden. «Diese Frauen haben sich das erkämpft, was für uns selbstverständlich ist», anerkennt die Koordinatorin und fügt an: «Es gab eine Phase, wo man nicht mehr ‹emanzipatorisch› sein wollte.»

Dass es immer noch nicht selbstverständlich ist, die Frauengeschichte zu kennen und zu erfahren, zeigt sich auch heute noch. Etwa im Sommer 2014, als das Schweizer Fernsehen den Themenmonat ‹Die Schweizer› ausstrahlte und nur historische Männerfiguren thematisierte. Nadja Müller als Vertreterin der ‹neuen Generation› stimmt hier mit Gründungsmitglied Brigitta Gerber überein, die sagt: «Es gibt immer noch Frauengeschichten, die erzählt werden müssen. Ohne diese Themen würde der Stadt etwas fehlen. Und nicht zuletzt ist der Verein Frauenstadtrundgang für Historikerinnen auch ausserhalb ihres Fachbereichs ein gut funktionierendes Netzwerk.»

www.frauenstadtrundgang.ch

Daniela Pfeil

GEMEINSAM LEHREN UND FORSCHEN, GEMEINSAM STARK SEIN

Mit der Neuausrichtung ‹European Campus›, dem Zusammenschluss von fünf Universitäten am Oberrhein, entsteht ein Wissenschafts- und Forschungsraum ohne Mauern und Grenzen. Die Universität Basel nimmt in dieser Hochschullandschaft einen wichtigen Platz ein.

Die Universitäten gehen bei ihren Forschungsprojekten Risiken ein. Sie suchen aber nicht nur Herausforderungen, sondern ebenso Gleichgesinnte, mit denen sie die Risiken teilen und die Forschung optimieren können, um auf dem internationalen Bildungsmarkt zu bestehen. Die Europäische Konföderation der Oberrheinischen Universitäten (Eucor) wirkt als trinationale, grenzüberschreitende Zusammenarbeit der Universitäten Basel, Freiburg im Breisgau, Strassburg, des Karlsruher Instituts für Technologie und der Université de Haute-Alsace in Mulhouse. In diesem Programm ist es für Studierende seit 1989 möglich, an den beteiligten Hochschulen Veranstaltungen zu besuchen und deren Forschungseinrichtungen gebührenfrei zu nutzen, während sie an ihrer Heimatuniversität immatrikuliert bleiben.

Schon vor dem Abstimmungsresultat zur Masseneinwanderungsinitiative vom 9. Februar 2014 liefen Bestrebungen, den Eucor-Verbund durch ein dynamischeres Projekt abzulösen. Die Folgen der Abstimmung begrenzen wesentlich die Möglichkeit der universitären Zusammenarbeit und des Austausches (Forschungsprogramme, Studierendenaustausch, Lehrstuhlbesetzung mit internationalen Kandidaten). Die Ausarbeitung des neuen Projektes ‹European Campus› bedeutet für die Universität Basel einen willkommen Austausch und eröffnet ihr neue Wege. Zudem sieht das Projekt neben einer Konzentrierung der Lehre und Forschung auch eine Vereinheitlichung der Abschlüsse vor. Und nicht zuletzt kann sich der Raum des Dreiländerecks zu einer Modellregion für europäische Integration entwickeln.

Der European Campus ist aus Eucor erwachsen und als eine Art akademische Freizone vorgesehen. Die Universitäten Freiburg im Breisgau und Strassburg haben diese Vision entworfen und im Jahr 2010 mit einer ‹Partnership of Excellence› den Grundstein dafür gelegt. Die angestrebte Erweiterung dieser Kooperation resultiert aus der Notwendigkeit, Kräfte und Finanzmittel zu bündeln, um in der kompetitiven internationalen Forschungslandschaft mithalten zu können und höchste Wettbewerbskraft zu erlangen. Im Verlauf der letzten fünf Jahre schlossen sich das Karlsruher Institut für Technologie, die Université de Haute-Alsace in Mulhouse sowie die Universität Basel diesem visionären Projekt an. Die Konzentration der geistigen und praktischen Arbeit wird ausgezeichnete Wissenschaftlerinnen und Nachwuchskräfte anziehen, den Zugang zu weiteren Forschungsgeldern ermöglichen und die Ausarbeitung wegweisender Projekte erleichtern.

Für die Universität Basel bedeutet die Teilhabe am European Campus einen Türöffner zur europäischen Universitätslandschaft und gleichzeitig eine Intensivierung der bestehenden Kontakte zu den Instituten am Oberrhein. Ziel des Zusammenschlusses ist es, die Forschungsresultate noch mehr in die Region einfliessen zu lassen. Dies dürfte beispielsweise in den Bereichen Ökologie und Medizin von einiger Wichtigkeit sein. Neben den gesellschaftlichen und kulturellen Unterschieden im Dreiländereck gilt es auch, sprachliche Hürden zu nehmen. Im Universitätsbetrieb herrscht Englisch als Lingua franca vor, und Basel bietet bereits Studiengänge auf Englisch an. Am Rheinknie setzt man auf intelligente Mehrsprachigkeit. Während Publikationen auf Englisch veröffentlicht werden, können Vorträge oder Kolloquien durchaus in diversen Sprachen gehalten werden. Es geht

Neues Gefäss der Wissenswerbung: die Uni-Nacht

in erster Linie darum, dass man sich versteht. Sprache muss funktionieren, und sie gelingt, wenn die Botschaft beim Gegenüber ankommt.

Ein zentrales Thema ist auch die Mobilität. Für das Leben einer in Basel Immatrikulierten soll es in zehn bis fünfzehn Jahren selbstverständlich sein, dass sie mit öffentlichen Verkehrsmitteln zwischen den fünf Universitäten pendelt. Darum will der European Campus bald mit den nationalen und internationalen Verkehrsbetrieben Verhandlungen aufnehmen, im Raum steht die Idee eines Verbundtickets für Studierende in der trinationalen Region.

Zusammen zählen die fünf Universitäten im Moment etwa 115 000 Studierende und 15 000 Lehrpersonen. Mit dieser Masse lässt sich eine genügend grosse Nachfrage für ein Fach generieren, was besonders für hoch spezialisierte oder marginale Fächer interessant ist, deren Erhaltung an einer einzelnen Universität möglicherweise gefährdet wäre. Die für den European Campus benötigten Finanzmittel werden prozentual unter den beteiligten Hochschulen aufgeteilt, entsprechend der Anzahl Studierender. Generell stehen weitere Projektmittel allen Fächern offen. Es hängt von den Initianten ab, hierbei sind allen voran die Juristen und die Linguistinnen treibende Kräfte. Und ein European Campus kann Fördermittel bei der Europäischen Kommission beantragen. Was die politische Unterstützung für die Universität Basel betrifft, so ist den Sondierungsgesprächen zu entnehmen, dass die Kantone und der Bund willens sind, diesen Austausch tatkräftig zu unterstützen. Die weiteren Verhandlungen werden zeigen, was sich konkret machen lässt und wie dies angegangen wird. Die Regio Basiliensis ist bereits stark in die Überlegungen involviert.

Dass die fünf Universitäten ernst machen wollen mit ihrem neuen Projekt, zeigt allein das Tempo, mit dem sie unterwegs sind. Was im März 2014 noch den Titel ‹Vision› trug und in erster Linie darum bestrebt war, dem European Campus eine Rechtsform zu geben, hat inzwischen eine definitivere Form angenommen. Aufbauend auf dem Entscheid der Eucor-Mitglieder vom Dezember 2013, der diesen Schritt vorbereitete, haben Baden-Württemberg und der elsässische Regionalrat im Juli 2014 ihre finanzielle Unterstützung zugesichert. Daraufhin riefen die Eucor-Universitäten im Juni 2015 einen Europäischen Verbund für territoriale Zusammenarbeit (EVTZ) ins Leben. Diese Rechtsform ermöglicht grenzüberschreitendes, transnationales oder interregionales Zusammenwirken. Die fünf beteiligten Universitäten sind mit dem EVTZ-Gründungsbeschluss inzwischen gut auf Kurs. Denn bereits drei Wochen später sprachen die deutsche und die französische Regierung für den weiteren Ausbau des European Campus ihre Unterstützung zu. Derzeit ist in den jeweiligen Ländern der Entscheid hängig, den EVTZ-Antrag von den zuständigen Stellen als Rechtsform anerkennen zu lassen. Mit Spannung dürfen die weiteren, wegweisenden Schritte verfolgt werden.

Mit ihren 555 Jahren blickt die Universität Basel als älteste Universität der Schweiz auf eine beeindruckende Lehrtradition zurück. Darauf darf man sich nicht ausruhen. Im Wissenschaftsbetrieb geht es darum, national wie auch international und immer mehr auch global am Ball zu bleiben und überzeugen zu können. Der European Campus ist eine grosse Chance, im Forschungsfeld mit anderen europäischen Eliteuniversitäten bestehen zu können und zum Magnet mit internationaler Strahlkraft zu werden. Dies wird wahrscheinlich auch Einfluss auf den Arbeitsmarkt haben. Basel setzt zusammen mit den vier oberrheinischen Bildungsinstituten ein klares Signal. Mit dem Gemeinschaftsprojekt European Campus ist die Universität Basel gut aufgestellt. Nun geht sie Hand in Hand mit ihren Verbündeten in eine spannende und kreative Zeit.

Claudio Miozzari

LANDSCHAFTS-GEDÄCHTNIS GEHT ONLINE

Das Webportal regionatur.ch dokumentiert Veränderungen unserer Landschaft, mit deren Folgen sich auch die neue Naturgefahrenkarte des Kantons auseinandersetzt.

Der Birsig ist der «Bauch von Basel», wie der Historiker Georg Kreis in seiner 2015 erschienenen Publikation zum 150-jährigen Jubiläum des Tiefbauamts Basel-Stadt schreibt.* Er hätte das Flüsschen mitten durchs Stadtzentrum auch als ehemaligen Darm bezeichnen können. Im Sommer 1884 waren zum Beispiel zwei und im Winter desselben Jahres ein Arbeiter ausschliesslich damit beschäftigt, den angestauten Abfall und andere übel riechende Hinterlassenschaften wegzuschwemmen.

Eine Lösung zur Eindämmung der Geruchsimmissionen des stinkenden Stadtbachs bot die Überdeckung des Birsigs, die in mehreren Schritten seit dem Mittelalter umgesetzt wurde. Hinweise auf diesen Prozess, der für das Stadtzentrum prägende Veränderungen brachte, findet man auf den Siegfried- und Landeskarten, welche auf dem Webportal regionatur.ch einsehbar sind. Die Karte von 1875 etwa zeigt, dass man damals auf dem Marktplatz noch durch eine Öffnung auf den Fluss sehen konnte, 1955 hingegen ist nur noch ein kleiner Abschnitt des Birsigs beim Heuwaage-Hochhaus offen.

Alles, was vom Landschaftswandel zeugt

Das Webportal regionatur.ch macht die Veränderung der Region Basel in den letzten fünfhundert Jahren nachvollziehbar. Der kommentierte Bild- und Kartenschatz bietet Einblicke in die Veränderungen der Landschaft und deren Hintergründe – dies für das Gebiet zwischen dem Isteiner Klotz im Norden, dem Hauptkamm des Kettenjuras im Süden und von Liesberg im Westen bis nach Oltingen im Osten. Das Wissen aus den Bereichen Geografie, Biologie und Geschichte wird auf regionatur.ch in einen Zusammenhang gestellt und breit zugänglich gemacht. Von Landschaftsmalereien, -skizzen und -zeichnungen über Illustrationen, Kartenwerke und Darstellungen von Pflanzen und Tieren bis zu historischen und aktuellen Fotografien zeigt die Website alles

Bildung und Umwelt

Bildung und Umwelt

Der Birsig stellt das grösste Überschwemmungsrisiko
für die Stadt Basel dar

Rhein und Birs hingegen sind vergleichsweise harmlos
(hier bei der Schwarzwaldbrücke und bei der Redingbrücke)

Bildung und Umwelt

zur Geschichte der Veränderungen in der Natur und zum Landschaftswandel in der Region.

Realisiert wurde regionatur.ch vom Verein Natur und Landschaft der Region Basel, mit Unterstützung der Christoph Merian Stiftung und der Kantone Basel-Stadt, Basel-Landschaft und Solothurn sowie weiterer Partner. Projektleiter des Webportals ist der Basler Biologe und Fotograf Beat Ernst. Mit dem Online-Gedächtnis zur Natur und Landschaft der Region möchte er zu einem bewussteren Umgang mit diesen Ressourcen beitragen: «Um die heutige Landschaft zu verstehen, ist es wichtig, die Vorgeschichte zu kennen.» Ernst erhofft sich von der Website auch einen Beitrag dazu, dass beispielsweise Planer sorgfältiger mit unserer Landschaft umgehen.

Der Fluss wird eingesperrt

Eines der rund 270 Orts- und Themenmodule von regionatur.ch ist dem Birsig gewidmet, ein anderes den Gewässerkorrektionen, ein weiteres Hochwassern und Überschwemmungen. Der zuvor die ganze Talsohle einnehmende Birsig wurde im 19. Jahrhundert zwischen Oberwil und Basel in ein Flussbett gezwängt. Die so gewonnenen Flächen waren sehr fruchtbar und boten sich für die landwirtschaftliche Nutzung an, fielen dann aber schrittweise Überbauungen zum Opfer. Heute hat sich «die Stadt ins Tal gewälzt», wie regionatur.ch einen Leimentaler Biologielehrer zitiert – die Talsohle ist von Oberwil bis zur Mündung in den Rhein an der Schifflände fast durchgehend überbaut.

Welche Folgen zeitigte die Einbettung der Flüsse für die Natur? Zum einen haben verschwindende Feuchtgebiete, erhöhte Fliessgeschwindigkeit und landwirtschaftliche Nutzung dazu geführt, dass heute andere Tiere und Pflanzen an und in den Flüssen leben. Die Biodiversität hat abgenommen, wie auf regionatur.ch nachzuverfolgen ist.

Zum anderen kann die Eindämmung der Flüsse auch negative Folgen für die Menschen haben. So bieten viele der historischen Gewässerkorrektionen aus heutiger Sicht zu wenig Schutz vor Hochwasser. Da viele vormalige Schwemmgebiete wie beim Birsig überbaut wurden, fehlen Ausweichmöglichkeiten für grössere Wassermengen, was einen möglichen Hochwasserschaden potenziert.

Neue Naturgefahrenkarte

Diese und andere Gefährdungen, beispielsweise durch Lawinen, haben den Bund veranlasst, die Kantone zur Ausarbeitung von Naturgefahrenkarten zu verpflichten. Ziel dieser Karten ist es, Risiken und mögliche Gefährdungen auf dem jeweiligen Kantonsgebiet aufzuzeigen. Auch Basel-Stadt ist diesem Auftrag nachgekommen und hat die kantonale Karte im März 2015 publiziert. Wenn Andreas Flück, Leiter der Abteilung Planung-Infrastruktur im Tiefbauamt Basel-Stadt, auf die Gefahrenkarte blickt, zieht er ein eher beruhigtes Fazit: «Basel-Stadt ist von grossen Naturgefahren weitgehend verschont.» Am höchsten wird die Gefahr von Hochwassern bewertet und nicht etwa jene von Erdbeben. Was die Fliessgewässer betrifft, so birgt der Rhein auf Kantonsgebiet nur am Kleinbasler Ufer ein geringes Überschwemmungsrisiko. Am ehesten hochwassergefährdet ist die Grossbasler Innenstadt entlang der Talsohle, wiederum durch den Birsig im Bauch der Stadt. Auch auf dem Land liegen mehrere auf ehemaligem Birsig-Schwemmgebiet errichtete Bauten in einer Risikozone, wie die auf regionatur.ch verlinkte kantonale Gefahrenkarte zeigt.

Um die Gefährdung durch den Birsig in der Stadt zu reduzieren, wurden schon vor der Publikation der Karte Massnahmen ergriffen. Bei der Munimattbrücke (Birsigstrasse) an der Heuwaage fuhren 2015 die Baumaschinen auf, um den Wasserspiegel abzusenken und das Flussbett zu verbreitern.

«Damit erreichen wir, dass der Birsig schneller in den Tunnel fliessen kann», erläutert Alexander Cierpka, Projektleiter Gewässer im Tiefbauamt Basel-Stadt. Nebenbei wurde bei diesen Arbeiten auch ein Teil der Birsig-Überdeckung wieder abgerissen und das Parkdeck bei der Heuwaage entfernt. Zusätzliche Rechen beim Dorenbachviadukt und beim Eingang des Kanals verhindern, dass Schwemmgut bei Hochwasser das Flussbett verstopft.

Etwas komplizierter ist die Situation beim Zolli, der sich genau auf dem historischen

Erinnerungstafel an die Birsig-Hochwasser von 1529 und 1530 am Basler Rathaus

Schwemmgebiet des Birsigs befindet. Da das Bachbett bei einem extremen Hochwasser nicht die ganzen Wassermassen aufnehmen könnte, sieht der Notfallplan vor, den Fluss über die Binningerstrasse rund um den Zolli umzulenken. Das Szenario eines durchs Stadtzentrum schwimmenden Flusspferds – ähnliche Bilder gingen im Juni 2015 nach einer Überschwemmung im georgischen Tiflis um die Welt – soll so im Notfall abgewendet werden.

Im eigentlichen Bauch der Stadt, der Birsig-Überdohlung, sind die Handlungsmöglichkeiten jedoch beschränkt. Die Abflusskapazität könnte nur erhöht werden, wenn die im Verlauf der letzten Jahrzehnte im bestehenden Tunnel verlegten Leitungen (wie etwa für die Fernwärme) wieder entfernt würden – was teuer und nicht zwingend notwendig sei, wie Andreas Flück ausführt.

Als der Birsig durchs Rathaus floss

Während die Naturgefahrenkarte und die Website regionatur.ch die Stadt Basel daran erinnern, dass in ihrem Bauch ein durchaus lebendiger Birsig fliesst, finden sich auch über der Eindohlung Zeugen für dessen Existenz. Man muss allerdings genau hinschauen, um auf dem Marktplatz den Hinweis auf den Birsig zu entdecken. Am Eingang zum Basler Rathaus befindet sich ein Schild, das an zwei Hochwasser in den Jahren 1529 und 1530 erinnert. Der Birsig führte damals so viel Wasser, dass er von «einem berg am anderen gieng», wie die historische Inschrift berichtet. Die Hochwassermarke zeigt den damaligen Pegel auf Kopfhöhe. Cierpka kennt die Inschrift genau: «Unsere Berechnungen eines möglichen Birsig-Hochstandes haben interessanterweise ein ähnliches Resultat ergeben.» Mit den laufenden Massnahmen solle dafür gesorgt werden, dass der Birsig auch bei einem Hochwasser dieser Grösse nicht denselben Stand erreicht wie vor rund fünfhundert Jahren.

Die Hochwassermarke am Rathaus ist übrigens nicht das einzige klassische Erinnerungsmal für die Kraft der Natur in der Stadt. Wer die mit Jahreszahl dokumentierten historischen Rheinpegelhöhen aufspüren möchte, suche in der Bildergalerie zum Modul Hochwasser-Überschwemmungen auf www.regionatur.ch.

* Georg Kreis: 150 Jahre im Dienst der Stadt. Zur Geschichte des Tiefbauamts Basel. Beiträge zur Basler Geschichte, Basel 2015.

Bildung und Umwelt

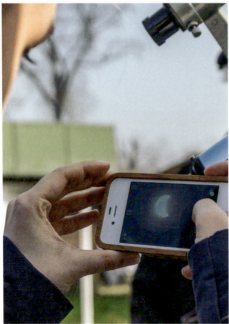

Das astronomische Phänomen des Jahres 2015 am Vormittag des 20. März:

mit Spezialapps, Camera Obscura und Spezialbrillen ausgerüstete Himmelsgucker bei der Sternwarte und auf dem Margarethenhügel

Bildung und Umwelt

Inhalt

156 Simon Baur

EIN MUSEUM VERWANDELT SICH

Das Kunstmuseum Basel putzt sich bis März 2016 heraus, um frisch und gestärkt eine neue Phase seines Bestehens anzugehen, mit Erweiterungsbau und neuem Direktor.

162 Barbara Saladin

WO DIE VERGANGENHEIT DEPONIERT IST

Museumssammlungen vereinen geballtes Wissen, doch die Präsentation der Exponate und ihre wachsende Anzahl brauchen Platz. Diesem Problem begegnen die Museen der Region Basel mit unterschiedlichen Strategien.

168 Michael Gasser

MOMENT DER RUHE

Die fünf Wandbilder in der Schalterhalle des Bahnhofs SBB fristeten lange Zeit ein Dornröschendasein. 2015 wurden die Gemälde endlich zu neuem Leben erweckt und binnen zweier Monate fachgerecht restauriert.

173 Simon Baur

KEIN MUSEUM, KEIN SCHAULAGER: EIN KABINETT

Die Architekten Jacques Herzog und Pierre de Meuron beschenken die Stadt und das Kunstmuseum mit ihrem eigenen Archiv und der Fotosammlung von Ruth und Peter Herzog.

178 Susan Steiner, Gerhard Hotz

RETTUNGSGRABUNG IM EHEMALIGEN SPITALFRIEDHOF ST. JOHANN

Im Friedhof des Bürgerspitals fanden Mitte des 19. Jahrhunderts Menschen aus der Basler Unterschicht und Zugezogene ihre letzte Ruhestätte. Das Beispiel eines Syphilispatienten zeigt das Potenzial der Kombination von archäologischen, anthropologischen und schriftlichen Quellen auf.

Kultur und Geschichte

182 Simon Baur

DER BASLER FRIEDRICH-NIETZSCHE-BRUNNEN

Obwohl Friedrich Nietzsche zehn Jahre lang an der Universität Basel lehrte, suchte man bislang in der Stadt vergebens einen Platz oder eine Strasse, die seinen Namen trägt.

185 Daniela Pfeil

ERST DIE ARBEIT, DANN DAS VERGNÜGEN?

Die Intendanz von Georges Delnon am Theater Basel war beschattet vom Spardruck, brachte aber dennoch herausragende Produktionen hervor, die europaweit Anerkennung fanden.

192 Sigfried Schibli

FRANKOPHIL UND INNOVATIV

Georges Delnon war neun Jahre lang Direktor des Theaters Basel und als solcher verantwortlich für Schauspiel, Ballett und Musiktheater. Am schwersten wiegen zweifellos seine Verdienste um die Basler Oper.

Simon Baur

EIN MUSEUM VERWANDELT SICH

Das Kunstmuseum Basel putzt sich bis März 2016 heraus, um frisch und gestärkt eine neue Phase seines Bestehens anzugehen, mit Erweiterungsbau und neuem Direktor.

Ein Neubau der Architekten Christ & Gantenbein, eine umfassende Renovation des Haupthauses, diverse aufwendige Kunsttransporte ins Museum der Kulturen und ins Museum für Gegenwartskunst, sechs grosse Ausstellungen in Basel, diverse Präsentationen im Ausland, die Bestimmung eines neuen Direktors, eine interimistische Direktion im Kupferstichkabinett, der Abzug einer bedeutenden Sammlung, der Gewinn von zwei hochkarätigen Sammlungen aus Basel: Das Jahr 2015 wird für das Kunstmuseum Basel wohl als eines der turbulentesten seit seiner Eröffnung 1936 in die Geschichte eingehen. Doch der Reihe nach. Im Jahr 2013 kündigte das Museum an, wegen Renovierungsarbeiten des Hauptbaus am St. Alban-Graben den Ausstellungsbetrieb während eines Jahres zu schliessen. Neben der Sanierung eines grossen Teils der Haustechnik und der Erdbebenertüchtigung sollte auch die Situation des Eingangsbereichs im Hauptgebäude verändert werden, da künftig von dort aus der Erweiterungsbau über eine unterirdische Passage zugänglich ist und das Ticketing für beide Häuser neu strassenseitig unter den Arkaden angesiedelt wird. Zudem sollen im Erdgeschoss neue Räume für Shop, Garderobe und die Abteilung ‹Bildung und Vermittlung› erstellt werden.

Ein spektakuläres Programm

Auch wenn niemand dachte, die Mitarbeiter des Museums würden ein ‹Sabbatical› einlegen, reagierten Teile der Bevölkerung auf die Nachricht der Schliessung doch irritiert. Dies kann als klares Bekenntnis zum wichtigsten der Basler Museen gesehen werden. Um die Situation zu beruhigen, verlangte das Präsidialdepartement des Kantons Basel-Stadt vom Kunstmuseum nicht nur ein verstärktes Ausstellungsengagement im Museum für Gegenwartskunst, sondern auch an anderen Orten. Damit rannte es offene Türen ein, das Museum hatte solche Aktivitäten längst geplant, sie aber noch nicht kommuniziert. Anlässlich der Jahrespressekonferenz im Dezember 2014 gab die Leitung ihre ausführlichen Pläne bekannt. Fünf Ausstellungen sollten im Museum für Gegenwartskunst gezeigt werden: die Ausstellung ‹Von Cézanne bis Richter. Meisterwerke aus dem Kunstmuseum Basel›, die Einzelpräsentationen zu Martin Boyce, Frank Stella und Cy Twombly sowie die thematische Ausstellung ‹Von Bildern. Strategien der Aneignung›.

Zur Schliessung des Haupthauses gab es am letzten Januarwochenende 2015 noch ein fulminantes Abschlussfest. Dabei konnten Gäste, die nichtsahnend durch die Gemäldegalerie spazierten, ohne es zu wissen zum letzten Mal Paul Gauguins ‹Nafea› im Kunstmuseum Basel bewundern. Denn in der darauffolgenden Woche war aus der Presse zu erfahren, dass Ruedi Staechelin, der Enkel des Sammlers, das Bild für einen hohen Betrag ins Ausland verkauft habe. Käufer und Summe sind bis heute ein Geheimnis, gut unterrichtete Kreise sprechen vom Emirat Katar als Destination und einer Summe von etwa dreihundert Millionen US-Dollar.

Zwei Ab- und zwei Zugänge

Die gleichzeitige Ankündigung von Ruedi Staechelin, er wolle in Zukunft den Rest seiner Sammlung nicht mehr im Kunstmuseum zeigen, bestärkte das Kunstmuseum in einem längst eingeleiteten Strategiewechsel, wonach künftig vorzugsweise Leihgaben angenommen werden, bei denen die Leihgeber gleichzeitig eine Schenkungsoption aussprechen. Dieses Vorgehen wird in den USA längst angewandt. Denn wie im Fall Staechelin nun deutlich wurde, durfte das Kunstmuseum während Jahrzehnten die Werke zwar zeigen und hat sie auch werbewirksam vermarktet – doch alle Bilder haben dadurch eine Wertsteigerung erfahren, die dem Besitzer umfänglich zugutekam.

Im Mai 2015 machte die ‹TagesWoche› publik, dass die Prof. Johann Jakob Bachofen-Burckhardt-Stiftung ihre Sammlung dem Kunstmuseum vermacht habe. Es handelt sich dabei um eine der bedeutendsten Schweizer Sammlungen von Gemälden des frühen 15. bis ausgehenden 19. Jahrhunderts, mit über dreihundert Werken von so wichtigen Künstlern wie Lucas Cranach d. Ä., Hans Memling und Albert Anker. Sie befindet sich bereits seit 1937 als Dauerleihgabe im Museum; einige Bilder hatte die Sammlerin Louise Bachofen-Burckhardt schon vor diesem Zeitpunkt geschenkt, wie beispielsweise Konrad Witz' ‹Joachim und Anna an der Goldenen Pforte›, das in der Sonderausstellung im Museum der Kulturen zu sehen war.

Im Juni folgte dann eine weitere Überraschung für das Kunstmuseum. Die Architekten Jacques Herzog und Pierre de Meuron eröffneten ihr ‹Jacques Herzog und Pierre de Meuron Kabinett (Stiftung)›, in der ihre Architekturmodelle, Entwürfe und Skizzen, Werke von Künstlern wie Rémy Zaugg, Ai Weiwei, Dan Graham und Hiroshi Sugimoto aus gemeinsamen Kooperationen, aber auch die grossartige Fotosammlung von Ruth und Peter Herzog aufbewahrt werden. All diese Exponate werden in Zukunft dem Kunstmuseum Basel für Ausstellungen und Forschungen zur Verfügung stehen. Die Architekten wollen mit diesem Schritt ihre Werke der Spekulation durch ihre Nachkommen entziehen und ihre Sympathie der Stadt Basel gegenüber ausdrücken.

Altmeister auf Reisen

Für einmal sind bis Februar dieses Jahres die alten Meister des Kunstmuseums für ein knappes Jahr zu Gast im Museum der Kulturen und damit nur einen Katzensprung vom ersten Kunstmuseum entfernt, dem Berri-Bau in der Augustinergasse. Der doppelstöckige Ausstellungssaal des von Herzog & de Meuron entworfenen Erweite-

Kultur und Geschichte

Glanzvolle Gäste im Museum der Kulturen:
die Ausstellung ‹Holbein, Cranach, Grünewald›

Konzentrierter Gang durch die Malerei der Moderne:
‹Von Cézanne bis Richter› im Museum für Gegenwartskunst

rungsbaus stellt sich dabei als besonders geeignet heraus. Nicht nur garantiert er spannende Perspektiven in der Ausstellung, er ermöglicht auch Ausblicke in die Sammlung des gastgebenden Hauses. Bodo Brinkmann, Kurator Alte Meister, präsentiert mit ‹Holbein, Cranach, Grünewald› jene Werke des Museums, die sammlungsgeschichtlich zu den ersten und kunsthistorisch zu den bedeutendsten Exponaten des Hauses zählen.

Interessant ist die Ausstellung aus mehreren Gründen. Zum einen ist es immer spannend, bereits Bekanntes in neuen Räumen zu betrachten. Zum andern gibt es eine Hängung, wie man sie bisher noch nie gesehen hat. Die Orgelabdeckungen Holbeins hängen hoch an der Wand, darunter das Bild des toten Christus im Grabe, flankiert vom Doppelbildnis des Bürgermeisters Jacob Meyer zum Hasen und seiner Frau Dorothea Kannengiesser und dem Bildnis des Bonifacius Amerbach, und ganz in der Ecke Holbeins Familienbildnis. An einer anderen Wand hängen fast alle im Museum befindlichen Bilder von Konrad Witz, doch nicht in historischer Konstruktion angeordnet, sondern eher wie die wandfüllenden Retabel spanischer Kirchen. Ohne die ungewöhnliche Höhe des Raumes wäre so etwas nicht möglich gewesen. Es entsteht ein ganz neuer Eindruck; plötzlich beginnt man zu verstehen, wie die Bilder sich zueinander stellen.

Drei Leuchttürme des Kunstmuseums wanderten für einige Monate ins Ausland. Die hochkarätige Picasso-Sammlung wurde während etwa sechs Monaten im Museo del Prado in Madrid gezeigt. Schon ein Schriftzug über dem Eingang zur Galería Central verriet das Highlight: ‹10 Picassos del Kunstmuseum Basel›. Die Leihgaben aus Basel verdrängten die im Prado hängenden Werke jedoch nicht, im Gegenteil: Sie wirkten als Ergänzung der Sammlung, speziell in Bezug auf Velázquez, Rubens, Tizian oder

Ein weiterer Höhepunkt des Basler Museumsjahrs 2015:
die Ausstellung ‹Future Present› über die Sammlung der Emanuel Hoffmann-Stiftung
im Schaulager

Goya. Obschon die Werke separiert waren – die zehn Picassos auf temporären Wänden in der Mitte und die Werke des Prado an den Galeriewänden –, mache gerade diese Verbindung die Ausstellung spannend, erklärte Carmen Giménez, Kuratorin und Picasso-Spezialistin am Guggenheim Museum New York. In der Tat hat sich Pablo Picasso immer wieder von Gemälden alter Meister inspirieren lassen.

Gleichzeitig zeigte das Museo Nacional Centro de Arte Reina Sofia eine Auswahl von über hundert Werken der Öffentlichen Kunstsammlung Basel. Und auch die beiden Sammlungen ‹Rudolf Staechelin› und ‹Im Obersteg›, schon oft als Schwestersammlungen bezeichnet, waren zuerst im Museo Reina Sofia und anschliessend bis zum 10. Januar 2016 in der Phillips Collection in Washington zu sehen.

Interessantes Heimspiel

Auch das Schaulager nahm die Schliessung des Kunstmuseums zum Anlass, ein spezielles Highlight im eigenen Ausstellungsprogramm zu präsentieren. Es zeigte bis Ende Januar dieses Jahres unter dem Titel ‹Future Present› grosse Teile der Sammlung der Emanuel Hoffmann-Stiftung. Deren Werke stehen seit Jahrzehnten der Öffentlichen Kunstsammlung Basel zur Verfügung und stellen im kollektiven Gedächtnis einen festen Bestandteil der Sammlung des Hauses dar. Die Ausstellung macht klar, wie konzentriert und stetig der Stiftungsrat mitsamt seinen drei Präsidentinnen Maja Sacher, Vera Oeri und Maja Oeri seit seiner Gründung 1933 die Kunst der Gegenwart im Blick hatte. Oder anders ausgedrückt, die Emanuel Hoffmann-Stiftung definiert den Begriff der Gegenwartskunst aus einer besonderen, da persönlich geprägten Perspektive und zeigt in einem grossartigen Überblick, wie diese sich mit Begriffen wie Klassische Moderne, Surrealismus, Dada, Pop- und Land-Art und dem Heute verschränkt. Oder nochmals anders ausgedrückt, wie permanent aktuell, zeitlos und doch auch mit dem eigenen Umfeld verwoben Kunst sein kann.

Damit die zahlreichen Künstler ein ideales Umfeld erhielten, wurden verschiedene Präsentationsformen gewählt. Während im Erdgeschoss verschiedene ‹-ismen› versammelt sind – belgischer Expressionismus, Surrealismus, De Stijl, Arte Povera, Land-Art und Konzeptkunst –, werden die Künstler im Untergeschoss und in den Obergeschossen monografisch in einzelnen Räumen präsentiert. Das Besondere daran: In den Obergeschossen handelte es sich um die Lagerräume der jeweiligen Kunstwerke, beispielsweise die rund 160 Objekte umfassende Installation ‹Plötzlich diese Übersicht› von Peter Fischli und David Weiss. Die Ausstellung ‹Future Present› hätte auch nach dieser Installation heissen können, denn tatsächlich war noch nie eine solche Übersicht über die Werke der Emanuel Hoffmann-Stiftung zu sehen.

Barbara Saladin

WO DIE VERGANGENHEIT DEPONIERT IST

Museumssammlungen vereinen geballtes Wissen, doch die Präsentation der Exponate und ihre wachsende Anzahl brauchen Platz. Diesem Problem begegnen die Museen der Region Basel mit unterschiedlichen Strategien.

Jedes Museum baut auf seinen gesammelten Schätzen auf und will sie präsentieren. Doch das quasi natürliche Wachstum der Sammlungen kann auch zum Problem werden. Wie gehen die Museen der Region Basel mit ihren Sammlungen um und wie planen sie ihre Zukunft? Wir haben, stellvertretend für alle Museen in Basel und Umgebung, über ein Dutzend ausgewählte Museen angefragt und von den in diesem Text erwähnten Häusern auch Antworten erhalten.

Da ist das Naturhistorische Museum Basel (NMB), das – hervorgegangen aus dem ältesten Museum Europas und seit dem Jahr 1849 an der Augustinergasse domiziliert – jährlich rund hunderttausend Besucher empfängt. «Wir stellen alles aus, was mit der Natur zu tun hat», sagt Abteilungsleiter Denis Vallan und zählt die Bereiche Zoologie, Paläontologie, Mineralogie und Geologie auf. Die präparierte Giraffe im Treppenhaus und der Höhlenbär in seiner Höhle sind zwei der wohl bekanntesten Exponate, insgesamt jedoch besitzt das NMB über 7,7 Millionen Objekte (es ist noch nicht alles katalogisiert), die sich auf 2700 Quadratmeter Ausstellungsfläche sowie auf die Depots verteilen.

In der Altstadt verfügt das Museum über 3000 Quadratmeter Depotfläche, in einem Aussenlager in Münchenstein über weitere 1800 Quadratmeter. Im fünffach unterkellerten Museumshof schlummern etwa umfangreiche Insekten-, Vogel- und Knochensammlungen. Die Exponate benötigen unterschiedliche klimatische Bedingungen. Vogel- und Säugetierpräparate werden bei 14 °C gelagert, da der Museumskäfer (*Anthrenus museorum*), welcher Fell und Federn frisst, sich bei niedrigen Temperaturen nicht vermehren kann. Um Fäulnis zu vermeiden, darf die Luftfeuchtigkeit nicht über sechzig Prozent steigen. Überhaupt gewinnt man immer mehr Wissen, was die Konservierung angeht – und kann Exponate so besser langfristig erhalten. In den Depots lagern neuere Objekte neben Sammlungsstücken aus den Anfangszeiten des Museums. Im 16. oder 17. Jahrhundert habe es viele weisse Flecken auf der Landkarte gegeben, erklärt Vallan, entsprechend suchte und raffte man zusammen, was man fand. Heute dagegen werde nur noch spezifisch gesammelt: «Wir brauchen zwar immer mehr Raum, aber die Kurve flacht ab.»

Das Problem des Platzmangels ist in vielen Museen drängend. «Es ist wichtig, den Sammlungszuwachs sehr sorgsam zu kontrollieren und nur Objekte aufzunehmen, welche die Sammlung bereichern», sagt etwa Daniele Turini, verantwortlich für die Kommunikation im Historischen Museum Basel HMB (Ausstellungshäuser Museum für Geschichte, Museum für Musik, Museum für Pferdestärken und Museum für Wohnkultur). Hierbei helfe ein Sammlungskonzept, welches von Zeit zu Zeit überdacht und den neuen Bedürfnissen angepasst werde, doch «der Platz ist in einem kulturhistorischen Museum, welches auch ein ‹Archiv der Sachkultur› ist, eine permanente Herausforderung».

Marc Limat, Leiter des Museum.BL in Liestal, betont darüber hinaus die Wichtigkeit von Sammlungsabsprachen und der Vernetzung mit anderen Museen. Mit engen Verhältnissen kämpft auch das Ortsmuseum in Reigoldswil. Das von einer Stiftung getragene kleine Museum ‹im Feld› wird von einem Verein betrieben und zählt rund fünfhundert Besucher jährlich. Eine Depoterweiterung ist in Planung.

All diese Museen weisen auch Depots an Aussenstellen auf. Am stärksten auf externe Standorte (deren zwölf) muss dabei das Museum.BL setzen, das im historischen Zeughaus in der Liestaler Altstadt nicht auf weitläufige Nebenräume zurückgreifen kann. Einzig das von der Roche gegründete und vollumfänglich finanzierte Museum Tinguely meldet, dass sein Lager genügend Raum biete, «auch für neue Objekte».

Ein absolutes No-Go ist der Verkauf von Museumsobjekten. Diesen untersagt das baselstädtische Museumsgesetz ebenso wie die Richtlinien des ICOM, des International Council of Museums. Deshalb arbeitet man innerhalb der Museen mit Dauerleihgaben – und achtet darauf, unpassende oder überflüssige Objekte gar nicht erst anzunehmen. Über die Auswahl entscheiden die Sammlungsverantwortlichen und Kuratorinnen, in Absprache mit den Restauratoren und den jeweiligen Direktionen.

Einen neuen Weg hat der Kanton Baselland beschritten, als er 2015 der Öffentlichkeit das Kulturgüterportal vorstellte, auf dem die ‹gesammelten Werke› aller am Projekt beteiligten Museen von Augusta Raurica bis zum Heimatmuseum Bennwil online verfügbar sind. Abertausende von Museumsobjekten – vom Faustkeil von Pratteln über Gemälde und alte Fotografien bis zu Kleidungsstücken – wurden digital erfasst und können übers Internet abgerufen werden. So stehen die Kulturgüter des Baselbiets nicht mehr nur Fachleuten, sondern auch interessierten Privatpersonen zur Verfügung, wenn auch nur virtuell. In Zusammenarbeit der Kooperationsinitiative Baselland unter anderem mit dem Kulturgüterschutz des Kantons wurden die Objekte auf diese Weise für die Nachwelt digital gesichert.

Auch das NMB Basel arbeitet an einer Digitalisierung, zusätzlich rückt eine Lösung des Platzproblems in absehbare Nähe: Ab 2022/23 soll das Museum ausserhalb der engen Altstadt zusammen mit dem Staatsarchiv Basel-Stadt einen grosszügigen Neubau beziehen können, wo auch es möglich sein wird, die verschiedenen Depots zusammenzuführen. Der neue Kulturkomplex soll ab 2018 für rund 190 Millionen Franken beim Bahnhof St. Johann gebaut werden. «Die Reserve sollte dann wieder für ein paar Jahrzehnte reichen», blickt Denis Vallan optimistisch in die Zukunft.

Der Club der toten Vögel im Depot des NMB an der Augustinergasse

Kultur und Geschichte

Klimakontrolliertes Habitat für die Säuger

Eine Arche Noah mit eigener Ordnung

Kultur und Geschichte

Michael Gasser

MOMENT DER RUHE

Die fünf Wandbilder in der Schalterhalle des Bahnhofs SBB fristeten lange Zeit ein Dornröschendasein. 2015 wurden die Gemälde endlich zu neuem Leben erweckt und binnen zweier Monate fachgerecht restauriert.

Seit bald neunzig Jahren zieren der Vierwaldstättersee, das Matterhorn, das Jungfraujoch, der Silsersee und Gstaad die Schalterhalle des Basler Bahnhofs SBB. Obschon die Wandbilder fest im Bewusstsein der Bevölkerung verankert sind, werden sie von Pendlern selten wahrgenommen. Weil diese auf den Zug hetzen müssen, am Handy hängen oder möglichst ungestört vorwärtskommen wollen. Nie scheint genügend Zeit und Musse zu bleiben, um diese Bilder eingehender zu betrachten oder zu würdigen. Laut Daniel Schneller, dem Leiter der Kantonalen Denkmalpflege, ist der künstlerische Stellenwert der Bilder jedoch überaus hoch. «Diese sind sehr typisch für die Zeit, in der sie entstanden sind. Sie haben einen nationalromantischen Charakter – und nehmen sich das Werk Ferdinand Hodlers als grosses Vorbild.»
Trotz dieser Einschätzung drohte den Wandbildern, die sowohl Einflüsse des französischen Impressionismus als auch des deutschen Expressionismus aufweisen, lange Zeit der Verfall. Insbesondere die Eröffnung der Bahnhofspasserelle im Jahr 2003 brachte speziell für den ‹Vierwaldstättersee› von Ernst Hodel junior (1881–1955) eine Zunahme an Luftfeuchtigkeit, Schmutz und Zugluft. Mehrmals habe sein Amt versucht, die SBB als Eigentümer zu einer Restaurierung zu bewegen, erklärt Schneller. «Zunächst war es für uns nicht ganz einfach, die zuständigen Verantwortlichen zu finden.»

Neuer Glanz für alte Bilder

Der konkrete Entscheid, die fünf Gemälde von Ernst Hodel, Hans Beat Wieland (1867–1945), Werner Miller (1892–1959) sowie Ekkehard Kohlund (1887–1974) auszubessern und wieder in altem Glanz erstrahlen zu lassen, sei noch 2013 gefasst worden, erläutert Giovanni Menghini, Leiter Fachstelle für Denkmalpflege bei den SBB, neu im Amt seit Juni 2014: «Die Bilder sollten noch vor dem grossen Umbau des Westflügels in

Ordnung gebracht werden.» Und genau so ist es auch gekommen: Die Restaurierungsarbeiten konnten im Mai 2015 abgeschlossen werden. In der Zwischenzeit hat man im Bahnhof SBB damit begonnen, das Reisezentrum umzubauen; die Arbeiten sollen bis Juni 2016 andauern.

Auch Giovanni Menghini zeigt sich von den Wandbildern angetan: «Nicht zuletzt sind diese Teil einer öffentlichen Botschaft in Grossformat.» Oder wie Daniel Schneller es formuliert: «Ziel der Bilder, die unter anderem auf Initiative des Heimatschutzes entgearbeitet habe, bin ich zwar ständig an den tollen Wandbildern vorbeigekommen, aber auf ihren Zustand habe ich nur selten geachtet», gesteht Heydrich, kneift die Augen zusammen und lässt den Blick über das gut fünf auf fünfzehn Meter grosse Panorama an der Ostwand der Schalterhalle schweifen, das den nicht bloss auf Deutsch und Französisch, sondern auch auf Englisch beschrifteten ‹Lake of Lucerne› zeigt. Gewisse Schäden wie die stark abblätternde Farbe seien ihm allerdings schon damals aufgefallen.

Vor dem Verfall gerettet: ‹Vierwaldstättersee› von Ernst Hodel

standen sind, war es, den Reisenden schweizerische Destinationen näherzubringen – und auch einen Moment der Ruhe in die Bahnhofshalle zu tragen.»

Den Zuschlag für die Arbeiten erhielt nach einem Wettbewerbsverfahren das Team um den Kunsthistoriker und Restaurator Christian Heydrich und seinen Fachkollegen Gregor Mahrer. Nach Angaben von Menghini umfasste der Auftrag drei Hauptpunkte: Konservierung, Reinigung und zurückhaltende Retuschen. «Als ich noch in Zürich

«Hätte man noch weitere zwei Jahre mit der Restaurierung zugewartet, wäre das Panoramabild von Hodel kaum mehr zu retten gewesen», glaubt Restaurator Heydrich. Im Verlauf der letzten Jahrzehnte müsse es von der Decke der Halle heruntergetropft haben, was sichtbare Spuren auf Hodels Bild hinterliess. «Dieses wurde bereits einmal restauriert, leider undokumentiert. Mit der blossen Reinigung brachte man damals die braunen ‹Läufe› allerdings nicht zum Verschwinden, weshalb die betroffenen Stellen

Künstlerisch qualitätvolle frühe Tourismuswerbung im Bahnhof SBB

Kultur und Geschichte

mit brauner Farbe wegpatiniert wurden» – wodurch der ‹Vierwaldstättersee› noch dunkler wirkte. Vor seiner Restaurierung im vergangenen Jahr wies das Bild zudem diverse Leinwandrisse auf. Der unablässige Luftzug, die stark wechselnde Luftfeuchtigkeit in der Schalterhalle sowie das enorme Gewicht der Leinwand hätten auch dazu geführt, dass sich im unteren Teil des Gemäldes ein Bauch gebildet habe, sagt Heydrich. «Die sechs Löcher, die wir im Himmel entdeckten, rührten wahrscheinlich von der ursprünglichen Beleuchtung – wohl noch mit Gaslampen – her.»

Taubendreck, Spinnweben und Löcher

Weil das riesige Ölbild auf einem Rahmen sitzt und mit Nägeln befestigt ist, habe man aus finanziellen Erwägungen gar nicht erst in Betracht gezogen, dieses herunterzunehmen. Sonst wäre das Kostendach – vonseiten der SBB wurden insgesamt rund hunderttausend Franken für die Sanierung bewilligt – nicht einzuhalten gewesen. «Also mussten wir mit einem Gerüst arbeiten. Und hatten Helmpflicht», erinnert sich Christian Heydrich, der seit fünfundvierzig Jahren als Restaurator tätig ist. Gut zwei Monate hätten er und sein Team für die Bilder im Bahnhof aufgewendet. «Das erforderte ein pragmatisches Vorgehen.» Man habe sich nicht vorgenommen, die Werke für die kommenden zweihundert Jahre zu bewahren, sondern ihnen Gutes zu tun. Taubendreck, Spinnweben sowie die allgemeine Verschmutzung durch Flugstaub wurden vom ‹Vierwaldstättersee› entfernt, die sechs Löcher geschlossen, die Farbschicht gefestigt und mittels Reinigung und Retuschen die ursprüngliche Farbigkeit wiederhergestellt. «Der abschliessende Firnis ist dazu gedacht, die Farboberfläche auch zukünftig zu schützen», so Heydrich. Im Vergleich dazu hielt sich der Aufwand für die vier anderen Gemälde, die über den Billettschaltern und an der Westwand der Schalterhalle angebracht sind, in Grenzen; diese hatten auch deutlich weniger unter den äusseren Bedingungen zu leiden: «Da mussten wir in erster Linie reinigen.»

Denkmalpfleger Daniel Schneller zeigt sich mit dem Resultat äusserst zufrieden: «Seit der Restaurierung haben die Bilder eine höhere Präsenz in der Bahnhofshalle gewonnen.» Die Farben seien intensiver, wodurch sich auch die «Lesbarkeit der Landschaftsdarstellungen» verbessert habe. Obwohl die Sanierungsarbeiten für Christian Heydrich abgeschlossen sind, lässt ihm etwas keine Ruhe: «Hodels Werk weist schon wieder Falten auf.» Grund dafür seien Wetterlagen mit hoher Luftfeuchtigkeit. «Aber damit müssen wir leben, denn das Klima in der – im Vergleich zu früher – leider viel zu offenen Halle können wir nicht beeinflussen.» Gut also, dass die SBB fortan nicht mehr so lange zuwarten wollen, bis die Wandbilder in der Schalterhalle erneut aufgefrischt werden. Künftig sei ein zweijährlicher Unterhaltsrhythmus geplant, so Giovanni Menghini.

Da die SBB das Reisezentrum in Basel bis Juni 2016 modernisieren, droht den Gemälden allerdings bereits wieder eine Verschmutzung der gröberen Sorte. Um dafür gewappnet zu sein, finden laut Daniel Schneller laufende Gespräche mit den Restauratoren sowie mit der Fachstelle Denkmalpflege der SBB statt. Klar sei, dass die Bilder auch während der Bauarbeiten sichtbar bleiben sollen. Der Umbau soll nicht nur in eine neu gestaltete Haupthalle münden, sondern verspricht auch eine mögliche Rückkehr: Die SBB ziehen in Erwägung, Ekkehard Kohlunds Bild ‹Rhonegletscher›, das seit Jahren in einem Turmzimmer des Elsässerbahnhofs untergebracht ist, wieder der Öffentlichkeit zu präsentieren. Darauf angesprochen, sagt Giovanni Menghini: «Wir setzen alles daran, dass dieses Gemälde wieder in die Halle kommt – auf Kosten der Migros-Werbung.»

Simon Baur

KEIN MUSEUM, KEIN SCHAULAGER: EIN KABINETT

Die Architekten Jacques Herzog und Pierre de Meuron beschenken die Stadt und das Kunstmuseum mit ihrem eigenen Archiv und der Fotosammlung von Ruth und Peter Herzog.

Das neue Haus von Herzog & de Meuron hinter dem Campus der Künste auf dem Dreispitzareal war längst im Bau, doch vorerst war nur klar, dass in den oberen Stockwerken Wohnungen entstehen würden. Die zukünftige Nutzung des Sockelgeschosses blieb lange unbekannt. Dann kommunizierten die international tätigen Architekten, dass sie dort ihre Modelle lagern wollten. Und wieder verging einige Zeit, bis im Juni 2015 deutlich wurde, was Jacques Herzog und Pierre de Meuron darunter genau verstehen.

Kein Archiv des Architekturbüros sollte es werden, sondern eines der beiden Architekten und gleichzeitig eine gemeinnützige Stiftung, wie der Anwalt Peter Mosimann auf Anfrage bestätigte. Mit der Eröffnung dieses umfassenden Lagers wurde gleichzeitig bekannt, dass die Architekten drei Bilder aus dem Zyklus ‹Verkündigung nach Tizian› von Gerhard Richter dem Kunstmuseum Basel geschenkt hatten. Und damit nicht genug: Im ‹Jacques Herzog und Pierre de Meuron Kabinett (Stiftung)› werden nicht nur ihre Modelle und Entwürfe gelagert, das Gebäude beherbergt auch einen grossen Rémy-Zaugg-Raum mit über zwanzig Bildern des bekannten Malers und Konzeptkünstlers, der mit Herzog und de Meuron gut befreundet war und mit ihnen bei verschiedenen Projekten zusammengearbeitet hat. Nun handelt es sich bei den Zaugg-Bildern nicht um Einzelwerke, sondern um die installative Arbeit ‹Vom Tod II, 1999/2002/8.2004›. Sie besteht aus 27 Bildern, für die ein spezieller Raum konstruiert wurde, der in seinen Massen und seiner Beleuchtung die klar umrissenen Vorgaben des Künstlers berücksichtigt.

Kunst denken und spüren

Eine solche Installation dürfte weltweit einmalig sein und erinnert in ihrer Konzentration an die Aussage Alfred Richterichs, eines Freundes und Auftraggebers der Architekten, der anlässlich einer Privatführung vor zig Jahren seine Überzeugung äusserte, dass die Energie einer Sammlung eine direkte Wirkung auf ihre Umgebung ausüben könne. Werke des Wahrnehmungsspezialisten Rémy Zaugg in der Nähe des Kunst-Campus auf dem Dreispitz zu wissen, könnte insofern durchaus stimulierend wirken. Doch die Architekten landeten noch einen weiteren Coup, der ebenfalls mit Wahrnehmung zu tun hat. Sie machten publik, dass sie auch die Fotosammlung von Ruth und Peter Herzog, dem Bruder von

Erste Präsentation im Projektraum, Juni 2015

Jacques Herzog, erworben hatten. Diese umfasst rund 300 000 Bilder und soll in Zukunft, wie auch die übrigen Exponate des Kabinetts, dem Kunstmuseum Basel zur Verfügung gestellt werden.

Warum nun die Bezeichnung ‹Kabinett›? «Kabinett ist ein intimer Begriff, er steht für etwas, das über Jahrzehnte entstanden ist und mit Sorgfalt betreut wird und trotz seinen umfangreichen Beständen überschaubar bleiben soll», meint Herzog und erklärt:

«Unser zentrales Anliegen ist es, dass der gesamte Inhalt des Kabinetts in Basel seinen permanenten Standort behält und dadurch zum kulturellen Reichtum unserer Stadt, der uns ein Leben lang beflügelte, beitragen kann.» Und er ergänzt (als deutlicher Seitenhieb gegen den Abzug der Bilder der Staechelinschen Familienstiftung aus dem Kunstmuseum Basel): «Mit der Gründung des Kabinetts wollen wir zudem der Erbschaftsproblematik ausweichen und unseren Nachlass dem Kunsthandel entziehen.» Jacques Herzog und Pierre de Meuron haben die Fotosammlung von Ruth und Peter Herzog «eher aus spontaner Entschlossenheit und aufgrund einer konkreten Gelegenheit und keineswegs aus strategischer Absicht erworben und in ihre Stiftung eingebracht». «Die Kraft dieser Fotografien ist beeindruckend», schwärmt de Meuron. Für ihn soll das Kabinett zu einem Ort des Studiums, der Recherche und der Diskussion werden.

Im Fokus der Fotoforschung

Die Spezialität der Fotosammlung liegt nicht in der Anhäufung bekannter Namen, wie Peter Herzog erklärt, sie umfasst neben unzähligen Highlights der Fotogeschichte auch speziell das interessante und verkannte Feld der Gebrauchsfotografie. Sobald die Sammlung, auch mithilfe des Sammlerpaars, wissenschaftlich erfasst und aufgearbeitet ist, wird sie entsprechend dem Willen der Stifter in erster Linie dem Kunstmuseum zur Verfügung stehen. Mit dem Verbleib in Basel erfüllt sich ein alter Traum von Peter und Ruth Herzog, und dem Kunstmuseum Basel verschafft die Fotosammlung quasi über Nacht den Aufstieg zu einem weltweit beachteten Zentrum für Fotografie.

Die Fondation Herzog hat inzwischen an der Leimenstrasse 20 eine Liegenschaft erworben, in der ab Herbst 2015 nicht nur ihre grossartige Foto-Bibliothek untergebracht sein wird. Auch ein inhaltlich der Gesamtsammlung entsprechender ‹Nucleus› von dreitausend Fotos aus dem Kabinett wird dort bis zum Tod von Peter und Ruth Herzog bleiben, er soll aufgearbeitet und zusammen mit Neuerwerbungen ausgestellt werden. Die Fondation Herzog plant des Weiteren eine Zusammenarbeit mit verschiedenen Institutionen, Museen und Universitäten, so auch mit Ralph Ubl, dem Ordinarius für Neuere Kunstgeschichte der Universität Basel.

Wunderkammer der Architektur

Rund vierhundert Architekturprojekte lagern im Kabinett, und es werden noch mehr werden – das Büro Herzog & de Meuron baut nach wie vor. In mehreren Teil-Kabinetten sind hier Pläne, Bilder, Modelle, Texte und Zeichnungen archiviert; mit wenigen Ausnahmen stammen die Zeichnungen und Skizzen alle aus der Hand von Jacques Herzog und Pierre de Meuron, der betont: «Wir haben sehr sorgfältig ausgewählt, was wir behalten wollen und was nicht.» Viel Material ist es immer noch. Beispielsweise sämtliche Entwürfe für den speziellen Handlauf im Treppenhaus des Schaulagers: ein mit Leder überzogenes, konkav und konvex gearbeitetes Metallrohr, dem sich die Hand dauernd anpassen muss. Oder Modelle in unterschiedlichen Materialien für diverse Projekte. Das Besondere am Archiv ist nicht nur seine eigene Architektur, in der jedes Detail eine besondere Beachtung erfuhr und speziell konzipiert wurde, spannend ist auch, die einzelnen Werkentwicklungen anhand so zahlreicher Materialstudien und Modelle nachverfolgen zu können. Normalerweise sieht man nur das fertiggestellte Gebäude, im Archiv dagegen sind auch die Zwischenschritte und selbst alle verworfenen Modelle und gestalterischen Sackgassen erlebbar.

In einem speziellen Schauraum zeigen die Architekten wechselnd ausgewählte Beispiele ihres Schaffens. Aktuell wird am Beispiel des Pavillons der Londoner Serpentine Gallery dargestellt, wie eine Arbeit entsteht und wächst. Das im Sommer 2012 im Kensington Garden realisierte Projekt entstand in Zusammenarbeit mit dem chinesischen Künstler Ai Weiwei. Erste Skizzen, Pläne, Modelle und Prototypen des Korkhockers dokumentieren die Projektentwicklung. Eine Fotoarbeit von Hiroshi Sugimoto und eine Installation von Dan Graham, aber auch Fotografien aus der Sammlung von Ruth und Peter Herzog schaffen Bezüge zu provisorischer Architektur. Durch grosse Schiebefenster geht der Blick auf einen kleinen, von einer Hecke umgebenen Garten. In den Kiesboden ist ein rundes Wasserbecken eingelassen, weiter hinten ist ein Teil des ‹Jinhua Structure II – Vertical› zu sehen, eines Pavillons, der vor Jahren das Berowergut der Fondation Beyeler in Riehen geschmückt hat. Entstanden ist nicht nur ein opulentes Archiv, sondern auch ein Repräsentationsbau, in dem das Denken, Fühlen und Handeln der beiden Architekten und von Jacques Herzog und Pierre de Meuron persönlich spürbar ist.

Blicke in das Modell-Kabinett:
Projekt Prada Aoyama, Tokio, Arbeitsmodell 2000

Projekt Schaulager, Münchenstein, Laurenz-Stiftung,
Arbeitsmodelle 1999 (links) und 2001 (rechts)

Das Gebäude ‹Helsinki Dreispitz› von Herzog & de Meuron,
im Vordergrund ‹Jinhua Structure II – Vertical› (Fragment)

Kultur und Geschichte

Susan Steiner, Gerhard Hotz

RETTUNGSGRABUNG IM EHEMALIGEN SPITALFRIEDHOF ST. JOHANN

Im Friedhof des Bürgerspitals fanden Mitte des 19. Jahrhunderts Menschen aus der Basler Unterschicht und Zugezogene ihre letzte Ruhestätte. Das Beispiel eines Syphilispatienten zeigt das Potenzial der Kombination von archäologischen, anthropologischen und schriftlichen Quellen auf.

Im heutigen St. Johanns-Park befand sich von 1845 bis 1868 der Friedhof des Basler Bürgerspitals. Insgesamt 2561 verstorbene Patientinnen und Patienten, vorwiegend aus der sozialen Unterschicht, fanden hier ihre letzte Ruhestätte. Eine Geländeabsenkung für die Erstellung des heutigen Parks machte 1988/89 erstmals eine archäologische Grabung notwendig, bei der 1061 Bestattungen freigelegt wurden. Fast fünfhundert Skelette oder Teile davon bewahrt das Naturhistorische Museum Basel auf. Der Bau einer Hochtemperaturleitung für das Universitätsspital Basel durch die IWB erforderte von März bis Mai 2015 eine weitere Rettungsgrabung der Archäologischen Bodenforschung. Im Rahmen einer Lehrgrabung der Integrativen prähistorischen und naturwissenschaftlichen Archäologie (IPNA) erhielten während vier Wochen Studierende der Universitäten Basel, Bern, Freiburg im Breisgau, Mainz und Zürich eine Ausbildung in der Freilegung, fachgerechten Beprobung und Sterbealtersbestimmung von Skeletten.

Es wurden ausschliesslich die durch die IWB-Leitung gefährdeten Gräber ausgegraben. Dabei konnten unweit der heutigen Elsässerstrasse 54 vollständig erhaltene Bestattungen sorgfältig geborgen und dokumentiert werden. Die Archäologische Bodenforschung bewahrt die menschlichen Überreste auf und archiviert die dazugehörigen Pläne und Grabungsunterlagen.

Eine chronologisch geführte Liste der Gräber half, die Skelette der ehemaligen Patientinnen und Patienten mit Namen, Beruf und Todesursache zu identifizieren und mit den zugehörigen Krankenakten zu verknüpfen. Die medizinischen Akten lagern im Staatsarchiv Basel-Stadt und werden im Rahmen des Bürgerforschungsprojekts Basel Spitalfriedhof* transkribiert. Sie geben einen einzigartigen Einblick in die damalige medizinische Behandlung: Vom Aderlass über die Anwendung von Blutegeln bis zum Schlucken von Quecksilber wurde alles sorgfältig notiert. Menschliche Skelette sind Bioarchive, die Informationen über das ganze Leben von der Geburt bis zum Tod beinhalten können. Ernährung, Krankheiten, Arbeitsbelastung, Aussehen und vieles mehr prägt sich unseren Knochen ein und harrt der Entschlüsselung. Die Kombination von namentlich identifizierten Skeletten und den zugehörigen Krankenakten aus den Anfängen der Schulmedizin ist weltweit einmalig. In interdisziplinärer Zusammenarbeit von Archäologie, Anthropologie, Genealogie und Geschichtsforschung ergeben sich detaillierte Einblicke in die Lebensbedingungen wenig begüterter Menschen aus Basel, über deren individuelle Schicksale bisher wenig bekannt war. Das Beispiel von Samuel Schäublin, einem Patienten, der 1866 nach nur viertägigem Spitalaufenthalt an den Folgen der Syphilis starb, soll das Potenzial der vorliegenden Quellenkombination aufzeigen.

Zeugnisse der Bestattungen ausgegraben

Der Spitalfriedhof befand sich ausserhalb der Stadtmauer beim St. Johanns-Tor. Die Toten aus dem Bürgerspital in Basel wurden in Särgen bestattet, die in Reihen auf dem Friedhofsgelände beigesetzt waren. Es wurde nur in einer Lage beerdigt, das heisst an keiner Stelle fanden sich zwei oder mehrere Skelette übereinander liegend, wie das sonst bei Friedhöfen der Fall war. Die ausgegrabenen Skelette lagen ausgestreckt auf dem Rücken. Häufig waren ihre Schädel von den Spitalärzten zu Studienzwecken aufgesägt worden. Beigaben kommen nur sehr selten vor. Die im Beckenbereich gefalteten Hände hielten manchmal Rosenkränze, deren Reste – etwa kleine Metallplättchen – sich erhalten haben. Etwas häufiger kamen kleine weisse Knöpfe, vermutlich von Totenhemden, zum Vorschein.
Der Sarg von Samuel Schäublin war aus Tannenholz gezimmert und erstaunlich gut erhalten. Nachforschungen sollen zeigen, ob für Schäublin, der unter anderem als Schreiner tätig war, aussergewöhnlich dickwandige Sargbretter verwendet wurden oder ob es bodenbedingte Faktoren waren, die diesen Sarg über 149 Jahre hinweg so ausnehmend gut erhalten haben. Särge aus der zweiten Hälfte des 19. Jahrhunderts können anhand dieser Bestattung vom Spitalfriedhof genauer rekonstruiert werden. Ausser den Sargbrettern haben sich auch abgerundete Holzleisten erhalten, die quer zu den Brettern lagen. Diese kurzen Holzteile dienten der Stabilisierung des Sarges und dem passgenauen Aufsetzen des Sargdeckels.

Ein fataler Fasnachtsbesuch im Jahr 1862

Mithilfe der alten Gräberliste liessen sich vierzig Prozent der Bestattungen bereits während der Ausgrabung identifizieren und das Ergebnis mittels der zugehörigen Krankenakten überprüfen. Im Obduktionsbericht von Samuel Schäublin hatten die Spitalärzte notiert: «... sehr kräftige muskulöse Leiche». Schäublin war, wie im Bericht zutreffend festgehalten, an Syphilis im Endstadium erkrankt. Die Infektionskrankheit hinterlässt charakteristische Spuren am Skelett, wie sie auch die Spitalärzte feststellten, als sie Schäublins Schädel für pathologische Untersuchungen aufsägten: «... die innere Schädeloberfläche dick belegt mit frischen Osteophytbildungen [= Knochenzacken], welche die Form eines dichten Moosbelages besitzen». Tatsächlich fiel das Skelett aus dem Grab, in dem man Schäublin vermutete, nicht nur durch einen robusten Knochenbau auf, es fanden sich auch die charakteristischen moosartigen Knochenveränderungen an der beschriebenen Stelle im Bereich der Schädelbasis.
Samuel Schäublin zog sich die Syphilis nach Aussage der Krankenakte 1862 während der Fasnacht zu, wenige Tage nachdem

Eine einzigartige Kombination von Quellen erschliesst reiche Informationen über die Toten

seine Frau am 22. Januar 1862 an den Folgen der Niederkunft und einer Lungenentzündung gestorben war. Schäublin stand zu diesem Zeitpunkt allein mit einem dreijährigen Knaben und einem Säugling da. Die Infektion mit der damals unheilbaren Krankheit kam einem Todesurteil gleich. Erste Untersuchungen an Schäublins Skelett ergaben keinerlei Hinweise auf eine entbehrungsreiche Kindheit, wie wir sie sonst bei den Skeletten des Spitalfriedhofs sehr häufig finden. Auch genealogische Recherchen zeigen, dass er als Kind eines gut ausgebildeten Handwerkers nicht der sozialen Unterschicht angehörte. 1858 heiratete er im Alter von 25 Jahren. Offenbar verdiente er als Drechsler – anders als viele in Basel lebende Frauen und Männer aus der sozialen Unterschicht im 19. Jahrhundert – genug Geld, um heiraten zu dürfen und eine Familie unterhalten zu können.

Genealogische Untersuchungen zeigen, dass Samuel Schäublin nach dem Tod seiner Frau zwischen Binningen, Frenkendorf und Basel pendelte und als Drechsler, Mechaniker oder Schreiner arbeitete. Der häufige Wechsel des Arbeitsortes und die unterschiedlichen Berufe, die er ausübte, weisen auf eine labile wirtschaftliche Situation hin, wahrscheinlich durch die gravierenden Folgen der Syphilis verursacht. Kurz vor seinem Tod lebte er am Riehenteichweg 28. Sein Nachlass zeichnet ein Bild grosser Armut: «1 Paar Stiefel, 1 Paar Schuh, 1 Rock, 1 Schurz, 1 Hemd, 3 Paar alte Hosen, 1 Paar Unterhosen, 1 Bluse, 1 Gilet, 1 Hut und 1 Koffer». Der materielle Wert wurde mit 15 Franken beziffert. An Barschaft trug Schäublin 1,35 Franken bei sich, was ungefähr dem Tageslohn eines Textilarbeiters oder dem Gegenwert von drei Kilogramm Brot entsprach. Ein Spitalaufenthalt kostete damals täglich 80 Rappen.

Die Untersuchungen zu Schäublins Skelett stehen noch in den Anfängen, und wir versprechen uns weitere interessante Einblicke in Samuel Schäublins Lebensweg und Schicksal. Dieses Skelett kann aber auch helfen, bestehende Methoden wie die Sterbealtersbestimmung zu prüfen und neue Methoden zu entwickeln, wie beispielsweise den genetischen Nachweis des Syphiliserregers. Die Kombination von identifizierten Skeletten, zugehörigen Krankenakten und weiteren historischen Informationen machen die Skelette vom ehemaligen Spitalfriedhof einzigartig und unersetzlich.

Unser herzlicher Dank geht an Marina Zulauf und an das Team des Bürgerforschungsprojekts Basel Spitalfriedhof. Sie haben durch die Transkription der Krankenakten (Spitalarchiv V30.1 – 27. 1842 – 1867, Tagebuch der medizinisch kranken Männer & Frauen im Staatsarchiv Basel-Stadt) und durch Familienforschung wesentlich zum Entstehen des Artikels beigetragen.

* Das Bürgerforschungsprojekt Basel Spitalfriedhof sucht freiwillige Mitarbeiterinnen und Mitarbeiter. Weitere Informationen finden Sie unter https://ipna.unibas.ch/personen/hotz.htm

Simon Baur

DER BASLER FRIEDRICH-NIETZSCHE-BRUNNEN

Obwohl Friedrich Nietzsche zehn Jahre lang an der Universität Basel lehrte, suchte man bislang in der Stadt vergebens einen Platz oder eine Strasse, die seinen Namen trägt.

Ein altes Desiderat

Bisher war nur ein einziger Basler Brunnen einem Universitätsprofessor gewidmet. Diese Ehre kam dem Physiologen Gustav von Bunge zu, nach dem ein Brunnen an der Ecke Spitalstrasse und Wilhelm His-Strasse benannt ist und dazu eine Strasse in Richtung Flughafen. Nun geht mit dem 2015 eingeweihten Friedrich-Nietzsche-Brunnen ein über neunzigjähriges Kapitel zu Ende, das die vergebliche Suche nach einem geeigneten Gedenkort für diesen grossen Denker beinhaltete.

Bereits 1922 hatte der Basler Regierungsrat beschlossen, eine Verbindungsstrasse zwischen der Bruderholzallee und dem Oberen Batterieweg, die heutige Airolostrasse, nach Friedrich Nietzsche zu benennen. Dieser Plan wurde bis 1925 weiterverfolgt und schliesslich, einer Initiative Carl Albrecht Bernoullis folgend, aufgegeben, da Nietzsches Name für eine eventuelle Umbenennung des Schützengrabens reserviert bleiben sollte. Im Sommer 1924 wurde in Basler Universitäts- und Regierungskreisen über eine Feier zu Nietzsches 80. Geburtstag diskutiert, eine offizielle Gedenkfeier verschob man aber auf das ‹geeignetere› Datum des 100. Geburtstags. Bei dieser Gelegenheit wurde auch die Strassenbenennung besprochen, doch der Schützengraben als erste Wohnadresse Nietzsches kam aus stadthistorischen Gründen nicht infrage und eine neue Strasse in der Umgebung wurde seither nicht gebaut.[1] Deshalb steht Nietzsches Name seit Jahrzehnten auf der Pendenzenliste der Basler Nomenklaturkommission.

Exzellente Möglichkeit

Im August 2014 veranstaltete die Künstlerin Bianca Pedrina ein Geburtstagsfest für den Brunnen an der Ecke Spalentorweg und Schützengraben. Ihr war aufgefallen, dass im Brunnenstock die Jahreszahl ‹1864› eingemeisselt ist, und sie nahm diese zum Anlass, den 150. Geburtstag des Brunnens mit einem Apéro und mit zahlreichen Aktionen wie einem grossen Bleigiessen, einer Lesung, einer Tanzperformance und einer turbinengesteuerten Geburtstagstorte zu begehen. Damals hatte ich die Idee, den Brunnen Friedrich Nietzsche zu widmen. Für ein solches Unterfangen war nun aber ein Sachverständiger unabdingbar. Diesen fand ich in der Person von David Marc Hoffmann, dem Leiter des Rudolf Steiner Archivs in Dornach und Präsidenten der Stiftung Nietzsche-Haus in Sils Maria.

einverstanden. Letztere hielt fest: «Die Nomenklaturkommission ist zuständig für die Benennung von Strassen und Plätzen und nicht von Gebäuden, Brunnen oder ähnlichem. Der Präsident erachtet es aber als eine gute Idee, diesen Brunnen in der Nähe des ehemaligen Wohnortes von Friedrich Nietzsche so zu bezeichnen. Dabei ist aber zu berücksichtigen, dass es damit schwierig wird, zu einem späteren Zeitpunkt eine Strasse oder einen Platz an einer anderen Örtlichkeit nach Friedrich Nietzsche zu benennen.»[2]

Widmungsfeier mit Ansprache von David Marc Hoffmann

Nach intensiven Recherchen bei und mit den Verantwortlichen des Bau- und Verkehrsdepartements empfahl Stéphanie Balzer, die Leiterin der Allmendverwaltung, eine Eingabe zur Neu- beziehungsweise Umbenennung des Brunnens bei ihrer Behörde zu machen. Die Zustimmung der Basler Verwaltung folgte nach sechs Wochen: Denkmalpflege, Industrielle Werke Basel, Allmendverwaltung, Amtliche Vermessung, Baulinien und Landerwerb und Nomenklaturkommission waren mit dem Begehren

Die Initianten betrachteten einen Brunnen als passende Würdigung für den bekannten Philosophen. Dass dies auch die Zuständigen der Verwaltung so sahen, zeigte das Grusswort des Kantons, das Philippe Bischof, der Leiter der Abteilung Kultur im Präsidialdepartement, an der Brunneneinweihung am 25. August sprach – ein würdiger Anlass an Nietzsches 115. Todestag. Der Brunnen war mit prächtigen Sonnenblumen geschmückt, der Spätsommer zeigte sich von seiner angenehmen Seite, und

David Marc Hoffmann gedachte in seiner Einführung nicht nur des Philosophen, sondern verwies auch auf die historischen Umstände, die einer solchen Initiative lange Jahre im Weg gestanden waren. Dazu verlieh ein einfacher Apéro mit Brot, Käse, Trauben, Wein und Wasser dem Anlass einen einladenden Rahmen.

Am Brunnenstock prangt nun ein Aluminiumschild, auf dem auch das folgende Nietzsche-Zitat zu lesen ist: «Wir Freigebigen und Reichen des Geistes, die wir gleich offnen Brunnen an der Strasse stehn und es Basler Zurückhaltung in der Verehrung Nietzsches verständlich. Wie David Marc Hoffmann gegenüber der ‹bz Basel› sagte: «Es ist nicht schlecht, dass es nichts gab. Die Nietzsche-Wirkung und Rezeption war und ist sehr auf Pathos ausgerichtet, auch wegen des unseligen Einflusses seiner Schwester.»[3] Hoffmann ist die nüchterne, sachliche Basler Tradition sympathisch.

Auch wenn der Brunnen erst im August 2015 seine offizielle Benennung erhielt, war Nietzsche doch in den Köpfen der Bewohner des Spalentorwegs und des Schützengra-

Nun ist's offiziell: der im Quartier bereits so bezeichnete ‹Nietzsche-Brunnen›

Niemandem wehren mögen, dass er aus uns schöpft...»

Nietzsche-Kult

Sicher geschah es ohne Absicht, dass Nietzsche-Bewunderer so lange auf einen Gedenkort warten mussten. Bekanntlich ist Vorsicht die Mutter der Porzellankiste, und in der Nietzsche-Kiste hat seine Schwester Elisabeth Förster-Nietzsche heftig gefuhrwerkt. Der Tiefpunkt, Adolf Hitlers Besuch im Nietzsche-Archiv in Weimar, macht die bens jahrzehntelang präsent. Ein Anwohner erinnerte sich, dass sie als Kinder immer vom «Nietzsche-Brunnen» sprachen. Sie gingen darin baden.

1 Vgl. David Marc Hoffmann (Hg.): Nietzsche und die Schweiz. Ausstellungskatalog Strauhof, Zürich 1994, S. 182 f.
2 Entscheid Nr. PBA 9 077 562 (1) vom 7. Juli 2015.
3 Susanna Petrin: Ein Brunnen für Nietzsche. In: bz Basel, 6. August 2015, S. 36.

Daniela Pfeil

ERST DIE ARBEIT, DANN DAS VERGNÜGEN?

Die Intendanz von Georges Delnon am Theater Basel war beschattet vom Spardruck, brachte aber dennoch herausragende Produktionen hervor, die europaweit Anerkennung fanden.

Die Ansprüche an das Theater Basel sind hoch und vielseitig. Die Besucher wollen Schauspiel, Tanz und Oper ausgewogen gewichtet auf hohem Niveau sehen. Die Geberseite will ein Dreispartenhaus betreiben – notabene das grösste in der Schweiz –, was angesichts der sich verschmälernden finanziellen Ressourcen bei gleichbleibender darstellerischer Anforderung sehr viel verlangt ist. Und es stellt sich schnell einmal die Frage, in welchen Bereichen am ehesten Einsparungen zu verkraften sind. Es geht aber auch darum, in den Inszenierungen am Puls der Zeit zu bleiben. Gerade dieses Bemühen scheint in einer sich schnell verändernden Realität angezeigt. Diesem Anspruch versuchte das Haus immer wieder gerecht zu werden.

Ein kurzer Blick in die Geschichte. Viele Zuschauer verlor das Schauspiel bereits unter Michael Schindhelm. Deshalb war man bestrebt, eine Person für die Nachfolge zu finden, welche die ins Hintertreffen geratene Sparte wieder beleben und attraktiv machen könnte. Die Ansprüche an die neue Intendanz waren entsprechend hoch, und nicht ohne Selbstironie suchte man nach der sprichwörtlichen eierlegenden Wollmilchsau. Als die Wahl getroffen war und der neue Mann, Georges Delnon, sich nach Basel verführen liess, hatte er einen steilen Einstieg vor sich. Einerseits war die Haltung zum Theater bereits verbreitet kontrovers, andererseits standen zu Beginn der Spielzeit 2006/07 ‹Budgetoptimierungen› an, wie sie schönfärberisch genannt wurden. Es sollten nicht die einzigen Kürzungen bleiben.

Georges Delnon liess sich davon erst einmal nicht abschrecken, verwies aber mit deutlichen Worten auf die Folgen solcher Sparmassnahmen für das Renommee der Basler Bühne. Wie sollte man künftig national, aber auch international konkurrieren können? Dennoch zog er mit seinem Team schwungvoll ein und steckte sich selbst sehr

Kultur und Geschichte

hohe Ziele. Die neue Belegschaft lancierte verschiedene Theaterprojekte, die den intellektuellen Diskurs in der Stadt anregen sollten. Trotzdem kam das Sprechtheater nicht richtig in Fahrt, wobei die Gründe dafür schwer zu finden sind. Vorwegnehmen darf man, dass es kaum am Ensemble lag. Genauso wenig wäre es angesichts seines grossen Engagements gerechtfertigt, Delnon Gleichgültigkeit zu unterstellen – auch wenn er sich für gewisse Veränderungen (wie die Ablösung von Schauspieldirektor Elias Perrig) zu lange Zeit liess. Selber soneröffnung mit ‹Alexanderfest› in Augusta Raurica keine positive Auswirkung auf den landschaftlichen Geldfluss. Dabei war diese Inszenierung neben der grossartigen künstlerischen Darbietung auch eine logistische Meisterleistung. Diese Produktion im Nachhinein nur als eine Charmeoffensive dem Baselbiet gegenüber zu deuten, wäre verfehlt.

Neue Wege beschritt Delnon insbesondere in der Verbindung mit der Art Basel, der Fondation Beyeler und dem Schaulager. Auch bei anderen Projekten setzte man am

Unter der Leitung des Operndirektors Dietmar Schwarz wurde das Theater Basel 2009 und 2010 zum Opernhaus des Jahres gewählt.

räumt er ein, naiv davon ausgegangen zu sein, dass er in der Lage sei, das Theater wieder einem breiteren Publikum zugänglich zu machen, und dass er im Spardruck kreatives Potenzial erkennen wollte.

Als der Landkanton in der Abstimmung vom Februar 2011 eine Subventionsverdoppelung ablehnte, war der kreative Trotz wohl etwas angeknackst und das Bild einer künstlerischen Partnerschaft getrübt. Offensichtlich zeitigte die fulminante Saisoneröffnung Theater auf junge Talente; für den Intendanten war Nachwuchsförderung zentral. Er kooperierte mit dem ‹jungen theater Basel› und wagte das Experiment mit der Gruppe ‹Far A Day Cage›. Beim Tanz setzte er auf Bewährtes, in der Oper, seinem persönlichen Herzstück, erreichte er drei Auszeichnungen: Opernhaus des Jahres 2008/09 und 2009/10 sowie Opernchor des Jahres 2013/14. Dass er selber auch inszenierte, gehörte zu seiner Handschrift.

Als Person bestach Georges Delnon immer wieder durch seine Bescheidenheit. Wenn er bilanzierte, tat er dies ausgesprochen differenziert. So hob er im Rückblick stark das Potenzial der Stadt hervor und seine Wertschätzung ihrer kulturellen Vielfalt. Die Entwicklung in Baselland kommentierte er sachlich als Schritt Richtung Konservatismus. Positiv überraschte ihn der Kredit, der vom Grossen Rat gesprochen wurde und sich aus weiteren Quellen speiste, um eine Gesamtsanierung des Theaters zu ermöglichen. Seine Position als künstlerischer Leiter bestritt er nie als Einzelfigur, sondern betonte stets die Bedeutung der Teamarbeit. Vor neun Jahren wanderte Delnon zu und blieb nach eigenem Ermessen ein Zugewanderter. Zur Einfindung in die Stadt gehörte einst eine Dauerkarte beim FCB ebenso wie das Bestreben, sich gesellschaftlich zu vernetzen und hierfür tragende Kontakte zu schmieden. Dabei bemerkte er, dass er über einen gewissen Radius an Bekanntschaften nicht hinauskam und sich der Themenspeicher kaum erweiterte. Es wirkte stets etwas provinziell, wenn in den Zeitungen auf sein sympathisches Berndeutsch verwiesen wurde – gerade in einer Stadt, in der man sich für weltoffen hält, dürfte dieses Detail eigentlich nicht so stark betont werden. Wie auch immer: Dass diese Weltoffenheit zuweilen auch von Verstockungen verstellt, von Ängsten gebremst und mit Eigeninteressen gefärbt war, fiel Delnon bald auf. Dennoch gab es Ausnahmen, und daraus sind Freundschaften erwachsen, die den scheidenden Intendanten bis an seine neue Wirkungsstätte begleiten werden.

Neun Jahre Intendant unter Spardruck: Georges Delnon

In Hamburg wird sich Georges Delnon nun voll und ganz der Oper widmen können. Diese Spezialisierung ist für ihn nur eine logische Konsequenz. Dass er die neue Aufgabe ohne Spardruck angehen kann, stellte er mit einer gewissen Erleichterung fest. Es macht beinahe den Anschein, als hätte er sich in Basel die Sporen abverdienen müssen, wie unter dem Motto: Erst die Arbeit, dann das Vergnügen.

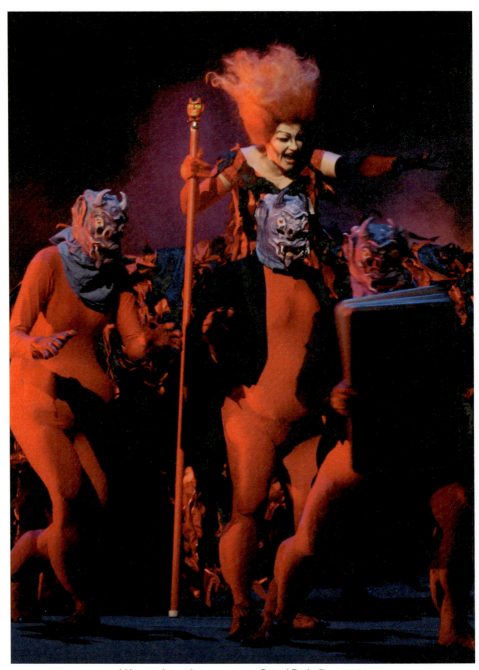

‹L'Amour des trois oranges› von Sergej Prokofjew, 2006
Theater Basel, Foto: Hans Jörg Michel

‹La Grande-Duchesse de Gérolstein› von Jacques Offenbach, 2009
Theater Basel, Foto: Tanja Dorendorf

Kultur und Geschichte

‹Der fliegende Holländer› von Richard Wagner, 2009
Theater Basel, Foto: Toni Suter und Tanja Dorendorf

Kultur und Geschichte

Sigfried Schibli

FRANKOPHIL UND INNOVATIV

Georges Delnon war neun Jahre lang Direktor des Theaters Basel und als solcher verantwortlich für Schauspiel, Ballett und Musiktheater. Am schwersten wiegen zweifellos seine Verdienste um die Basler Oper.

Georges Delnon kam 1958 in einem musikalischen Haushalt in Zürich zur Welt, aufgewachsen ist er in der Romandie. Seine Mutter war Gesangslehrerin in Bern. Dort studierte Delnon Musikwissenschaft und Kunstgeschichte und nahm Kompositionsunterricht. Sein Hauptinteresse galt dem Theater in allen seinen Formen. Seine erste Stelle hatte er als Mitarbeiter der Luzerner Theaterdirektion. Als junger Mann war er beeindruckt von Inszenierungen von Claus Peymann und Ruth Berghaus – zwei Vertretern der modernen Inszenierungskunst, die das Sprechtheater ebenso wie das Tanztheater und die Oper nachhaltig veränderten. Delnons beruflicher Weg vom Dreispartentheater in Luzern über die Theater von Koblenz und Mainz nach Basel und 2015 an die Hamburgische Staatsoper erscheint folgerichtig. Dass man ihn häufig als Repräsentanten der Opernkultur wahrgenommen hat, mag nicht immer in seinem Sinn gewesen sein – war seine Aufgabe doch in Mainz und Basel die Leitung eines Dreispartenbetriebs und nicht die Favorisierung einer Sparte. Überdies war Delnon am Theater Basel nicht allein verantwortlich für die Oper: Er hatte bis 2012 in Dietmar Schwarz einen starken Leiter dieser Sparte. Gleichwohl tragen die neun Opernjahre unter dem Intendanten Delnon seine Handschrift, die man mit den Stichworten Frankophilie und Innovationsfreude umschreiben kann.

Die erste Premiere der Delnon-Ära am Theater Basel am 15. September 2006 war in mehrfacher Hinsicht denkwürdig. Zum einen, weil der Dirigent Armin Jordan (74) schon in der Ouvertüre zur Oper ‹L'Amour des trois oranges› von Sergej Prokofjew einen Herzanfall erlitt, dem er wenige Tage danach erliegen sollte. Zum andern ist die Wahl des eher selten zu hörenden Stücks symptomatisch für Delnons Verständnis eines ‹Stadttheaters› und für seine Vorliebe für den romanischen Kulturraum, dem diese Oper trotz ihres russischen Komponisten angehört.

Die Opern von Verdi und Puccini sind fester Bestandteil eines jeden Opernhauses, und sie standen auch in der ‹Ära Delnon› regelmässig auf dem Programm. Doch fällt in den Spielzeiten von 2006/07 bis 2014/15 der starke Anteil französischer Opern auf – von Charles Gounods ‹Faust› über Jules Massenets ‹Manon› bis zu Jacques Offenbachs ‹Les Contes d'Hoffmann›. Auch eher selten zu hörende französische Bühnenwerke wie die Barockoper ‹Médée› von Marc-Antoine Charpentier und ‹Les Dialogues des carmélites› von Francis Poulenc trugen zum Eindruck bei, Basel sei der Kultur Frankreichs näher als deutsche Opernstädte. Dabei verzichtete Delnon auf einen festen Ersten Dirigenten und arbeitete mit einer kleinen Gruppe fähiger Gastdirigenten. Auch sängerisch herrschte eher ein Kommen und Gehen als ein konstantes Ensemble. Nicht selten bediente sich die Oper aus dem Nachwuchsstudio ‹OperAvenir›, in welchem immer wieder hochbegabte junge Stimmen aus aller Welt zu hören waren.

Auch wenn in den neun Delnon-Jahren viel französisches Repertoire gespielt wurde, so waren die Inszenierungen mehrheitlich vom deutschen Regietheater geprägt – nicht immer zur Freude des konservativeren Teils des Opernpublikums, der sich mehr ‹Werktreue› wünschte. Aber Georges Delnon beziehungsweise Dietmar Schwarz hielten konsequent an ihrem Vorsatz fest, auch romantische Stoffe und Stücke szenisch ‹modern› zu zeigen. Für diese Tendenz standen Regisseurinnen und Regisseure, die im deutschen Schauspiel gross geworden waren: Jette Steckel, David Bösch, Jan Bosse, Elmar Goerden, David Hermann, Benedikt von Peter (der neue Direktor des Luzerner Theaters), Armin Petras, Stefan Pucher und Philipp Stölzl. Letzterem gelang mit dem ‹Fliegenden Holländer› eine Inszenierung von unerhörter Bildkraft.

Für eine Inszenierung, Othmar Schoecks ‹Penthesilea›, engagierte Delnon den deutschen Regie-Altmeister Hans Neuenfels, für ebenfalls eine Produktion (Heinz Holligers Oper ‹Schneewittchen›) den Berliner Maler und Regisseur Achim Freyer – beides Aufführungen, die auch ein überregionales Echo fanden. Mehrere Produktionen fremder und eigener Stücke vertraute das Theater dem Schweizer Kultregisseur Christoph Marthaler an, der mit seinen Abenden auf der Kleinen Bühne regelmässig an Festivals und Theater ausserhalb der Schweiz eingeladen wurde. Dankbare Zuschauer, aber weniger überregionale Resonanz fanden Inszenierungen von Tom Ryser und Massimo Rocchi, mit denen Delnon Mut zu unkonventionellen Personalentscheiden zeigte. Das Experiment, mit ‹Journées contemporaines› der experimentellen Oper ein Spielfeld zu eröffnen, brach er nach zwei Jahrgängen mangels Erfolgs ab.

Zum Hauptregisseur der Basler Oper avancierte in den neun Delnon-Jahren der Katalane Calixto Bieito. Nicht weniger als neun Produktionen trugen seinen Regisseursnamen. Mit der Verdi-Oper ‹Don Carlos› setzte Delnon gleich in seiner ersten Saison ein Zeichen, dass es ihm nicht um gediegene Klassikerpflege, sondern um emotional packendes Musiktheater ging. Das viele Blut, die Gewaltexzesse und die Nackten auf der Bühne spalteten das Publikum, aber sie führten auch dazu, dass Theater wieder zum Stadtgespräch wurde. Eine splitternackte Lulu in Alban Bergs gleichnamiger Oper, eine ‹Carmen› im Milieu heutiger Zigeuner, eine ‹Aida› auf dem Fussballfeld und ein ‹Otello› mit massenhaft Flüchtlingen – solche bildlichen Zeichen liessen die Oper am Theater Basel mehr oder weniger glücklich als aktuelles Genre erscheinen.

Kultur und Geschichte

Inhalt

197 — Claudio Miozzari

ANHALTENDER HÖHENFLUG DES FCB

Der FC Basel bewirtschaftet seine Rolle als Kleiner unter den Grossen im europäischen Fussball sehr erfolgreich. Dabei muss der Club mit ständigen Umbrüchen umgehen – einer davon war 2015 der Rücktritt des gefeierten Captains ‹Pipi› Streller.

204 — Peter Bollag

DER FCB-COIFFEUR

Der Basler Coiffeur Daniele Faella ist auf den ersten Blick kein besonderer Vertreter seines Berufsstandes. Auf den zweiten allerdings schon: Im Coiffeurgeschäft des 35-Jährigen am Rande des Gundeli lässt sich nämlich auch der eine oder andere FCB-Starspieler die Haare schneiden.

207 — Andreas W. Schmid

AUF DEM WEG NACH OBEN

Schwergewichtler Arnold Gjergjaj vom Boxclub Basel ist ‹The Cobra› und mittlerweile stadtbekannt. Nun peilt er einen grossen Titelkampf an.

214 — Peter Bollag

KARRIERE AUF DEM EIS UND AUF DER BÜHNE

Ein Nachruf auf Buddy Elias, für den Basel während langer künstlerischer Wanderjahre immer Lebensmittelpunkt, Heimat und Wohnort war.

217 — Claudio Miozzari

VIEL LÄRM UM DEN LÄRM

Von Clubsterben, Bassbremse, Zwischennutzungen und Lärmkultur: Mitte Februar 2015 entfachte Céline Feller, eine junge Journalistin in Ausbildung bei der ‹bz Basel›, ein mediales Feuerwerk.

Alltag und Freizeit

Claudio Miozzari

ANHALTENDER HÖHENFLUG DES FCB

Der FC Basel bewirtschaftet seine Rolle als Kleiner unter den Grossen im europäischen Fussball sehr erfolgreich. Dabei muss der Club mit ständigen Umbrüchen umgehen – einer davon war 2015 der Rücktritt des gefeierten Captains ‹Pipi› Streller.

Die Erfolgsspirale

Meister, Meister, Meister, Meister, Meister, Meister – sechsmal in Serie der FC Basel! Das hat es noch nie gegeben, und 2016 soll der siebte Titel hinzukommen. Dabei bleibt der Meisterpokal auf jeden Fall in Basel. Denn die Swiss Football League hat entschieden, die Leistungen des Clubs «gebührend zu honorieren» und die Trophäe dem FCB zu schenken. Ende Saison 2015/16 wird also ein neuer Pokal verliehen werden. Der FCB ist der nationalen Konkurrenz enteilt, die drei verlorenen Cupfinals der vergangenen Jahre bleiben eine Randnotiz. Der Clubführung um Bernhard Heusler ist es auf eindrückliche Weise gelungen, eine Nische im internationalen Fussballgeschäft zu besetzen.

Das Erfolgsrezept des FCB sieht so aus: Das regelmässige Erreichen der Gruppenphase der Champions League generiert hohe Preisgeldeinnahmen. Mit diesen finanziert der FC Basel eine Mannschaft, welche die nationale Meisterschaft dominiert, was wiederum die Türen zur Champions League öffnet beziehungsweise offenhält. Als Schweizer Serienmeister hat der FCB einen Platz in den europäischen Wettbewerben fast auf Nummer sicher – im Gegensatz zu manchem grossen Verein im Ausland. In der Fünfjahreswertung der UEFA hat sich der Club mittlerweile in den Top 20 festgesetzt und steht im September 2015 vor so gewichtigen Namen wie Manchester United, der AC Milan oder auch dem FC Sevilla, der gerade zweimal in Folge die Europa League gewonnen hat.

Europäische Erfolge machen sich doppelt bezahlt, indem sie neben den Preisgeldern für Transfereinnahmen sorgen. Diese werden generiert von ambitionierten Talenten aus dem Ausland, die beim FCB die Chance sehen, mit entsprechenden Leistungen das Interesse von Clubs aus den Topligen zu wecken. Das Karrieresprungbrett FCB hat in den

Kurvenfüllende Choreografie zum Abschied von Captain Marco Streller

Alltag und Freizeit

FCB-Verwaltungsrat René Kamm und Präsident Bernhard Heusler im St. Jakob-Park

vergangenen Jahren eindrücklich gut funktioniert. Auf der Liste der lukrativen Abgänge finden sich Namen wie Mohammed Salah (im Januar 2014 für angeblich zwanzig Millionen Franken zu Chelsea London transferiert) und Derlis Gonzalez (im Sommer 2015 für über zehn Millionen Franken von Dynamo Kiew übernommen). Beide spielten nur eine oder eineinhalb Saisons in Basel, ohne in der Meisterschaft je unbestrittene Stammspieler zu sein. Es waren vielmehr ihre Leistungen in den internationalen Spielen, die grosse Clubs dazu bewogen, hohe Transfersummen an den FCB zu überweisen.

Zwischen den finanziellen Möglichkeiten dieser Vereine und jenen des FC Basel liegen Welten. Für Übertragungsrechte von Fussballspielen werden insbesondere in England Summen bezahlt, von welchen die Schweizer Super League nicht einmal träumen kann. Zahlreiche internationale Clubs schöpfen zudem scheinbar unerschöpfliche Mittel aus den privaten Vermögen von Besitzern oder Mäzenen. Der FCB profitiert indirekt von der Finanzkraft dieser internationalen Schwergewichte, wenn er ihnen Spieler mit laufenden Verträgen gegen Transferentschädigungen abgibt.

Dabei hat der FC Basel seine Rolle als Grosser unter den Kleinen – oder eben als Kleiner unter den Grossen – in den vergangenen Jahren so gut bewirtschaftet, dass er es regelmässig schaffte, finanziell deutlich potentere Vereine sportlich zu bezwingen. In der Saison 2014/15 sticht diesbezüglich der Erfolg gegen den traditionsreichen FC Liverpool heraus. Die ‹Reds› wurden im St. Jakob-Park dank eines Treffers von Captain Marco Streller 1:0 bezwungen. Ein entfesselter FCB trotzte dem FC Liverpool dann im entscheidenden Spiel auswärts ein verdientes Unentschieden ab und feierte so den Einzug in die Champions-League-Viertelfinals als Zweitklassierter der Gruppenphase hinter Real Madrid.

Gerührt und stolz: Strellers letzte Ehrenrunde mit dem Meisterschaftspokal

Der Zwang zum Erfolg

Der FCB wirtschaftet höchst erfolgreich, und das schon seit mehreren Jahren ohne Mäzenin im Hintergrund. Das Unternehmen hat im Geschäftsjahr 2014 über 105 Millionen Franken umgesetzt. Das ist durchschnittlich etwa so viel wie der Zolli und das Theater Basel zusammen, wobei sich allein die Personalkosten auf 45 Millionen Franken beliefen. Dank einem Transferertrag von stolzen 35 Millionen (bei einem Transferaufwand von 15 Millionen) und über 18 Millionen Franken Verbandseinnahmen (hier fallen die Preisgelder für die Teilnahme an der Champions League und der Europa League ins Gewicht) war es für den Club kein Problem, das für die Schweiz sehr teure Kader zu finanzieren.

Ohne die Prämien und Transfergewinne aus dem internationalen Geschäft sähe es anders aus, das Lohnniveau könnte allein mit den Einnahmen aus der nationalen Meisterschaft nicht gehalten werden. Der FC Basel ist in der heutigen Form also auf den sportlichen Erfolg angewiesen. Bleiben Meistertitel und Champions-League-Teilnahmen mittelfristig aus, droht sich die Erfolgsspirale in ihr Gegenteil zu verkehren. Auch bei den Ticketeinnahmen wäre ein Rückgang zu befürchten, und die ambitionierten Talente aus dem Ausland würden sowieso sofort anderen Destinationen den Vorzug geben. Der Erfolg des FCB ist wahrhaft kein Selbstläufer. Die Mannschaft muss aufgrund der finanziell interessanten, aber sportlich schwierig zu kompensierenden Abgänge dauernd erneuert werden. Dabei bietet die Reinvestition eines Teils der Transfereinnahmen keinerlei Gewissheit dafür, dass die neuen Spieler die Erwartungen auch erfüllen. Trotzdem ist dies in den vergangenen Jahren mit verblüffender Regelmässigkeit gelungen.

Anfang Saison 2015/16 war der Umbruch beim FCB erneut enorm. Mit Marco Strel-

Mit schöner Regelmässigkeit: Jubel, Fackeln, Meisterschaftsfeier

ler, Fabian Frei und Fabian Schär verlor das Team seine zentrale Achse, seinen Captain und gleich noch die beiden designierten Nachfolger. Als Reaktion zauberten die Verantwortlichen neben internationalen Talenten auch den einen oder anderen bestandenen Spieler aus dem Hut, darunter einen alten Bekannten: Zdravko Kuzmanović hatte vor zehn Jahren beim FCB seinen ersten Profivertrag unterschrieben und wechselte nach Stationen in der deutschen Bundesliga und der italienischen Serie A zurück nach Basel. Wie früher bei Matías Delgado, Streller oder Alex Frei hofft die Clubleitung, mit dem Rückkehrer einen Führungsspieler mit besonderer Bindung zum Verein und zur Region zu verpflichten.

Die Neuen stiessen auch auf einen neuen Trainer. Nach nur einem Jahr war die Zeit von Paulo Sousa in Basel Ende Saison bereits abgelaufen, der vom Portugiesen dauernd zitierte «Arbeitsprozess» wieder beendet. Der Meistertrainer wurde durch Urs Fischer ersetzt, der aus Thun nach Basel wechselte. Die personellen Fluktuationen illustrieren eine bedeutende Entwicklung: Die Führung des FCB hat sich nicht nur bei den Spielern, sondern auch auf der sportlich vermeintlich einflussreichsten Position unabhängig gemacht von einzelnen Personen. Die sechs Meistertitel etwa wurden mit vier verschiedenen Trainern errungen. Diese pflegten im Umgang mit Team und Medien teilweise gänzlich unterschiedliche Stile, wie der abrupte Übergang vom adretten Weltfussballer Sousa zum hemdsärmeligen FCZ-Urgestein Fischer zeigt.

Nicht zuletzt hinterlässt der Erfolg Spuren bei den FCB-Fans. Nach Meistertiteln in Serie würde sich niemand mehr über einen zweiten Platz freuen. Die Messlatte liegt mittlerweile so hoch, dass selbst Sportchef Georg Heitz in einem Interview mit der NZZ meinte, dass die Clubführung «fast nur noch verlieren könne», wenn sie sich an den Erfolgen der Vorjahre messe. «Auf internationalem Parkett sind wir mit unseren Möglichkeiten praktisch an der Decke», so Heitz. Böse Zungen aus Zürich wünschen dem FCB so viele Meistertitel in Serie, dass sie niemanden mehr interessieren. Als sich die Spieler nach dem letzten Spiel der Saison 2014/15 mit dem Pokal auf die Ehrenrunde machten, musste man befürchten, dass die missgünstigen Wünsche irgendwann in Erfüllung gehen könnten. Es waren gefühlt mehr Spielerkinder auf dem Platz als Fussballer selbst und die Stimmung im Stadion freudig, aber nicht euphorisch. Trotzdem zeigt das Saisonfinale, wie sehr der FCB Basel gerade nach sechs Meistertiteln in Serie seine Fans bewegt.

‹Pipi› Strellers grosser Abschied

Ein einziger Spieler stand bei allen sechs Meistertiteln in Serie im Kader des FC Basel. Insgesamt neunmal wurde Marco Streller mit dem FCB Schweizer Meister, viermal stemmte er den Pokal als Captain. Er war schon im FCB-Kader zu Zeiten von Massimo Ceccaroni und Oli Kreuzer und spielte beim ersten FCB-Titel nach 22 Jahren 2001/02 mit (allerdings nur gut dreissig Minuten, während denen er ein Eigentor erzielte). Sein Abgang wurde vor dem letzten Meisterschaftsspiel mit einer Intensität zelebriert, dass die Tränen tausendfach flossen. Es ging emotional um viel mehr als bei der Pokalübergabe nach dem Spiel. Die Inszenierung zu Ehren von ‹Pipi› involvierte die Überraschungsgratulanten Beni Huggel, Alex Frei, Granit Xhaka, Yann Sommer und Valentin Stocker. Alle zusammen verleihen sie den Erfolgen der vergangenen Jahre Gesichter, mit denen sich die FCB-Fans identifizieren. Zur FCB-Familie gehört auch Roger Federer, der vom French Open in Paris eine persönliche Grussbotschaft an den Scheidenden entsandte.

Die Kurve orchestrierte zu Ehren ihres Captains eine stadionfüllende Choreografie. «Spieler werde Helde», hiess es da. Bei der Auswechslung folgte mit Feuerregen: «und denn zur Legände». Es ist bezeichnend für die Stadt Basel, dass der Entwurf zur Abschiedschoreografie schon bald darauf im Historischen Museum Basel zu sehen war. Dort thematisierte die Ausstellung ‹Fussball. Glaube, Liebe, Hoffnung› die Parallelen zwischen Religion und Fussballkult und zeigte Streller mehrfach.

Mit dem Captain trat eine grosse Identifikationsfigur ab, die nicht nur von der Muttenzerkurve als «eine vo uns» wahrgenommen wurde. Er kam sowohl als Lokalpatriot als auch als gereifter Sportsmann authentisch rüber. Der einstige Flegel reifte nach seiner Rückkehr aus der Bundesliga zum FCB im Jahr 2007 zum verantwortungsvollen Führungsspieler und erreichte als Captain Anerkennung über die Region hinaus – was angesichts seines sehr wechselhaften Verhältnisses zur Nationalmannschaft und deren Fans bemerkenswert ist. Das emotionale ‹Aufwärmprogramm› vor seinem letzten Meisterschaftsspiel hielt den Gefeierten übrigens nicht davon ab, auch sportlich zu brillieren: Das 1:0 gegen St. Gallen war das zweihundertste und letzte Wettbewerbstor von Marco Streller.

Peter Bollag

DER FCB-COIFFEUR

Der Basler Coiffeur Daniele Faella ist auf den ersten Blick kein besonderer Vertreter seines Berufsstandes. Auf den zweiten allerdings schon: Im Coiffeurgeschäft des 35-Jährigen am Rande des Gundeli lässt sich nämlich auch der eine oder andere FCB-Starspieler die Haare schneiden.

Sein Geschäft an der ruhigen Blauensteinerstrasse unweit der Basler Kunsteisbahn Margarethen hätte auf einem mittelgrossen Fussballfeld gleich mehrfach und problemlos Platz; der knapp 45 Quadratmeter grosse Raum ist kleiner als so manches Wohnzimmer. Doch auf diesem engen Raum spielt sich der gesamte Alltag von Daniele Faella ab, einem Basler Coiffeur.

Wer reinschaut, entdeckt auf den ersten Blick keinen Unterschied zu den meisten anderen Coiffeurgeschäften der Stadt – Frauen und Männer blättern unter der Föhnhaube Zeitschriften durch und trinken Kaffee oder Cola, andere werden gerade frisurmässig auf Hochglanz getrimmt. Doch wer sich die Mühe macht, genauer hinzuschauen, entdeckt in einer Ecke kleine Farbfotos: Sie zeigen Daniele Faella mit lächelnden jungen Männern, und Fussballfans dürften die meisten Gesichter wohl unschwer erkennen. Von Alex Frei über Marco Streller, Yann Sommer, Behrang Safari bis zu Fabian Frei oder Valentin Stocker – hier sind aktuelle oder ehemalige FCB-Stars zu sehen, die ihr Geld in Basel oder inzwischen woanders verdienen.

«Die Spieler kommen gerne zu mir, auch diejenigen, die längst nicht mehr in Basel spielen», sagt der 35-jährige, sportlich wirkende Coiffeur. Bei einem Besuch in Basel sei ein Abstecher in sein Geschäft für so manchen Ex-FCB-Spieler fast so eine Art Pflichttermin. Umgekehrt würden auch Neuzugänge bei den Rotblauen oft schnell zu Stammkunden, wie zum Beispiel der Österreicher Marc Janko, der erst seit dem Sommer 2015 für den FCB stürmt. Natürlich sei es schon so, dass FCB-Spieler, die sich von ihm die Haare schneiden lassen, im Club Werbung für ihn machen würden: «Die Spieler, die neu beim Club sind, werden dann halt ‹gwunderig› und stehen auf einmal auch im Laden.» Meist kämen dann gleich drei oder vier Spieler zusammen, nicht selten nach dem Training.

Er versuche dann aber trotzdem, den normalen Coiffeurbetrieb aufrechtzuerhalten, schliesslich seien die Mehrzahl seiner Kundinnen und Kunden keine Fussballspieler, und nicht alle könnten sich für Fussball begeistern. «Aber bei denen, die es tun, gibt es schon oft Erstaunen und auch Freude, wenn im Coiffeur-Stuhl ein aus dem Stadion bekanntes Gesicht sitzt oder ein Spieler zur Türe hereinkommt.» Wegen des häufig sehr nachgeordneten Fussballinteresses seiner Kundschaft verzichtet er jedoch darauf, in seinem Schaufenster den Sport gross zu präsentieren. «Eine Ausnahme sind die Fussball-Welt- oder Europameisterschaften, aber dann bin ich ja wohl nicht der Einzige, der so etwas macht», sagt Daniele Faella.

Was die FCB-Spieler betrifft, die seine Kunden seien, so wollten diese sich meist auch beraten lassen, was denn gerade an Fussballer-Frisuren aktuell sei: «Natürlich haben sie dann einen David Beckham oder einen Cristiano Ronaldo im Hinterkopf, mit ihren speziellen Frisuren.» Zu seinen Stammkunden zählte im Übrigen auch der frühere FCB-Trainer Paolo Sousa, der unterdessen nach Italien weitergewandert ist. Mit ihm habe man sich durchaus über andere Themen als nur über Fussball unterhalten können. Darum sei er auch immer noch mit Sousa befreundet und wird ihn im kommenden Frühjahr in Florenz besuchen. Im Duell der beiden Clubs in der Europa League im letzten Herbst stand Faella aber dennoch klar auf der Seite des FCB: «Der FC Basel ist halt mein Lieblingsclub, ohne Einschränkung.» Immerhin gilt in Italien seine Liebe Napoli, dem Club aus dem Süden.

Die Liebe zum FC Basel kommt von seiner langjährigen Freundschaft mit zwei FCB-Legenden. Der in Aesch aufgewachsene Secondo spielte nämlich sowohl mit Alex Frei als auch mit Marco Streller als Junior Fussball, und zwar beim FC Aesch. Streller und Frei benutzten ihren Heimaturlaub auch jeweils dazu, bei Daniele Faella vorbeizuschauen, als sie beide im Ausland unter Ver-

Bei ihm muss der Haarschnitt auch nach Kopfbällen sitzen:
der FCB-Stürmer Marc Janko bei Daniele Faella

trag standen. «Alex Frei blieb mir als Kunde treu, sowohl als er in Rennes spielte als auch in seiner Dortmunder Zeit.» Seinen Freund Alex Frei hat er während dessen Zeit bei der Borussia auch einmal im Ruhrgebiet besucht.

Ein Höhepunkt war wohl auch das Spiel im letzten Herbst, als Biel-Benken, der Club von Alex Frei, bei dem auch Faella heute noch im Seniorenteam spielt, auf den SC Dornach mit Marco Streller im Team traf – ein Treffen, das auch in den Medien einen grossen Widerhall fand. Faella konnte dort

Hier sind sie alle versammelt, die vergangenen und aktuellen FCB-Grössen

erst in den letzten Minuten mitspielen, denn: «Vorher stand ich noch hier im Laden und bediente meine Kunden. Das Geschäft geht eben vor, auch wenn es um den Fussball geht.»

Der Freundschaft mit Frei und Streller verdankt Daniele Faella auch seine Popularität im FCB-Kader: «Die Vorbildfunktion der beiden Spieler wirkte sich bis zum Coiffeurbesuch aus – und auf einmal hatte ich eben einen Grossteil der Basler Spieler als Kunden.» Er kam so auch zu ganz speziellen Aufträgen: «Ich musste Valentin Stocker die Haare schneiden, als er noch in Basel spielte.» Das wäre noch nicht der Erwähnung wert – ausser dass der heutige Hertha-BSC-Spieler einen speziellen Haarschnitt brauchte, weil sein Konterfei für die Fussball-Playstation verewigt wurde. Das Styling für das Fotoshooting fand dann im St. Jakob-Park statt.

Und sein lustigstes Erlebnis mit FCB-Spielern? Da muss Daniele Faella nicht lange nachdenken: «Als Behrang Safari zum ersten Mal in Basel war, tauschten wir einmal die Rollen. Ich setzte mich in den Stuhl und er schnitt mir die Haare.» Alles sei gut gegangen, erzählt Faella schmunzelnd. «Aber ich muss gestehen: Einen ziemlichen Moment lang habe ich schon um mein Ohr gebangt.» Das besondere Haar-Erlebnis ist im Übrigen auch auf YouTube verewigt.

Andreas W. Schmid

AUF DEM WEG NACH OBEN

Schwergewichtler Arnold Gjergjaj vom Boxclub Basel ist ‹The Cobra› und mittlerweile stadtbekannt. Nun peilt er einen grossen Titelkampf an.

Auf dem Weg nach oben: ‹The Cobra› Arnold Gjergjaj

Vielleicht ist es ganz hilfreich für seinen weiteren Weg, dass Arnold Gjergjaj die Welt auch mal vom Ringboden aus sieht. Seit der Boxer des BC Basel im Jahr 2008 seinen ersten Profikampf bestritt, hat es für ihn nur eine Richtung gegeben: nach oben. Und für seine Gegner: nach unten. 27 Mal war er vorher in den Ring gestiegen, immer hatte er ihn als Sieger wieder verlassen. 20 Mal hatte er den Widersacher vorzeitig ins Reich der Träume geschickt. Doch an diesem Abend im Juni 2015, im 28. Profi-Fight, ist er es selber, der nach unten muss. Noch nie in seiner Karriere ist ihm solches widerfahren. Nun aber hat ihn Denis Bakthov aus Russland in der fünften Runde mit einer krachenden Rechten niedergestreckt. Gjergjaj dreht sich um, dann verharrt er auf allen Vieren. Sein Blick geht ins Leere.

Was ihm durch den Kopf geht in diesem Moment? Viele Boxer, die zu Boden mussten, erzählten später, dass die paar Sekunden genügten, damit sich vor ihren Augen ihr ganzes Leben im Schnelldurchlauf ab-

Im Boxclub Basel ist von Fitnesstrainings bis zu Wettkämpfen alles auf den Hochleistungssport Boxen ausgerichtet

Alltag und Freizeit

spielte. Bei Gjergjaj würde dieser Flashback in einem kleinen Dorf in Kosovo beginnen. Dort wächst er glücklich als jüngstes von sieben Kindern auf. Zu Hause ist er für die Mutter das Nesthäkchen, draussen hingegen der Stärkste, der von seinen Freunden und Schulkollegen ‹Krumath› (zu Deutsch: Grosskopf) genannt wird. Dann kommt der Krieg, den er bis heute nicht versteht. «In unserem Dorf kamen alle bestens miteinander aus. Und auf einen Schlag war nichts mehr wie vorher. Es war irgendwie unwirklich. Krieg hatte doch immer irgendwo anders und weit, weit weg stattgefunden. Plötzlich waren wir mittendrin.»

Gjergjaj sagt deshalb, dass er zwei Leben gelebt habe – das eine vor, das andere nach dem Krieg. Sein zweites Leben führt ihn mit vierzehn in die Schweiz, zu Vater und Bruder, die bereits hier leben. Er fühlt sich fremd, weint viel, schickt sich jedoch in sein Los und macht das, was er auf dem Bauernhof in Kosovo schon früh lernte: anpacken und hart arbeiten. Obwohl er am schlechtesten deutsch spricht in seiner Klasse, ist er der Erste, der eine Lehrstelle als Heizungsmonteur findet.

Mit sechzehn nimmt ihn ein Kollege zum Thaibox-Training mit. Sein Vater ist dagegen. Angesichts seiner Grösse solle er lieber Basketball spielen. Doch Arnold Gjergjaj setzt seinen Kopf durch. Die Leute im ‹Gym› sind von seiner unbändigen Schlagkraft begeistert. «Wir haben da einen Jungen», sagen sie, «er wirkt sanft, im Ring aber ist er eine Maschine.» Ihre Freude währt jedoch nicht lange, Gjergjaj hat bald genug von den Kicks auf die Oberschenkel und wechselt zum reinen Boxen. Er trainiert erst in Baden, dann in Burgdorf.

Dort lernt er, mittlerweile ausgewachsen und 1,97 Meter gross, Angelo Gallina kennen. Dieser lässt ihn in eine andere, kultiviertere Welt eintauchen. Gallina hat sich mit den Boxeo-Veranstaltungen, bei denen Boxen und kulturelle Darbietungen miteinander verwoben werden, einen Namen gemacht. Der Trainer des Boxclubs Basel schliesst mit dem vielversprechenden Boxtalent einen mehrjährigen Vertrag ab. Ziel: ein grosser Titelkampf. Gjergjaj hat zwar gelernt zu schuften, doch im Training arbeitete er bis dahin zu wenig konsequent. Gallina bringt ihm Disziplin bei, er steckt ihn daneben für Werbefotos in edle Anzüge, er lässt seinen Schützling Boxtrainings für Geschäftsleute und Firmen mitleiten, öffnet ihm hier und dort Türen, durch die dieser dann auch tatsächlich geht. Als Gjergjaj von den Organisatoren des Langen-Erlen-Laufes als Sport-Promi engagiert wird, hätten sie keinen Besseren wählen können: Die über tausend Schüler haben sicht- und hörbar ihre Freude am Schwergewichtsboxer, der über hundertzehn Kilogramm auf die Waage bringt. Gallina ist schliesslich auch für seinen Kampfnamen verantwortlich, den er wählt, weil der Boxer im Ring (bitte nicht wörtlich nehmen) so schnell zubeisst: Heute ist Arnold Gjergjaj als ‹The Cobra› stadtbekannt und geachtet.

Im Jahr 2009 bestreitet er seinen ersten Profikampf, den er durch Knockout gewinnt. Mit jedem Erfolg steigen die Erwartungen seiner Fans, die Ungeduld nimmt zu. Die vielen Siege seien zwar schön und gut, doch wann gibt es endlich einen richtig grossen Kampf, ist immer wieder zu hören. Einen solchen wollen auch Gjergjaj und sein Trainer-Promoter. Nur: So einfach ist das nicht zu realisieren. Für einen grossen Titel-Fight fehlt das Geld. Gallina erklärt, warum dies so ist: «Erstens sorgt die Kombination von Boxen und albanischem Nachnamen fast überall für geschlossene Türen, zweitens gibt es in der Schweiz keinen Fernsehmarkt für diesen Sport.» Fernsehübertragungen aber sind entscheidend, damit die Kassen klingeln. «Dazu kommt noch, dass Boxen in der Schweiz einen geringen Stellenwert hat.»

So bleibt, sagt Gallina, nur die Hoffnung auf ein Wunder, «auf eine Gigi Oeri, eine Mäzenin, die plötzlich ins Boxgeschäft einsteigt». Oder aber der Gang ins Ausland. Mit seinem Ranking unter den Top 30 der Weltrangliste und vor allem dank seinem Kampfrekord ist Gjergjaj mittlerweile für viele bekannte Boxer interessant geworden. Einige von ihnen haben dem 31-Jährigen bereits ein Angebot unterbreitet – leider bisher stets mit einem Haken: Entweder wäre die Vorbereitungszeit für Gjergjaj viel zu kurz gewesen oder der Zahltag für solch

nur sagt: «Nein, nein, nichts von alldem. Ich wollte einfach nur aufstehen und weiterboxen.» Das tut er denn auch, und wie! Immer wieder bringt er seine Schlaghand, die eine Wucht von bis zu 550 Kilogramm aufweist, ins Ziel. In der neunten Minute muss sein Gegner zu Boden, rappelt sich aber ebenfalls wieder auf. Am Ende geht der Kampf über die volle Länge, doch das Urteil ist einstimmig: Arnold Gjergjaj – Sieger nach Punkten.

Nachher resümiert der Basler Boxer: «Der Bodenkontakt hat auch sein Gutes: Jetzt

Erhielt im September 2015 den angesehenen Basler Preis für Integration: der Boxclub Basel

ein Risiko allzu bescheiden ausgefallen. Auf ein solches Harakiri-Unternehmen haben die beiden keine Lust. Lieber machen sie Schritt für Schritt, so wie bisher.

Dazu gehört auch der Kampf an diesem Juniabend in der St. Jakobshalle, der für Gjergjaj so böse zu enden droht. Was ist ihm in den paar Sekunden nun tatsächlich durch den Kopf gegangen? Sein ganzes Leben vielleicht? Doch für die Sprüche ist sein Trainer-Promoter besorgt, nicht Gjergjaj, der

weiss ich wenigstens, dass ich auch einstecken kann, ohne gleich k.o. zu gehen.» Der Treffer war übrigens so hart, dass sein Trommelfell platzte. Später brach er sich zudem die rechte Hand. Trotzdem soll es für Arnold Gjergjaj in Zukunft nur diese Richtung geben: nach oben.

Buddy Elias mit seinem Eispartner Otti Rehorek bei der Vernissage von ‹Zwei Eisclowns erobern die Welt› im Juni 2014

Peter Bollag

KARRIERE AUF DEM EIS UND AUF DER BÜHNE

Ein Nachruf auf Buddy Elias, für den Basel während langer künstlerischer Wanderjahre immer Lebensmittelpunkt, Heimat und Wohnort war.

«I bi Basler und i blibs…»: Dieser kurze Satz, in einem sauberen, aber nicht übertriebenen Baseldeutsch gesprochen, war von Buddy Elias immer wieder zu hören, wenn man ihn auf seine Weltläufigkeit, seine langen Jahre ausserhalb der Rheinstadt und auf seine Geburtsstadt ansprach. Die liegt zwar ebenfalls an einem Fluss, aber der heisst Main und die Stadt Frankfurt.

Dass Basel für ihn Lebensmittelpunkt, Heimat und Wohnort (letzteres nach langen Wanderjahren als Eisclown und Schauspieler erst wieder in den späten Achtzigerjahren) zugleich war, daran liess Buddy, der eigentlich Bernhard hiess, bis ganz zuletzt in seinem knapp neunzigjährigen Leben keinerlei Zweifel. Etwa dann, wenn es darum ging zu erklären, warum er gewisse Gegenstände und Dokumente seiner Familie und damit auch seiner Cousine Anne Frank nach Frankfurt, ins dortige Jüdische Museum, gegeben hat, was da und dort in Basel ausdrücklich bedauert wurde.

Basel bedeutete für Buddy Elias zunächst vor allem einmal Schutz und Sicherheit: Noch bevor in Deutschland die Nationalsozialisten ihr unheilvolles Werk beginnen, zieht er 1931 zusammen mit seinen Eltern und seinem Bruder Stephan vom Main an den Rhein. Vor allem Erich Elias hatte das Unheil kommen sehen und vorausschauend den Wechsel in die Schweiz betrieben. Hier kann er sich auch eine vielversprechende neue berufliche Karriere aufbauen, wenigstens für einige Jahre. «In Basel habe ich mich von Anfang an wohl und zu Hause gefühlt», wird der alt gewordene Buddy Elias viele Jahre später sagen. Ein paar antisemitische Reaktionen gewisser Lehrer oder Amtspersonen, aber auch die Angst vor den Deutschen angesichts der bedrohlich nahen Grenze in den Kriegsjahren ändern an dieser Tatsache gar nichts.

Heimat, das ist für den Schüler auch und nicht zuletzt die ‹Kunschti›, die Kunsteisbahn Margarethen, die 1934 nur ein paar

Schritte vom Wohnhaus der Familie Elias entfernt ihre Tore öffnet und vor allem für die junge Generation zum beliebten Anziehungspunkt wird. Das gilt auch für die beiden Elias-Buben, die kaum von der ‹Kunschti› wegzubringen sind. Mutter Elias schickt Stephan und Buddy gelegentlich auch aus eigenem Antrieb zum Schlittschuhlaufen, wenn sie ihre Ruhe haben will. Sie weiss ja, wo die Buben zu finden sind. Dass Buddy den Jahren dort einen schönen Teil seiner beruflichen Karriere verdankt (nämlich als Eisclown-Duo unter dem Namen ‹Buddy und Baddy› zusammen mit seinem Freund Otti Rehorek), unterstreicht weiter seine besondere und starke Verbindung mit Basel. Auch wenn – wohl eine Ironie des Schicksals – die beiden im Laufe ihrer Karriere als Eisclown-Paar zwar in unzähligen Städten auf fast allen Kontinenten zu sehen sind, ausgerechnet in Basel aber nur einige wenige Auftritte haben werden.

Aber Buddy Elias bleibt seiner Heimatstadt auch ohne spektakuläre Darbietungen auf dem Eis künstlerisch kaum etwas schuldig: als Schauspieler nämlich, seinem zweiten Standbein, das eigentlich sein erstes ist. Die Schauspielerei ist schon für den jungen Buddy eine Herzenssache, und nachdem er seinen Berufswunsch gegenüber seinen Eltern im zweiten Anlauf durchsetzen kann (vor allem sein Vater besteht zuerst auf einer Optikerlehre, die Buddy dann aber abbricht), legt er hier die Basis für seine Bühnenlaufbahn. In einer Basler Schauspielschule brilliert Buddy mit einem ‹Faust›-Monolog; allerdings gesprochen in so stark hessisch gefärbtem Dialekt, dass ihm seine Lehrer erst einmal ‹richtiges Hochdeutsch› beibringen wollen, was ihnen offensichtlich gelingt. Nach einer ersten kleinen Rolle im Stadttheater im ‹Kaufmann von Venedig› kommen schnell andere Angebote, die ihn in den gesamten deutschsprachigen Raum führen werden; unterbrochen eben nur von den Jahren auf dem Eis.

Mit Basel wird Buddy aber auch als Schauspieler sein gesamtes Leben verbunden bleiben. 1966 spielt er in der Komödie unter Egon Carter die Rolle, von der er später sagen wird, es sei seine beste gewesen: den Arturo Ui in Brechts Stück. Mit der Hitler-Parodie kann er bis zu einem gewissen Grad auch spielerisch einen Teil seiner tragischen Familiengeschichte aufarbeiten, vor allem der Ermordung seiner Cousine Anne Frank und ihrer Familie. «Ich hatte Hitler noch in den Ohren aus dem Radio und der Wochenschau im Kino, diese gepresste Stimme, die man fast nicht aushielt», sagt er später darüber. Ausgangspunkt seiner schauspielerischen Karriere ist im Übrigen die Basler Komödie. Dort sieht ihn der damalige Direktor des Tübinger Theaters und engagiert ihn sozusagen von der Bühne weg. Dass Buddy Elias dann in der beschaulichen Studentenstadt auch seine zukünftige Frau, die Schauspielerin Gerti Wiedner, kennenlernt – das zu erwähnen vergisst er bis ins hohe Alter nicht.

In Basel schliesslich steht Buddy Elias auch noch auf der Bühne, als er längst im AHV-Alter ist. Im Kleintheater Fauteuil der Familie Rasser am Spalenberg feiert er in verschiedenen Rollen regelrechte Triumphe, beispielsweise im Curth-Flatow-Stück ‹Das Geld liegt auf der Bank›. In dieser herrlichen Komödie brilliert Buddy als Bankräuber, der das Tresore-Knacken nicht lassen kann. Über Wochen begeistert er das Publikum vor vollen Rängen.

In einer anderen Rolle muss Buddy akrobatisch umfallen und profitiert davon, dass er bis ins hohe Alter Yoga macht. Er überzeugt darin ebenso wie bei seinen Auftritten im fasnächtlichen ‹Pfyfferli›, die seine grosse Verbundenheit mit der Stadt Basel bezeugen. Hier ist er im März 2015 auch verstorben, kurz vor seinem 90. Geburtstag, den er eher ruhig im Kreis der Familie und nicht im Scheinwerferlicht begehen wollte, das ihn fast ein Leben lang begleitet hat.

Claudio Miozzari

VIEL LÄRM UM DEN LÄRM

Von Clubsterben, Bassbremse, Zwischennutzungen und Lärmkultur: Mitte Februar 2015 entfachte Céline Feller, eine junge Journalistin in Ausbildung bei der ‹bz Basel›, ein mediales Feuerwerk.

Eigentlich hatte Céline Feller über die Auszeichnung des Clubs Nordstern zum besten Club der Schweiz berichten wollen. Dabei fiel ihr auf, dass nicht nur der Mietvertrag des Nordsterns, sondern auch jener des Hinterhofs nicht erneuert werden sollten – und sie machte das anstehende Ende der beiden angesagtesten Clubs in Basel zum Thema.

‹Clubsterben› und ‹Bassbremse›

In der Folge geisterte das Wort Clubsterben als Dauergast durch die regionalen Medien, die Kommentare zu den Beiträgen überschlugen sich, und auf Facebook brach ein Entrüstungssturm los. Innert Tagen sammelte die Facebook-Community ‹Für ein junges, lebendiges Basel› Tausende von Likes. Obwohl schon länger bekannt war, dass sowohl Hinterhof als auch Nordstern als Zwischennutzungen wohl irgendwann ihre Standorte verlassen müssten, sorgte die Nachricht über deren Ende für Empörung. Dabei hatten weder die Journalistin noch die Clubbetreiber mit solchen Reaktionen gerechnet. Dass die beiden Betriebe in einem guten Einvernehmen mit ihren Vermietern standen und die auslaufenden Verträge an sich gar nicht so schlimm fanden, ging in der Diskussion unter.

Im Mai machte mit der ‹Bassbremse› ein weiteres Schlagwort die Runde. Vorgaben der Abteilung Lärmschutz des Amts für Umwelt und Energie (AUE) zur Messung der Dezibelwerte in Veranstaltungsräumen und Aufforderungen an Veranstaltungen, den Bass bei Konzerten im öffentlichen Raum zu beschränken, bezeichnete das politische Komitee Kulturstadt Jetzt als «Verbot elektronischer Musik», was das AUE wiederum vehement bestritt. Das Thema wurde an zwei öffentlichen Diskussionsveranstaltungen des Regionaljournals und der ‹TagesWoche› heiss diskutiert.

An den Gesprächen beteiligten sich bemerkenswerterweise viele junge Baslerinnen und Basler. Zu ihnen gehören insbesondere die Verantwortlichen der Facebook-Community ‹Für ein junges, lebendiges Basel›. Jo Vergeat und Christian Wirth waren aus Wut über die Schliessung von Hinterhof und Nordstern auf Facebook aktiv geworden: «Es kann doch einfach nicht sein, dass der Staat zulässt, dass die wichtigsten Clubs der Stadt schliessen, und sich dann beschwert, wenn die Jungen auf dem Theaterplatz Lärm machen», so Vergeat über ihre erste Reaktion aufs Clubsterben. Die beiden gründeten den Verein ‹Bebbi wach uff!›, in dem sie Interessierte mit unterschiedlichem Hintergrund versammelten, die sich in Arbeitsgruppen längerfristig für eine junge und dynamische Stadt einsetzen wollten. Resultat dieses Engagements war dann unter anderem die ‹Petition für ein lebendiges Basel›, welche die ‹Bebbis› zusammen mit allen Jungparteien, dem politischen Komitee Kulturstadt Jetzt und mehreren Veranstaltern im Juli lancierten.

Herausforderung Zwischennutzung

Diese Initiativen belegen, dass es in Basel engagierte junge Menschen gibt, die sich über die mangelnde Wahrnehmung ihrer Bedürfnisse nicht nur aufregen, sondern auch Wege suchen, etwas zu verändern. Mit Blick auf die Entwicklung der Alternativ-, Bar- und Clubkultur in Basel bleibt zu hoffen, dass Engagierte wie die ‹Bebbis› einen langen Atem haben. Obwohl die Stadt bei diesem Kultursegment weitestgehend von Zwischennutzungen lebt, sind solche in den geltenden Gesetzen kaum vorgesehen. Entsprechend gross ist der Aufwand für eine Betriebsbewilligung. Laute Musikveranstaltungen sind meist nur mit massiven Investitionen in den Lärmschutz denkbar, die in kurz- und mittelfristigen Zwischennutzungen nicht zu refinanzieren sind. Selbst höchst erfolgreiche Veranstalter wie die Macher des Hinterhofs und des Nordsterns tun sich schwer, in Basel neue Standorte zu finden.

Eine kurze Erfolgsgeschichte zwischen Bahngeleisen und Lagerhallen: der Club Hinterhof, hier Mira & Britta Arnold

Klagen über Klagen

Um Entwicklungsgebiete werden zudem regelrechte Kulturkämpfe ausgetragen. Die Areale ExEsso und ExMigrol im Hafen stehen im Fokus von divergierenden Interessenten aus dem Klybeckquartier jenseits der Gleise, der Autonomen um die Wagenburg, der Jenischen, der Partyfreudigen und nicht zuletzt der Regierung und Verwaltung. Das Resultat: Es bewegt sich wenig. Immerhin belebten im Sommer 2015 mehrere Bars und Restaurants den Klybeck-

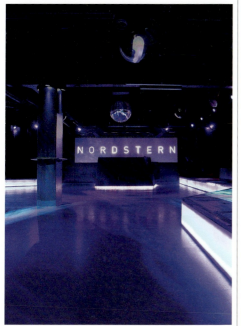

Nordstern: Der ‹beste Club der Schweiz› muss auf Ende April 2016 schliessen

quai. Selbst hier ging aber eine Einsprache gegen geplante Konzerte ein. Auch auf dem Dreispitz brachten die frisch eingezogenen Mieter des Neubaus von Herzog & de Meuron die Belebung des Areals, zu welcher ihr Zuzug hätte beitragen sollen, mit Lärmklagen zum Stocken. Und selbst ein Veranstaltungsort wie die Kaschemme im Lehenmattquartier – unmittelbar an der Autobahn und der Bahnstrecke gelegen – hat mit Lärmklagen zu kämpfen.

Plädoyer für mehr Lärmkultur

Bei der Diskussion um den Lärm prallen unterschiedliche Bedürfnisse aufeinander, der Konflikt ist mit Vorschriften nicht zu lösen. Auch wenn auf Stadtgebiet keine neuen Clubs mehr entstehen würden, bliebe der ausgeh- und begegnungsfreudige Teil unserer Gesellschaft deswegen nicht einfach zu Hause. Es ist im Interesse aller, dass sich entsprechende Angebote entwickeln können – positives Beispiel war diesbezüglich im Jahr 2015 die Aussengastronomie in der Rheingasse.

Club- und Musikveranstaltungen sind zudem ein prägender Teil unserer Kultur. Sie benötigen keine teuren Subventionen, sondern bessere Rahmenbedingungen. Hier kann die Politik ihren Beitrag leisten. Die Anforderungen für die Bewilligung von Zwischennutzungen sollten angepasst werden. Gleichzeitig tut eine aufmerksamere Wahrnehmung von international renommierten Clubs wie dem Nordstern und dem Hinterhof not. In anderen kulturellen Sparten wäre es dem Kanton niemals passiert, dass er – Zwischennutzungen hin oder her – mit einem Schlag die zwei grossen Aushängeschilder der Clubkultur auf die Strasse stellt.

Seibi Alte Garde: ‹Männer-Dämmerig›, Glunggi Stamm: ‹Mir wärde veräpplet›,
Rhygwäggi Alte Garde: ‹Abart wyss … unbefläggt … Total verdräggt›

Ewige Opti-Mischte: ‹Herzogtum Basel›, Olympia Stamm: ‹Schnauze, Fräulein›

Spezi Alte Garde: ‹Unbeschryyblig wyyblig›

Fasnachtsgesellschaft Giftschnaigge: ‹Blatzangscht›

Alti Richtig: «Sehsch d Quintessänz vom Grossschwyz-Plan?
Dr Tod isch s Änd vom Greesewahn!», Sans Gêne Stamm: ‹Angscht macht Angscht›

Der Dupf Club Stamm setzt Eva Herzog und Baschi Dürr auf seine Laterne;
rechts ein Totenkopf in Anlehnung an Damien Hirsts ‹For the Love of God›

Schnurebegge Stamm: ‹Canton Marittimo, unsere 27. Kanton›
und rechts das Thema Botox und Lifting

Schnooggekerzli Stamm: ‹Too big to Fehl›

Autorinnen und Autoren

35, 54
 Markus Bär
 Geboren 1956, studierte in Basel
 Geschichte, Englisch und Philosophie,
 machte später eine PR-Ausbildung.
 Selbständig mit kleiner Kommunikations-
 firma in Basel.

156, 173, 182
 Simon Baur
 1965 geboren, ist Kunsthistoriker und
 Publizist und lebt vorwiegend in Basel.
 www.simonbaur.ch

69, 91
 Florian Blumer
 Geboren 1974, studierte Geschichte in
 Basel und Journalismus in Luzern und
 Hamburg. Bis Ende 2015 Redaktor beim
 Strassenmagazin ‹Surprise›, heute
 arbeitet er als freier Journalist, Autor und
 Textproduzent.

133, 204, 214
 Peter Bollag
 1954 geboren, in Riehen aufgewachsen.
 Nach kaufmännischer Ausbildung und
 Abendmatur Studium der Germanistik,
 Geschichte und Medienwissenschaften.
 Seit 2001 beim Regionaljournal von
 Radio SRF, daneben regelmässiger
 Mitarbeiter diverser Zeitungen und Zeit-
 schriften. Autor von ‹Zwei Eisclowns
 erobern die Welt: Buddy Elias und Otti
 Rehorek› (2014).

22 Leonhard Burckhardt
 Geboren 1953, Prof. Dr. phil., Univer-
 sitätsdozent für Alte Geschichte, Mitarbeiter der Jacob-Burckhardt-Edition,
 politisch aktiv im Grossen Rat des Kantons Basel-Stadt 1992–2005 und seit
 2013 sowie im Bürgerrat (seit 2005).

168 Michael Gasser
 Geboren 1964. Studierte Jura in Basel,
 arbeitete als Chefredaktor bei ‹Career-
 step›, beim Strassenmagazin ‹Surprise›
 und als Redaktionsleiter beim Kultur-
 magazin ‹041› sowie als freier Kulturjour-
 nalist mit Fachgebiet Musik. Heute im
 Pressebüro Kohlenberg tätig.

178 Gerhard Hotz
 Geboren 1963, Dr. phil. II, Anthropologe
 und Leiter der Lehrgrabung Spital-
 friedhof St. Johann, Lehrbeauftragter für
 Archäo-Anthropologie am Institut für
 Integrative prähistorische und naturwis-
 senschaftliche Archäologie (IPNA) der
 Universität Basel und wissenschaftlicher
 Mitarbeiter am Naturhistorischen
 Museum Basel.

95, 124
 Béatrice Koch
 Geboren 1973, studierte Germanistik,
 Kunstgeschichte und Klassische Archäo-
 logie in Basel. Seit rund fünfzehn Jahren
 journalistisch tätig, heute als freie
 Journalistin im Pressebüro Kohlenberg.

64, 139
 Julia Konstantinidis
 1974 in Basel geboren. Seit 2003 als
 Journalistin auf verschiedenen Zeitungs-
 und Zeitschriftenredaktionen tätig.
 Heute freie Journalistin im Pressebüro
 Kohlenberg.

115 Elias Kopf
 Geboren 1967, Historiker und Betriebs-
 wirt. Seit 2001 freier Journalist im
 Pressebüro Kohlenberg.

88, 98
 Kristin Kranenberg
 Geboren 1961 in Amsterdam. Ökonomie-
 studium in Rotterdam. Heute freie
 Journalistin und diplomierte Übersetzerin
 in Basel. www.geengebazel.ch

41, 58
 Thilo Mangold
 Geboren 1982, lic. phil. I, Soziologe,
 wohnhaft in Basel. Schreibend,
 organisierend und vermittelnd in Basel,
 Bern und Zürich tätig.

145, 197, 217
 Claudio Miozzari
 Geboren 1977, lic. phil. I, wohnhaft in
 Basel. Selbständiger Historiker, Inhaber
 Miozzari GmbH. Autor und Organisator
 kulturhistorischer Publikationen und
 Veranstaltungen sowie Geschäftsführer
 von Kulturstadt Jetzt.

31, 76
: Christine Müller
    Geboren 1984, Mag. Phil., ausgebildete Textildesignerin und studierte Linguistin, tätig im Bereich Kommunikation und Design zwischen Wien und Paris. Seit Kurzem wohnhaft in Basel.

142, 185
: Daniela Pfeil
    Geboren 1969 in Basel, nach Berufslehre, Theologiestudium und Pfarrerinnenausbildung heute freiberuflich als Theologin, Erwachsenenbildnerin und Texterin tätig. www.logonautik.ch

18, 38
: Pieter Poldervaart
    Geboren 1967, ist seit 1992 freier Journalist im Pressebüro Kohlenberg und arbeitet schwerpunktmässig zu den Themen Ökologie, Wirtschaft und Konsum.

48
: Christoph Rácz
    Geboren 1963, lic. phil. I, arbeitete als Journalist und Redaktor in verschiedenen Funktionen, zuletzt beim Regionaljournal Basel. Seit Februar 2015 Teamleiter Öffentlichkeitsarbeit und Medienbeauftragter von Mission 21. Zudem freiberuflich als Moderator und Gesprächsleiter tätig.

25
: Tilo Richter
    Geboren 1968, Dr. sc. ETH. Lebt als freier Architektur- und Kunsthistoriker in Basel, u.a. Korrespondent der FAZ für den Kunstmarkt Schweiz und Stiftungsrat der Stiftung Architektur Dialoge Basel, gründete mit Reto Geiser den Verlag Standpunkte und ist seit 2015 Redaktor der Basler Chronik. www.trichter.de

162
: Barbara Saladin
    Geboren 1976 in Liestal, lebt als freie Journalistin, Autorin und Texterin in Thürnen. Sie schrieb mehrere Kriminalromane und zahlreiche Kurzgeschichten und war Projektleiterin des Kinofilms ‹Welthund›. www.barbarasaladin.ch

192
: Sigfried Schibli
    Geboren 1951 in Basel. Studium in Basel und Frankfurt/Main, dort 1984 musikwissenschaftliche Promotion über Aleksander Skrjabin. Seit 1988 Kulturredaktor der ‹Basler Zeitung›.

207
: Andreas W. Schmid
    1965 in Basel geboren. Lizentiat in Germanistik und Italienisch, Ausbildung zum Oberlehrer. Seit 2005 stellvertretender Leiter der Sportredaktion der ‹Basler Zeitung›.

83
: Franz Schmider
    Geboren 1956 in südbadischen Gengenbach, Studium in Freiburg (Deutsch und Geschichte). Wechsel in den Journalismus, zunächst als Lokalredaktor bei der ‹Badischen Zeitung› in Lörrach, später in Basel. Seit 1997 Leiter des Reportageressorts der Badischen Zeitung, wohnhaft in Lörrach.

178
: Susan Steiner
    Geboren 1968, Archäologin und wissenschaftliche Grabungsleiterin der Ausgrabung Spitalfriedhof St. Johann.

12
: Kaspar Sutter
    Geboren 1975, seit 2009 Generalsekretär im Finanzdepartement des Kantons Basel-Stadt. Er wohnt in Basel und studierte Wirtschafts- und Staatswissenschaften an der Universität Basel, dem Institut d'Études Politiques in Paris und an der Universität St. Gallen (HSG).

72, 105
: Christof Wamister
    Jahrgang 1950. Freier Autor und Journalist in Basel. Arbeitete als Redaktor bei der ‹Basellandschaftlichen Zeitung› und der ‹Basler Zeitung›. Seit 2014 Obmann Heimatschutz Basel.

112, 119
: Helen Weiss
    Geboren 1971 in Bern, gelernte Gärtnerin und Floristin. Lebt und schreibt seit sechzehn Jahren in Basel, arbeitet heute freischaffend im Pressebüro Kohlenberg.

Bildnachweis

Alle Fotos bis auf die hier aufgeführten stammen von Kathrin Schulthess.

186 Dietmar Schwarz
   Foto: Michael Würtenberg
187 Georges Delnon
   Foto: Basile Bornand
188 ‹L'Amour des trois oranges›, 2006
   Theater Basel, Foto: Hans Jörg Michel
189 ‹La Grande-Duchesse de Gérolstein›, 2009
   Theater Basel, Foto: Tanja Dorendorf
190/191
   ‹Der fliegende Holländer›, 2009
   Theater Basel, Foto: Toni Suter und
   Tanja Dorendorf
218 Michael Hochreutener/
   michaelhochreutener.com
219 Timon Christen

Inhalt

5 Lukas Hartmann
EDITORIAL

GELD – DER LEBENSNERV DER DINGE

12 Kaspar Sutter
BASEL-STADT STEHT FINANZIELL
AUF SEHR GESUNDEN BEINEN
Im Frühsommer 2015 konnte Basel seinen zehnten positiven Abschluss in Folge bekannt geben, dies trotz gewichtiger Investitionen und Belastungen. Worauf beruhen diese Erfolge und welche finanziellen Herausforderungen stellen sich in der Zukunft?

18 Pieter Poldervaart
UNEHRLICH SIND NUR ETWA
DREI PROZENT
Vom Staat Alimentierte werden oft von der Öffentlichkeit argwöhnisch beäugt. Doch ohne Not bittet kaum jemand um einen Termin bei der Sozialhilfe. Trotz Beratung und vielfältigen Programmen bleibt es schwierig, aus der Spirale von Armut und Isolation auszubrechen.

22 Leonhard Burckhardt
DIE BÜRGERGEMEINDE UND
IHRE STIFTUNGEN
Die Bürgergemeinde Basel verwaltet etwa zwanzig Stiftungen und Fonds, deren Organisation, Finanzkraft und Zweckbestimmungen stark variieren.

25 Tilo Richter
KULTURELLE WERTE
Theater und Film, Ballett und Lesungen, Ausstellungen und Konzerte – oder experimentelle Mischungen dieser Kulturformen – kosten Geld. Viel Geld. Wer zahlt das eigentlich?

31 Christine Müller
MAGISCHE MOMENTE IN DER BASLER
INNENSTADT: DAS WHITE DINNER
In New York und Paris gibt es das Essen in Weiss schon länger, nun hat Basel im September 2015 ein White Dinner zwischen Marktplatz und Greifengasse veranstaltet.

35 Markus Bär
‹FAIR BANKING› STATT
BANKING-AFFÄREN
Die Basler Kantonalbank scheint nach ihren Fehltritten wieder Fuss zu fassen. Sie besinnt sich auf ihr Kerngeschäft und agiert vorsichtiger. Das Parlament rügt vergangenes und regelt künftiges Verhalten.

38 Pieter Poldervaart
BASEL ZAHLT ANDERS
Die sozialen und ökologischen Umbrüche auf globaler Ebene rufen auch nach einer wirtschaftlichen Antwort. In Basel tut dies seit nunmehr zehn Jahren zumindest symbolisch der NetzBon. Die Alternativwährung zeigt, wie ein lokaler, solidarischer und umweltbewusster Konsum aussehen könnte.

41 Thilo Mangold
EXPATS IM AUSGANG
Die Expats bilden einen gewichtigen Faktor in Wirtschaft und Gesellschaft der Region, auch im Nachtleben. Gastronomen kalkulieren mit ihnen, einheimische Nachtschwärmer umgehen sie teils bewusst. Argumentationsfallen und unscharfe Definitionen erschweren die Diskussion. Eine Erörterung in Behauptungen

POLITIK UND GESELLSCHAFT

48 Christoph Rácz
ENTWICKLUNGSZUSAMMEN-
ARBEIT AUF DER GRUNDLAGE
CHRISTLICHER WERTE
201 Ballons flogen am 14. Juni 2015 am Münsterplatz in den Himmel, jeder mit einem Kärtchen mit guten Wünschen. Zum Abschluss von ‹200 Jahre Basler Mission› signalisierte das evangelische Missionswerk Mission 21, dass die Arbeit weitergehen wird.

54 Markus Bär
125 JAHRE SP BASEL-STADT
Die Sozialdemokratische Partei Basel-Stadt feierte 2015 ziemlich still ihr 125-Jahr-Jubiläum. Ein sehr unvollständiger Streifzug durch die Geschichte der erfolgreichsten Partei der Stadt

58 Thilo Mangold
PILLEN UND PULVER PRÜFEN
Für einen bewussten und damit risikoärmeren Umgang mit Partydrogen wurde nach Berner und Zürcher Vorbild ab 2013 auch in Basel direkt an Ausgeh-Orten sensibilisiert. Ein sichtbares Element bildete dabei Drug-Checking mit kostenloser Substanzanalyse in einem mobilen Labor.

64 Julia Konstantinidis
DA-SEIN: ANKOMMEN, UM WEITERZUGEHEN
Asylsuchende in Basel müssen teilweise jahrelang warten, bis ihr Aufenthaltsstatus abgeklärt ist. Trotz dieser Unsicherheit gestalten sie im Projekt DA-SEIN gemeinsam mit Menschen aus Basel einen Teil ihres Lebens und erhalten so Halt und Energie für die Zukunft.

69 Florian Blumer
BASEL HILFT
Die Bilder von Hunderttausenden von Flüchtlingen in Not mitten in Europa haben auch die Baslerinnen und Basler nicht kaltgelassen: Bei den Hilfswerken meldeten sich im Sommer 2015 so viele Freiwillige, dass diese zeitweise überlastet waren. Zwei neue Plattformen sollen die Massnahmen koordinieren helfen.

72 Christof Wamister
GEGEN DEN NATIONALEN TREND
Keine Langeweile bei den Basler eidgenössischen Wahlen: Die Liberalen und die Freisinnigen tauschten die Plätze und die CVP verlor ihren Nationalratssitz an das Grüne Bündnis. Neu gewählt wurden ein alter Politfuchs und eine mediengestählte Jungpolitikerin mit Migrationshintergrund.

76 Christine Müller
BASEL IM HÄRZE
Ein Essay übers Ankommen und Dableiben

WIRTSCHAFT UND REGION

83 Franz Schmider
EINE NEUE STUFE DES EINKAUFSTOURISMUS
Für Kunden aus der Schweiz ist mit zunehmender Frankenstärke das ohnehin vorhandene Preisgefälle noch einmal grösser geworden, Einkaufen in Deutschland erlebt einen Boom. Während sich die Händler freuen, sind Einwohner von Lörrach und Weil am Rhein zunehmend genervt von dem Ansturm.

88 Kristin Kranenberg
EINE REGION BIS VOR DIE TORE VON PARIS
Eine von Paris beschlossene Gebietsreform, welche die Region Elsass von der Landkarte streicht, erregt nach wie vor die Gemüter.

91 Florian Blumer
ARBEITSINTEGRATION
In Basel setzen sich viele Akteure für die Arbeitsintegration von Menschen mit Leistungsbeeinträchtigung ein; eine Organisation bietet gar ein schweizweit einzigartiges Mentoring-Programm an. Es gilt viele Hürden zu meistern – die Fälle von Marc Reisacher und Monika Beutler zeigen aber, dass es geht.

95 Béatrice Koch
EIN KLARES BASLER NEIN ZUR ERBSCHAFTSSTEUER
Die Einführung einer nationalen Erbschaftssteuer wurde vom Schweizer Stimmvolk im Juni 2015 wuchtig verworfen. Auch die Baslerinnen und Basler sprachen sich dagegen aus, wenn auch mit dem schweizweit höchsten Ja-Stimmen-Anteil.

98 Kristin Kranenberg
KAMPF UM DIE FACHKRÄFTE
Das grosse Hoffen auf eine wirtschaftsfreundliche Umsetzung der Einwanderungsinitiative: zu Besuch bei Personalspezialisten im Basel Life-Sciences- und Finanzsektor

STADTENTWICKLUNG UND ARCHITEKTUR

105 Christof Wamister
VERDICHTETES BAUEN IN DER STADT – WUNSCH UND WIRKLICHKEIT
Die Bevölkerungszahl wächst, Basel benötigt mehrere Hundert neue Wohnungen pro Jahr. Eine Verdichtung des bebauten Raumes ist möglich und erwünscht, doch im Einzelfall reagiert die Bevölkerung sensibel.

112 Helen Weiss
RHEINUFERWEG BIS NACH FRANKREICH
Das nach einer mythologischen Wassernymphe benannte Projekt ‹Undine› zählt zu den neuen Prestigebauten in Basel. Edel, formschön und abwechslungsreich präsentiert sich die Uferpromenade zwischen Dreirosenbrücke und französischer Grenze, die in diesem Frühjahr eröffnet werden soll.

115 Elias Kopf
INNENSTADT MIT PLAN
Verkehr, Nutzung und Gestaltung sind im Entwicklungsrichtplan Innenstadt zusammengefasst. Er wurde von der Behörde nicht von oben dekretiert, sondern mit einem breit angelegten Mitwirkungsprozess vorgespurt.

119 Helen Weiss
WEM GEHÖRT DIE STRASSE?
Staus, Lärm, zugeparkte Strassen – angesichts der wachsenden Mobilität ist der Autoverkehr in der Stadt bald nicht mehr tragbar. Obwohl Basel im nationalen Städtevergleich punkto Veloanteil an der Spitze steht, fehlt es an der nötigen Infrastruktur für den Velo-, Fuss- und öffentlichen Verkehr. Das soll sich bald ändern.

124 Béatrice Koch
RIEHEN GESTALTET SEINE ZUKUNFT
Ein neues Dorfzentrum, ein neuer Zonenplan, ein neues Leitbild: Die Stadtgemeinde hat 2015 einige wegweisende Projekte in Angriff genommen oder umgesetzt.

BILDUNG UND UMWELT

133 Peter Bollag
MIT VIEL ELAN GESTARTET: DIE NEUE REKTORIN DER UNIVERSITÄT BASEL
Das Jahr 2015 brachte für die Universität eine personelle Premiere: die erste Rektorin ihrer Geschichte. Ein Antrittsbesuch bei Andrea Schenker-Wicki

139 Julia Konstantinidis
SEIT 25 JAHREN UNVERZICHTBAR
Basel, eine Stadt in Männerhand? Woher denn. Seit einem Vierteljahrhundert sorgen angehende Historikerinnen mit Stadtführungen dafür, dass auch die Basler Frauengeschichte ins allgemeine Bewusstsein rückt.

142 Daniela Pfeil
GEMEINSAM LEHREN UND FORSCHEN, GEMEINSAM STARK SEIN
Mit der Neuausrichtung ‹European Campus›, dem Zusammenschluss von fünf Universitäten am Oberrhein, entsteht ein Wissenschafts- und Forschungsraum ohne Mauern und Grenzen. Die Universität Basel nimmt in dieser Hochschullandschaft einen wichtigen Platz ein.

145 Claudio Miozzari
LANDSCHAFTS-GEDÄCHTNIS GEHT ONLINE
Das Webportal regionatur.ch dokumentiert Veränderungen unserer Landschaft, mit deren Folgen sich auch die neue Naturgefahrenkarte des Kantons auseinandersetzt.

KULTUR UND GESCHICHTE

156 Simon Baur
EIN MUSEUM VERWANDELT SICH
Das Kunstmuseum Basel putzt sich bis März 2016 heraus, um frisch und gestärkt eine neue Phase seines Bestehens anzugehen, mit Erweiterungsbau und neuem Direktor.

162 Barbara Saladin
WO DIE VERGANGENHEIT DEPONIERT IST
Museumssammlungen vereinen geballtes Wissen, doch die Präsentation der Exponate und ihre wachsende Anzahl brauchen Platz. Diesem Problem begegnen die Museen der Region Basel mit unterschiedlichen Strategien.

168 Michael Gasser
MOMENT DER RUHE
Die fünf Wandbilder in der Schalterhalle des Bahnhofs SBB fristeten lange Zeit ein Dornröschendasein. 2015 wurden die Gemälde endlich zu neuem Leben erweckt und binnen zweier Monate fachgerecht restauriert.

173 Simon Baur
KEIN MUSEUM, KEIN SCHAULAGER: EIN KABINETT
Die Architekten Jacques Herzog und Pierre de Meuron beschenken die Stadt und das Kunstmuseum mit ihrem eigenen Archiv und der Fotosammlung von Ruth und Peter Herzog.

178 Susan Steiner und Gerhard Hotz
RETTUNGSGRABUNG IM EHEMALIGEN SPITALFRIEDHOF ST. JOHANN
Im Friedhof des Bürgerspitals fanden Mitte des 19. Jahrhunderts Menschen aus der Basler Unterschicht und Zugezogene ihre letzte Ruhestätte. Das Beispiel eines Syphilispatienten zeigt das Potenzial der Kombination von archäologischen, anthropologischen und schriftlichen Quellen auf.

182 Simon Baur
DER BASLER FRIEDRICH-NIETZSCHE-BRUNNEN
Obwohl Friedrich Nietzsche zehn Jahre lang an der Universität Basel lehrte, suchte man bislang in der Stadt vergebens einen Platz oder eine Strasse, die seinen Namen trägt.

185 Daniela Pfeil
ERST DIE ARBEIT, DANN DAS VERGNÜGEN?
Die Intendanz von Georges Delnon am Theater Basel war beschattet vom Spardruck, brachte aber dennoch herausragende Produktionen hervor, die europaweit Anerkennung fanden.

192 Sigfried Schibli
FRANKOPHIL UND INNOVATIV
Georges Delnon war neun Jahre lang Direktor des Theaters Basel und als solcher verantwortlich für Schauspiel, Ballett und Musiktheater. Am schwersten wiegen zweifellos seine Verdienste um die Basler Oper.

ALLTAG UND FREIZEIT

197 Claudio Miozzari
ANHALTENDER HÖHENFLUG DES FCB
Der FC Basel bewirtschaftet seine Rolle als Kleiner unter den Grossen im europäischen Fussball sehr erfolgreich. Dabei muss der Club mit ständigen Umbrüchen umgehen – einer davon war 2015 der Rücktritt des gefeierten Captains ‹Pipi› Streller.

204 Peter Bollag
DER FCB-COIFFEUR
Der Basler Coiffeur Daniele Faella ist auf den ersten Blick kein besonderer Vertreter seines Berufsstandes. Auf den zweiten allerdings schon: Im Coiffeurgeschäft des 35-Jährigen am Rande des Gundeli lässt sich nämlich auch der eine oder andere FCB-Starspieler die Haare schneiden.

207 Andreas W. Schmid
AUF DEM WEG NACH OBEN
Schwergewichtler Arnold Gjergjaj vom Boxclub Basel ist ‹The Cobra› und mittlerweile stadtbekannt. Nun peilt er einen grossen Titelkampf an.

214 Peter Bollag
KARRIERE AUF DEM EIS UND AUF DER BÜHNE
Ein Nachruf auf Buddy Elias, für den Basel während langer künstlerischer Wanderjahre immer Lebensmittelpunkt, Wohnort und Heimat war.

217 Claudio Miozzari
VIEL LÄRM UM DEN LÄRM
Von Clubsterben, Bassbremse, Zwischennutzungen und Lärmkultur: Mitte Februar 2015 entfachte Céline Feller, eine junge Journalistin in Ausbildung bei der ‹bz Basel›, ein mediales Feuerwerk.

ANHANG

224 Autorinnen und Autoren
226 Bildnachweis
227 Inhalt

Impressum

BERATERINNEN UND BERATER

Peter Breisinger
Kirchen, Religionen

Prof. Dr. Thomas Bürgi
Bildung und Erziehung

Pierre Felder
Schulen

Christian Fluri
Theater, Musik

Dr. Manuel Friesecke
Region, Partnerschaft

Matthias Geering
Universität

Stella Händler
Film

Marc Keller
Einwohnergemeinde, Stadtplanung

Isabel Koellreuter
Geschichte

Toya Krummenacher
Gewerkschaften, Arbeitnehmer/-innen

Guido Lassau
Bodenforschung, Urgeschichte

Frank Linhart
Wirtschaft, Arbeitgeber

Daniel Müller
Bürgergemeinde

Alban Rüdisühli
Architektur

Andreas W. Schmid
Sport

Andreas Schuppli
Riehen, Bettingen

David Weber
Wirtschaft, Gewerbe

REDAKTION

Lukas Hartmann (Redaktor)
Oliver Bolanz (Christoph Merian Verlag)
Nathalie Unternährer (Christoph Merian Stiftung)

IMPRESSUM

Kathrin Schulthess, Basel
Fotos (ausser die im Bildnachweis aufgeführten)

Rosmarie Anzenberger, Basel
Lektorat

Groenlandbasel, Basel
Gestaltung

Andreas Muster, Basel
Lithos

Schwabe AG, Muttenz/Basel
Druck

Grollimund AG, Reinach/BL
Einband

Bibliografische Information der Deutschen Nationalbibliothek:
Die Deutsche Nationalbibliothek verzeichnet diese Publikation in der Deutschen Nationalbibliografie; detaillierte bibliografische Daten sind im Internet über http://dnb.d-nb.de abrufbar.

ISBN 978-3-85616-688-5
ISSN 1011-9930

© 2016 Christoph Merian Verlag

Als lebendige Dokumentation und farbige Chronik widerspiegelt das Basler Stadtbuch die Meinungsvielfalt in unserer Stadt. Nicht alle in diesem Buch enthaltenen Beiträge müssen sich deshalb mit den Ansichten der Herausgeberin und der Redaktion decken. Verantwortlich für ihre Artikel zeichnen die Autorinnen und Autoren. *Die Herausgeberin*